大学生心理健康教育

主　编　张英莉
副主编　祝瑞花　刘　红　杨荣涛　陈俊俊
参　编　范秀菊　冯国英　栾金志
　　　　罗　磊　宋高妮　孙　娜
　　　　武文玉　闫彬彬　殷岩锋

北京理工大学出版社
BEIJING INSTITUTE OF TECHNOLOGY PRESS

内容简介

本书阐述了心理健康的本质是心理的和谐与适应。运用心理学理论对大学生的自我认知、学习、人际交往、爱情、两性、家庭关系、职业生涯规划等方面进行了深入的探讨，并提供了解决各种心理困扰的途径与方法，特别指出追求人生的意义和心灵自由是心理健康的更高境界。

版权专有　侵权必究

图书在版编目（CIP）数据

大学生心理健康教育／张英莉主编. —北京：北京理工大学出版社，2019.11（2023.9重印）

ISBN 978-7-5640-5192-1

Ⅰ．①大… Ⅱ．①张… Ⅲ．①大学生-心理健康-健康教育 Ⅳ．①G444

中国版本图书馆 CIP 数据核字（2019）第 277461 号

出版发行 /	北京理工大学出版社有限责任公司
社　　址 /	北京市海淀区中关村南大街 5 号
邮　　编 /	100081
电　　话 /	（010）68914775（总编室）
	82562903（教材售后服务热线）
	68944723（其他图书服务热线）
网　　址 /	http://www.bitpress.com.cn
经　　销 /	全国各地新华书店
印　　刷 /	北京国马印刷厂
开　　本 /	787 毫米×1092 毫米　1/16
印　　张 /	11.5
字　　数 /	270 千字
版　　次 /	2019 年 11 月第 1 版　2023 年 9 月第 4 次印刷
定　　价 /	36.00 元

责任编辑 /	李　薇
文案编辑 /	李　薇
责任校对 /	刘亚男
责任印制 /	李志强

图书出现印装质量问题，请拨打售后服务热线，本社负责调换

前言

21世纪是一个崭新的世纪，为大学生提供了前所未有的机遇，但同时也给他们带来了前所未有的压力。大学生自我定位高、成才愿望强烈，但他们的心理尚未完全成熟、稳定，心理承受和适应能力相对较弱。面对自我冲突的"内忧"和社会适应的"外患"，大学生要不断地学习与探索，才能一步步地成长。

加强大学生心理健康教育，对高校贯彻落实以人为本的科学发展观，推进素质教育，建设和谐社会具有重要意义。大学生心理健康教育可以充分挖掘大学生的心理潜能，培养其良好的心理素质，促进其人格和谐发展，增强他们的社会适应能力，最大限度地实现他们的人生价值。

本书结合大学生成长阶段的特点，针对大学生普遍存在的心理健康问题，从心理发展与健康的角度出发，以大学生的心理困惑为切入点，分别对新生适应、自我认识、人格完善、学习成才、情绪管理、人际交往、恋爱交友等基本问题进行指导，同时也对新形势下大学生的性心理、职业规划、生命教育等问题进行了阐述。本书在编写中借鉴了当前心理健康教育方面的最新理论成果和实践经验，力求突破传统，有所创新，实现理论内容严谨性和形式结构新颖性的结合。与目前市场上的其他同类教材相比，本书具有以下特点。

（1）内容全面。本书内容涉及从开学之初的新生适应直至毕业之前的职业辅导，跨越了整个大学阶段。大学生通过学习心理健康知识，可以认识自身心理活动与个性品质，了解心理学的理论，掌握心理调适的方法，树立心理健康意识。

（2）实践性强。本书中提供了自我心理测试的工具，大学生通过心理测试可以对自己的心理健康状况有客观的评价和真实的了解。此外，书中还设计了心理训练的环节，大学生可以通过一个个心理游戏和训练，进行体验和探索，完成从"知"到"行"的过程，从而提高自身的心理素质与水平，教师也可以借助这些训练实现教学的互动。

（3）案例翔实。教材的每章都收录了多个心理案例和咨询手记，这些案例典型、真实，贴近大学生活实际。通过对案例的翔实描述和深入分析，大学生对该章内容的认识更加深刻。

由于编者水平有限，书中难免存在不足之处，恳请广大读者批评指正。

编 者
2019 年 10 月

目 录

第1章 大学生心理健康导论
　　——做一个心理健康的大学生 ……………………………………………… (1)
1.1 心理健康的标准 ………………………………………………………………… (1)
　　1.1.1 心理健康的概念 ………………………………………………………… (1)
　　1.1.2 心理健康的状态 ………………………………………………………… (2)
　　1.1.3 大学生心理健康的标准 ………………………………………………… (3)
1.2 大学生心理发展的特点 ………………………………………………………… (4)
　　1.2.1 大学生心理发展的年龄特点 …………………………………………… (4)
　　1.2.2 大学生常见心理问题 …………………………………………………… (6)
1.3 影响大学生心理健康的主要因素 ……………………………………………… (8)
　　1.3.1 影响大学生心理健康的因素 …………………………………………… (9)
　　1.3.2 大学生心理健康保健 …………………………………………………… (11)
小结 ……………………………………………………………………………………… (12)
思考与收获 ……………………………………………………………………………… (12)
心理测试 ………………………………………………………………………………… (13)

第2章 大学生适应能力培养
　　——新生活　新起点 …………………………………………………………… (18)
2.1 我的大学我的家 ………………………………………………………………… (18)
　　2.1.1 由个人成长到共同生活——集体生活的适应 ………………………… (18)
　　2.1.2 由严格监管到自主自律——管理方式的适应 ………………………… (19)
　　2.1.3 由应试教育到专业教育——学习模式的转变 ………………………… (19)
　　2.1.4 由简单单调到丰富多彩——课余生活的适应 ………………………… (20)
2.2 适应新环境 迎接新挑战 ………………………………………………………… (21)
　　2.2.1 失落感——自我定位 …………………………………………………… (21)
　　2.2.2 迷茫感——确定目标 …………………………………………………… (22)
　　2.2.3 孤独感——主动交往 …………………………………………………… (22)
　　2.2.4 边缘感——融入集体 …………………………………………………… (24)

· 1 ·

小结 ……………………………………………………………………………… (25)
　　思考与收获 ……………………………………………………………………… (26)
　　心理测试 ………………………………………………………………………… (26)
　　心理训练 ………………………………………………………………………… (27)

第3章　自我意识与培养
——认识自己 ……………………………………………………… (29)
　3.1　自我意识概述 …………………………………………………………………… (29)
　　3.1.1　自我意识的概念 ………………………………………………………… (29)
　　3.1.2　大学生自我认知的特点 ………………………………………………… (30)
　　3.1.3　大学生自我体验的特点 ………………………………………………… (31)
　　3.1.4　大学生自我控制的特点 ………………………………………………… (32)
　3.2　自我意识的偏差 ………………………………………………………………… (35)
　　3.2.1　自我否定型 ……………………………………………………………… (35)
　　3.2.2　自我扩张型 ……………………………………………………………… (35)
　　3.2.3　自我萎缩型 ……………………………………………………………… (37)
　　3.2.4　自我矛盾型 ……………………………………………………………… (37)
　3.3　自我意识的调节 ………………………………………………………………… (37)
　　3.3.1　正确地认识自我 ………………………………………………………… (37)
　　3.3.2　愉快地接纳自我 ………………………………………………………… (38)
　　3.3.3　有效地控制自我 ………………………………………………………… (39)
　　3.3.4　不断地超越自我 ………………………………………………………… (40)
　　小结 ……………………………………………………………………………… (40)
　　思考与收获 ……………………………………………………………………… (41)
　　心理测试 ………………………………………………………………………… (41)
　　心理训练 ………………………………………………………………………… (42)

第4章　大学生人格发展与心理健康
——健康人格，成就人生 ………………………………………… (43)
　4.1　人格概述 ………………………………………………………………………… (43)
　　4.1.1　人格的概念 ……………………………………………………………… (43)
　　4.1.2　人格的构成 ……………………………………………………………… (44)
　4.2　大学生人格特征 ………………………………………………………………… (46)
　　4.2.1　人格发展理论 …………………………………………………………… (46)
　4.3　人格发展异常的评估与调适 …………………………………………………… (47)
　　4.3.1　大学生的人格障碍类型 ………………………………………………… (47)
　　4.3.2　大学生人格问题的调适 ………………………………………………… (50)
　　小结 ……………………………………………………………………………… (52)
　　思考与收获 ……………………………………………………………………… (52)
　　心理测试 ………………………………………………………………………… (52)

心理训练 ··· (55)

第5章　大学生学习心理
　　——读万卷书，行万里路 ·· (58)
5.1　大学生学习特点与心理机制 ··· (58)
5.1.1　大学生学习特点 ·· (58)
5.1.2　学习心理机制 ·· (60)
5.2　大学生学习能力的培养 ·· (62)
5.2.1　建立科学的学习理念 ·· (62)
5.2.2　培养和激发学习动机 ·· (62)
5.2.3　建立有效的学习方法 ·· (64)
5.2.4　开发大学生学习潜能 ·· (66)
5.3　大学生常见学习心理问题及调适 ··· (67)
5.3.1　学习动力不足 ·· (67)
5.3.2　学习动机过强 ·· (68)
5.3.3　学习适应不良 ·· (69)
5.3.4　学习过度焦虑 ·· (70)
5.3.5　学习过度疲劳 ·· (71)
5.3.6　学习问题的调适 ·· (71)
　　小结 ··· (72)
　　思考与收获 ··· (72)
　　心理测试 ··· (73)
　　心理训练1 ·· (77)
　　心理训练2 ·· (78)

第6章　大学生情绪管理
　　——保持良好的情绪 ·· (79)
6.1　情绪理论概述 ··· (79)
6.1.1　什么是情绪与情感 ·· (79)
6.1.2　情绪的表现形式 ·· (80)
6.2　大学生情绪特点 ··· (82)
6.2.1　丰富性与复杂性 ·· (82)
6.2.2　易感性与波动性 ·· (82)
6.2.3　激情性与冲动性 ·· (82)
6.2.4　自尊性与敏感性 ·· (82)
6.2.5　阶段性与层次性 ·· (83)
6.2.6　内隐性和外显性 ·· (83)
6.3　大学生常见不良情绪及其调适 ·· (83)
6.3.1　愤怒情绪与调适 ·· (83)
6.3.2　焦虑情绪与调适 ·· (84)

   6.3.3 抑郁情绪与调适 ·· (85)
   6.3.4 压抑情绪与调适 ·· (87)
   6.3.5 管理好自己的情绪 ·· (88)
 小结 ··· (91)
 思考与收获 ·· (91)
 心理测试 ·· (92)
 心理训练 ·· (94)

第 7 章　大学生人际交往
——和谐的人际关系是心灵的桥梁 ································ (95)
 7.1 人际关系概述 ··· (95)
  7.1.1 什么是人际关系 ·· (95)
  7.1.2 人际关系的类型 ·· (95)
  7.1.3 人际交往的影响因素 ··· (96)
 7.2 大学生人际交往特点 ·· (98)
  7.2.1 大学生的人际关系 ·· (98)
  7.2.2 大学生人际交往的特点 ·· (100)
 7.3 大学生人际交往常见问题 ······································ (101)
  7.3.1 人际交往的心理效应 ·· (101)
  7.3.2 人际交往存在的问题 ·· (103)
 7.4 人际交往原则及调节 ·· (105)
  7.4.1 人际交往的原则 ··· (105)
  7.4.2 人际交往的技巧 ··· (107)
  7.4.3 人际关系的调节 ··· (109)
 小结 ··· (111)
 思考与收获 ·· (111)
 心理测试 ·· (112)
 心理训练 ·· (114)
 心理实验 1 ·· (114)
 心理实验 2 ·· (114)
 心理实验 3 ·· (114)
 心理实验 4 ·· (115)
 心理实验 5 ·· (115)
 心理实验 6 ·· (115)
 心理实验 7 ·· (115)

第 8 章　大学生恋爱心理
——健康的爱情观 ·· (117)
 8.1 解读爱情 ··· (117)
  8.1.1 什么是爱情 ··· (117)

  8.1.2 大学生恋爱心理 ……………………………………………………… (118)
8.2 大学生恋爱心理及常见问题 ………………………………………………… (119)
  8.2.1 大学生恋爱中的问题 …………………………………………………… (119)
  8.2.2 大学生失恋的心理调适 ………………………………………………… (120)
8.3 培养健康恋爱观 ……………………………………………………………… (122)
  8.3.1 提升爱与被爱的能力 …………………………………………………… (122)
  8.3.2 树立健康的爱情价值观 ………………………………………………… (123)
  8.3.3 发展健康的恋爱行为 …………………………………………………… (123)
  8.3.4 提高恋爱挫折承受能力 ………………………………………………… (124)
8.4 大学生性心理的发展和性心理特点 ………………………………………… (125)
  8.4.1 大学生的性生理特征 …………………………………………………… (125)
  8.4.2 大学生的性心理特点 …………………………………………………… (126)
8.5 大学生性心理问题及调适 …………………………………………………… (128)
  8.5.1 大学生性意识困扰 ……………………………………………………… (128)
  8.5.2 大学生性行为困扰 ……………………………………………………… (128)
小结 …………………………………………………………………………………… (130)
思考与收获 …………………………………………………………………………… (131)
心理测试1 …………………………………………………………………………… (131)
心理测试2 …………………………………………………………………………… (133)

第9章　大学生职业生涯规划
——描绘职业生涯的彩虹 ………………………………………… (135)
9.1 生涯规划的概述 ……………………………………………………………… (135)
  9.1.1 什么是生涯规划 ………………………………………………………… (135)
  9.1.2 关于生涯发展的几个概念 ……………………………………………… (136)
  9.1.3 关于生涯规划的理论 …………………………………………………… (137)
  9.1.4 为什么要进行职业生涯规划 …………………………………………… (138)
9.2 大学生能力概述及发展目标 ………………………………………………… (138)
  9.2.1 什么是能力 ……………………………………………………………… (138)
  9.2.2 能力的分类 ……………………………………………………………… (139)
  9.2.3 培养、提高能力的方法 ………………………………………………… (140)
9.3 大学生生涯规划的制定 ……………………………………………………… (143)
  9.3.1 我能做什么 ……………………………………………………………… (144)
  9.3.2 社会能提供什么 ………………………………………………………… (145)
  9.3.3 我选择做什么 …………………………………………………………… (145)
9.4 时间管理 ……………………………………………………………………… (146)
  9.4.1 时间管理概述 …………………………………………………………… (146)
  9.4.2 大学生时间管理中存在的问题 ………………………………………… (147)
  9.4.3 时间管理方法 …………………………………………………………… (148)

小结 …………………………………………………………………………… (149)
　　思考与收获 ………………………………………………………………… (150)
　　心理测试 …………………………………………………………………… (150)
　　心理训练 …………………………………………………………………… (155)

第10章　大学生生命教育与心理危机应对
——热爱生命 ………………………………………………… (156)

10.1　大学生生命教育 ……………………………………………………… (156)
　　10.1.1　生命教育发展概述 ……………………………………………… (156)
　　10.1.2　生命教育的内涵 ………………………………………………… (157)
　　10.1.3　大学生生命教育的主要内容 …………………………………… (157)
　　10.1.4　大学生生命教育的意义 ………………………………………… (158)
10.2　危机与创伤概述 ……………………………………………………… (158)
　　10.2.1　什么是危机与创伤 ……………………………………………… (159)
　　10.2.2　大学生常见危机与创伤 ………………………………………… (159)
　　10.2.3　大学生心理危机易感因素 ……………………………………… (160)
　　10.2.4　大学生常见的危机反应 ………………………………………… (162)
10.3　危机干预与创伤治疗 ………………………………………………… (163)
　　10.3.1　什么是危机干预 ………………………………………………… (163)
　　10.3.2　大学生心理危机的预防 ………………………………………… (164)
　　10.3.3　危机干预的实施 ………………………………………………… (165)
　　10.3.4　创伤治疗 ………………………………………………………… (167)
　　小结 …………………………………………………………………………… (168)
　　思考与收获 ………………………………………………………………… (169)
　　心理测试 …………………………………………………………………… (169)
　　心理训练 …………………………………………………………………… (171)

参考文献 ……………………………………………………………………… (173)

第1章

大学生心理健康导论
——做一个心理健康的大学生

1.1 心理健康的标准

小游戏:请根据自己今天的身体状态,在图 1-1 上标出自己在坐标上的位置,然后与同学比较一下,看看有什么不同?

图 1-1 健康坐标

与同学相比,自己坐标的位置是更偏于健康状态还是更偏于疾病状态呢?事实上,每人每天的身体状态在这个坐标上的位置是动态变化的。如果今天头很痛,还略有一些咳嗽,自己的位置可能就会偏右一些,而精力充沛的状态下则会偏左一些。

美国哲学家欧文曾经说过,"健康是富人们的幸福,穷人们的财富",人必须要有健康,才能拥有一切。

1.1.1 心理健康的概念

国内外学者曾经从不同角度阐述过心理健康的定义和内涵。第三届国际心理卫生大会(1946 年)对心理健康是这样定义的:"所谓的心理健康是指在身体、智能以及情感上与他人的心理健康不相矛盾的范围之内,将个人的心境发展成最佳的状态。"

要正确地理解心理健康的含义要注意以下三点。

1. 心理健康是多方面健康的统一体

心理健康包括健康的身体、正常的智能以及良好的情绪状态,缺失任何一方面,都不能说是达到心理健康的状态。同时,这三者之间的关系也是相互影响相互依存的,是一个相互作用的统一的整体。

2. 自身心理健康状态不能与他人的健康相矛盾

自身心理健康不能以损害他人的健康为前提。心理健康的目标是追求一种自身与他人和谐共处的双赢状态。

3. 心理健康是指个体所能达到的最佳状态而并非完美的境界

也就是说，心理是否健康是要基于自身的条件，以自身作为参照系；同时，也不可以苛求完美，否则就是与健康之路背道而驰了。

1.1.2 心理健康的状态

图1-1坐标两侧也可以同时加上"心理"二字，即除了身体状态可以呈现从疾病到健康的动态变化，同样，人的心理状态也会呈现健康、疾病的两极化现象。

比如：在考试过程中，有的同学一进考场就会出现头晕、出汗、频繁地去卫生间的现象，而且在答题时，甚至会出现"思维狭窄"的现象，什么也想不起，严重的还伴有腹泻的症状，而一旦出了考场，这些症状就都不治而愈了。

上述现象尽管出现了一些身体上的症状，但用"考试焦虑"要比用"病"描述这一现象更为准确。由此可知，人的心理也会呈现"不健康"的状态。那么，如何鉴定人的心理状态是否健康呢？

阅读材料

心理常识

判断一个人的心理是否健康，应以其是否有良好的生活适应作为标准。这种标准非常重视个人的心理感受。可以说，这种标准顺应现代社会的发展趋势，它不仅为众多的专家学者所倡导，也越来越为民众普遍接受。

长期以来，人们习惯于将人的精神正常与否看作黑白分明的事情：要么是个精神正常的人，无论思想和行为有多大的变化和异常现象；要么就是一个精神不正常的人，无论疾患有多大的好转。这种非白即黑的判断标准，未免太过简单化。国内学者张小乔提出心理健康的"灰色理论"的概念，如图1-2和表1-1所示，即人的精神正常与不正常没有明显的界限，它是一个连续变化的过程。具体来说，如果将人的心理正常比作白色，心理不正常比作黑色，那么在白色与黑色之间存在着一个巨大的缓冲区域——灰色区域。灰色区域又可划分为浅灰色区域与深灰色区域。处于浅灰色区域的人只有心理冲突而没有人格的变态，其突出表现为诸如工作学习不顺心、人际关系不和睦等生活矛盾所带来的心理不平衡与精神压抑。深灰色区域的人则患有某种异常人格障碍和神经症等。一般而言，浅灰色区域与深灰色区域之间无明确界限，后者往往包含前者。

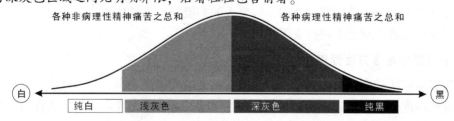

图1-2 心理健康"灰色理论"概念图

表 1-1　心理健康"灰色理论"概念

人员	拥有健康人格、自信心强、适应力强的人	各种由生活、人际关系压力引起的心理冲突的人	各种变态人格与异常人格、人格障碍之人	精神病患者
服务人员	无须	心理咨询员、社会工作者	心理医师、心理门诊大夫	精神病科医生
服务模式	无须	咨询心理学模式	临床心理学模式	医学模式

1.1.3　大学生心理健康的标准

个体的心理怎样才是健康的？这是一个复杂的问题。因为心理健康与否没有一个绝对的界限，判断一个人心理是否健康是相当困难的。根据我国大学生这一特殊群体的年龄特征、心理特征和社会角色特征，其心理健康的基本标准可归纳为以下八个。

1. 智力正常

智力正常是大学生学习、生活、工作最基本的心理条件，是大学生胜任学习任务、适应周围环境变化所必备的心理特征，也是衡量大学生心理健康的首要标准。一般来说，能通过高考的选拔足以表明大学生的智商是正常的，且总体水平会高于同龄人。

衡量大学生的智力水平的关键在于大学生的智力是否正常地、充分地发挥了效能。大学生智力正常且充分发挥效能的标准是：有强烈的求知欲和浓厚的探索兴趣；智力结构中各要素在其认识和实践活动中都能协调地参与，并能积极地发挥作用，乐于学习。

2. 接纳他人，适应环境

人生活在社会中，就像鱼生活在水中一样，离开了他人及他人的帮助，人将无法生存。所谓合乎常理地认识客观现实，是指对一些人人皆知的东西，不要有悖于常理。较强的适应能力是心理健康的重要特征。

个体应与客观环境保持良好互动，既要进行客观观察以取得正确认识，以有效的方法应付环境中的各种困难，又要根据环境的特点和自我意识的情况努力进行协调，或改变环境适应个体需要，或改造自我适应环境。

心理健康的大学生，应与社会保持良好的接触，对社会现状和未来有较清晰正确的认识，思想和行动都能跟上时代的发展步伐，与社会的要求相符合。这里所讲的适应，不是一味地被动迎合，而是在认清社会发展趋势的基础上，不逃避现实，努力提高自己，主动适应社会发展的要求。

3. 认识自我，悦纳自我

老子曰："知人者智，自知者明。"大学生要有正确的自我概念，并对自己采取客观现实的态度，客观地进行自我评价，这是大学生心理健康的重要条件。

一个心理健康的学生对自己的认识，应比较接近实际，摆正自己的位置，既不以自己在某些方面高于别人而自傲，也不以某些方面低于别人而自卑。面对挫折与困境，能够自我悦纳，接受自己，喜欢自己，自尊、自强、自立、自律，正视现实，积极进取。了解自己的长处，才会清楚自己的发展方向；了解自己的缺陷，才会少犯错误。既不狂妄自大，又不自暴自弃。

4. 具有健全的人格

健全的人格指个人的所想、所说、所做都是协调一致的。大学生人格完整的主要标准是：人格结构的各要素完整统一，具有正确的自我意识，不产生自我同一性的混乱，能以积极进取的人生观作为人格的核心，把自己的需要、愿望、目标和行为统一起来。

因此，心理健康的人其人格是健全统一的，其行为表现出一贯性或统一性；反之，心理不健康的人其人格缺乏统一性，行为表现不连贯，变化无常，如双重人格或多重人格等。

5. 心理行为符合大学生的年龄特征

人的心理行为表现是与人的不同阶段的生理发展相对应的，不同的年龄阶段往往具有不同的心理行为特征。对心理健康的人而言，其认知、情感、言行、举止应与其所处的年龄段相符合。心理健康的大学生应该是精力充沛、勤学好问、反应敏捷、喜欢探索的。

6. 有和谐的人际关系

人总是处于一定的社会关系中，和谐的人际关系，既是大学生心理健康不可缺少的条件，也是大学生获得心理健康的重要途径。

和谐的人际关系具体表现为：交往动机端正，乐于与人交往，在交往中具有稳定而广泛的人际关系；在与同学的交往中能保持独立的人格，有自知之明，不卑不亢；能客观地评价自己和他人，善取他人之长补己之短，并且宽以待人，乐于助人。良好的人际关系是事业成功与生活幸福的前提。

7. 行为与社会角色相一致

社会角色，通俗地讲就是"身份"。在现实生活中，每个人在不同的场合或从不同的角度来看，都充当着不同角色，有不同的身份，社会对各种角色有相应的要求或规范。如果个体的行为与其充当角色的规范基本一致，说明其心理处于健康状态。

8. 有较强的情绪调节能力

情绪健康的标志是情绪稳定和心情愉快。情绪健康包括：愉快情绪多于负面情绪，乐观开朗、富有朝气，对生活充满希望；情绪较稳定，善于控制与调节自己的情绪，既能克制又能合理宣泄自己的情绪，情绪的表达既符合社会的要求又符合自身的需要，在不同的时间和场合有恰如其分的情绪表达；情绪反应的强度与引起这种情绪的情境相符合。当一个人心理十分健康时，他的情绪表达恰如其分，仪态大方，既不拘谨也不放肆。

1.2　大学生心理发展的特点

1.2.1　大学生心理发展的年龄特点

1. 身心发展

目前大学生入学的平均年龄在 18 岁左右，正处于青年中期。这一时期是青年到成人的过渡期,从心理发展的水平角度来讲,其心理发展正迅速走向成熟而又未真正完全成熟。

从心理发展所依赖的两个条件,即生物属性和环境属性条件来看,大学时期,生理除了在有些方面还继续保持着缓慢的发展,总体来说已基本成熟。大学生的心理发展因此能达到较高的水平,总体表现出成人心理的某些特征。然而,由于大学生所处环境的特点,心理发展阶段的局限性,环境因素对心理的影响作用受到了限制。

阅读材料

长大未成年

在向成人角色转变这方面,当今许多青年的生活追求和主观判断正在变得非常滞后,这便孕育产生了一个新的发展时期,即从十几岁末期开始到二十几岁中期结束的始成年期(Emerging Adulthood)。美国心理学家阿奈特(Jeffery Jensen Arnett)于2000年在心理学权威刊物《美国心理学家》杂志上发表的《始成年期——18至20多岁一种新的发展理论》一文中,提出始成年期这个全新的概念。始成年期具体指青少年晚期到二十几岁(18~25岁),这是一个独立存在的时期,在此期间,年轻人已经脱离了青少年阶段,然而多数人却没有担负起作为一个成年人应承担的责任,即"长大未成年"的状态。这个时期个人的未来还不确定,在恋爱、职业、世界观三个方面探索各种各样的人生可能性,与人生的任何时期相比,这个时期独立探索生命可能性的范围最大。

始成年期主要有五大特征:①是自我同一性探索的时期;②是一个不稳定的时期;③是一个自我关注的时期;④是一个处于夹层中的时期;⑤是存在各种可能性的时期。

通过对美国不同种族、不同地域个体使用问卷法和访谈法进行调查,得出成年的重要标准是:①独立承担责任;②独立做决定;③经济独立。

2. 大学生心理发展的基本特征

大学生的心理功能随着生理功能的发展而不断加强,但心理的发展还不完全成熟。具体来说,主要表现在以下几个方面。

(1) 大学生认知活动的发展,主要表现为注意力、观察力、记忆力、想象力和思维能力的发展。大学生的注意力稳定,能较好地完成注意的分配和转移;大学生的观察范围进一步扩大,但容易忽略细节;大学生的记忆力以逻辑记忆为主,并且已经达到高峰;大学生的想象力更加丰富,不仅表现在学习上,而且对自己的未来生活、工作、事业和家庭都有较全面的考虑;大学生的思维力得到进一步发展,创造能力有所提高,分析问题和解决问题的能力进一步加强。

(2) 大学生情感活动的发展,表现为情感与理智之间的关系开始趋于平衡,但还不成熟、不稳定。大学生的价值观还未完全定型,对事物的认识和态度容易发生变化,从而导致情感动摇不定。

(3) 大学生的意志品质得到较好的发展,表现为能够主动地制订目标,自觉地完成计划,对事物能够独立地进行判断,并能坚持完成任务,但意志的控制性还没有完全发展成熟,表现为遇事比较冲动。

(4) 大学生自我意识的发展,主要表现为自我意识逐步分化,但理想的自我和现实的自我往往分不清，容易形成矛盾而不能达到同一性。大学生自我意识的要求与能力显著增强，但自我意识尚未完全成熟，表现为自卑、自负、逆反、封闭和依赖心理严重。

（5）大学生的个性逐步形成，表现为性格不断完善和成熟，动机和需求逐渐稳定，兴趣广泛，并且随着知识和阅历的丰富，人生观、价值观和世界观也逐步确立。

目前，高校已经迎来了"95后"大学生，他们作为新一代大学生已成为社会关注的焦点，"时尚、青春、非主流"俨然已成为他们的代名词，当这一代人走进大学校园时，他们会以其特有的生活与行为方式为大学注入怎样的新鲜血液？已经到来的大学生活又会为他们带来什么呢？

总体上看，"95后"大学生个性张扬、乐于表现、自主独立、思想活跃、求真务实、追求时尚、目标明确、推崇民主、渴望平等，但受市场化、网络化、信息化和全球化的影响，他们心理发展存在的一些问题同样需要引起我们的重视。"95后"大学生也认为，"我们这一代，是优越的一代、早熟的一代、叛逆的一代，是需要更多被了解和关心的一代"。

1.2.2 大学生常见心理问题

有关的研究发现，近年来，有严重心理问题的大学生的比例逐年上升，常见的表现主要有强迫症状、抑郁、人际关系敏感、敌对和焦虑等。北京地区的调查显示，大学生的抑郁症患病率已经达到23.66%。据北京16所大学的调查显示，因精神疾病休学、退学的人数分别占总的因病休学、退学人数的37.9%和64.4%，精神疾病在不少高校中已成为大学生辍学的主要原因。对于大学生而言，常见心理问题如下。

1. 怯懦

胆小怕事，遇事易退缩，容易屈从他人，甚至逆来顺受，无反抗精神；进取心差，意志薄弱，害怕困难；感情脆弱，经不住挫折与失败。一个学生，一旦形成怯懦性格，往往怀疑自己的能力，怯于与人交往甚至自我封闭，从而形成不良的人际关系，反过来又会加深怯懦。

2. 自卑

对个人能力和品质评价偏低。常伴有一些特殊的情绪体验，如害羞、不安、内疚、忧伤、失望等。自卑感强的学生，处处感到不如别人，无所作为，悲观失望，甚至对那些稍加努力就可以完成的任务，也往往因自叹无能而轻易放弃。

3. 狭隘

受一点委屈或在小事上就斤斤计较，耿耿于怀，极易受外界暗示，极易引起内心心理冲突。感情脆弱，意志薄弱，办事刻板，谨小慎微。

4. 嫉妒

看见别人某些方面（才华、成就、相貌等）比自己强而产生的一种羡慕，也不甘心自己无法赶上别人而恼怒的情感及相应的行为。

5. 敌对

遇到挫折引起强烈不满时表现出来的一种反抗态度。往往把老师、同学的建议和帮助理解为与自己过不去,认为周围的人都在轻视自己、伤害自己,因此极为不满。

6. 猜疑

极度的神经过敏,遇事易疑神疑鬼。例如,有些同学看到其他同学背着自己讲话,就疑心他人在说自己的坏话;看到老师有时对自己的态度冷淡,就会怀疑老师对自己的看法等。

案例分析

猜疑的苦恼

1. 来访者的基本情况

钱某,女,19岁,工学院二年级学生。觉得周围的人都讨厌自己,不喜欢和自己交往,想孤立自己。

2. 主诉及主要内容

来访者是辅导员带来的,原因是来访者与男朋友分手了,怀疑是同宿舍同学的挑拨,对同学指桑骂槐,引发纠纷。来访者入学已经一年半了,但和周围的同学关系总是特别不好,特别是与宿舍同学的关系特别不好。"我总是觉得她们5个合伙要孤立我。有一次,她们几个在宿舍,我在外面听到她们谈得很热闹,但我一进门,她们马上就停止了,她们肯定在议论我。还有她们干什么都不叫我。仅仅是宿舍的人还好,不知从什么时候开始,我们班的同学好像都不喜欢我,讨厌我。有的人见我就掉头走开,像躲瘟疫一样。她们为什么都跟我作对?"

经过进一步咨询,我们知道其父母都是老实本分的农民,性格懦弱,其小时候常受邻居的欺辱,而且不敢据理力争,只是忍气吞声。还有她上高一刚住校不久,一位舍友丢了钱,她拙嘴笨舌,不会像别人那样清楚地表达,一紧张,就更说不出话来。舍友就说:"你没拿,紧张什么?肯定心里有鬼。"从此她就不能听到谁丢钱,也不断提示自己别人的东西千万不能动。于是每天都很小心,尽量少跟别人接触,免得惹上是非。和别人交往时,总是不能真心地投入,怀有戒备之心,别人看起来,好像拒人千里之外。

3. 分析诊断和指导

这是一个由心理创伤事件而引发的猜疑性社交心理障碍的案件。来访者之所以形成好猜疑的个性以及由猜疑个性导致的同学交往障碍,主要有以下两个方面的原因:一是由于父母及家庭氛围,其从小常常感到紧张和不安,这种情绪极易使个体对自我价值产生怀疑,而变得敏感和多疑。再加上青春期个体自我意识强烈,特别关注自我评价,这种低自我价值感就加强了来访者不确定和猜疑的个性。二是创伤事件带来的心理影响。别人对自己的误解和猜疑,使自己产生了错误的认知,由不被人信变为不信人,人际交往中没有真诚信任,其人际交往肯定会出问题。

为帮助来访者摆脱苦恼,我们采取以下指导措施。

(1) 认清症源(即症状来源),消除错误认知。我们让来访者充分认识到:环境可能对我们产生影响,但它不可决定一个人。决定和影响人的主要方式是自己的认知方式和思想基础。我们出生和以前的成长环境是无法选择和更改的,但是我们现在长大了,要认识到哪些是我们成长的助力,哪些是我们成长的阻力。对于那些阻碍我们成长的东西,要通过改变认知,调整状态,走向正常的适应道路。使来访者从深层次认识到自己的责任和力量，树立摆脱猜疑和苦恼的信心。

（2）正确看待问题，冷静分析原因。觉得自己不受欢迎，或是别人想孤立自己，这可能是自己敏感多疑所致，实际上并不是这样的。这就要消除主观猜疑和偏见，从而拥有良好的人际交往。但是，如果事实上自己真的不受同学欢迎，也不要紧张和焦虑，应该冷静地从自己的为人处世、性格特征、思想方面找原因。

（3）学会全面看问题，加强沟通。任何事物都会有其多面性，既要看到其不好的一面，又要看到其好的一面和发展变化的一面。千万不要戴上有色的眼镜看人。要用坦荡的胸怀待人接物。一切结论产生于调查研究之后，没有充足的证据，绝不做结论，更不要疑神疑鬼。

（4）培养健康的生活情趣。例如，多读一些品位高雅的图书、看书画展、欣赏音乐、参加一些有益身心健康的社会公益活动，以及努力进行体育锻炼等。这样，生活充实了，心情愉悦了，就不会胡思乱想、疑神疑鬼。

7. 抑郁

抑郁是指鲜言寡语、孤独沉默、郁郁寡欢、闷闷不乐，对一切事物都缺乏兴趣，对未来失去信心，一点细小的过失或缺点也会带来无尽的懊悔，遇事总往坏想，自怨自艾，认为自己是不幸的、被遗弃的人。

8. 人际交往障碍

随着自我意识的增强，大学生们不愿意再依赖家长、老师，希望用自己的眼光去观察社会，用自己喜欢的方式结交朋友，但由于心理的成熟度有限，适应能力不强，因此在人际交往中会出现一些异常心理，造成人际交往障碍。

（1）自我中心。人际交往是双方的，在交往过程中双方都要获得一定的满足，才有可能继续维持交往。如果只想自己从交往中获得好处，而不顾及对方的意愿和利益，这种交往必定会失败。以自我为中心的交往主要表现为：强调评价标准的自我性，即我认为是什么就是什么；注重自己目的的实现，即我想获得什么利益就应获得什么利益。

（2）心理不相容。心理不相容即在人际交往中因为他人与自己观点不一致，自己不能引起他人的认同而苦恼焦虑。在心理上有不相容障碍的人，总是将自我束缚在一个狭小的交往范围之内，对他人的一些个性特点往往"看不惯"，因而懒得交往。

在与人交往的过程中，具有人际交往障碍的人常常会为一些在旁人看来微不足道的小事挑起争端。更严重者，当意见相左时，容易意气用事，甚至激化矛盾，将事情引向极端。

1.3 影响大学生心理健康的主要因素

因为人的心理健康是一个相对独立又极为复杂的动态过程，所以影响心理健康、造成心理偏差的因素也是复杂多样的。我们要充分了解影响大学生心理健康的因素，寻找提高心理健康水平的有效途径。

1.3.1 影响大学生心理健康的因素

1. 个体内在原因

大学生处于青年期阶段，这个阶段是人生的"多事之秋"。这是因为，经验的缺乏导致这个时期人的心理发展在某些方面落后于生理机能的发展。因而，难免会发生许多尴尬、困惑、烦恼和苦闷。大学生个体内在因素是影响和制约大学生心理健康的主要内因，其重点表现在以下几个方面。

（1）自我意识缺乏客观性和正确性。大学生对自我认识和自我评价有浓厚的兴趣，但却常常缺乏客观性和正确性。有时自我期望值过高，偏离实际水平，而一旦遇到挫折和不幸，又会产生自卑情绪，自我评价过低，不能客观、正确地认识自己。

（2）个体的人格缺陷。对于同样的环境和同样的挫折，不同的人有不同的反应，这关系到人的个性心理特征问题。健全统一的人格是大学生心理健康的重要标准。在人格的形成和发展过程中，不良因素会不同程度地影响着人格的健康发展，从而导致人格发展缺陷。

近年来，在大学生的心理健康教育和咨询中发现，不少心理障碍都与人格缺陷有关。如偏执型人格障碍导致固执、多疑、易嫉妒，难与同学相处；强迫型人格障碍表现为过分的自我束缚，自我怀疑，常常紧张、苦恼和焦虑；自恋型人格障碍的主要特点则是自负，不接受批评和建议，人际交往困难。

（3）缺乏正确的人际交往认知。大学生思想活跃、精力充沛、兴趣广泛，人际交往的需要极为强烈。但其社会阅历有限，心理上并不成熟，客观环境的限制使其不能够全面地接触社会，了解人的整体面貌，因而人际交往中常常带有理想的模型，据此在现实生活中寻找知己，一旦理想与现实不符，则交往产生障碍，心理出现创伤。有的大学生则以自我为中心，在交往中忽视平等、尊重、互助、互谅的基本交往原则，孤芳自赏、自命清高，在人际交往中屡屡失败，从而感到失落、冷漠、孤独；有的则过于自卑，觉得自己处处不如他人，在交往中缺乏自信，畏首畏尾，恐惧交往。

（4）缺乏科学的社会认知。当今社会环境复杂、多变，这使处于敏感期的大学生出现种种心理不适，对社会的复杂性缺乏科学、全面、正确的认知，受社会消极面影响较多，而产生悲观、失望、消沉、偏激等心理问题，甚至产生攻击型和反社会型人格障碍。

2. 家庭环境的影响

家庭是每个人成长的第一环境，父母是子女的第一任老师。父母的文化程度、职业特点、性格特征、价值观、人生观以及教养态度、教养方式等直接影响着子女的人格特点和心理素质，对其性格塑造、个性形成以及人生观、价值观、世界观的形成有着重要影响。

父母的病态心理常常会引起子女的病态心理，父母心理不健康也成为家庭不安定的潜在因素，并直接影响到子女的心理健康。不正常的家庭内部关系会造成一个人不适当的心理行为。父母关系恶劣，家庭气氛紧张，尤其是父母离异，往往会使孩子形成不良的性格特征，如冷漠、孤僻、自卑、多疑等。这些不良特征使得大学生在人际交往方面出现障碍，表现为缺乏生活热情、缺乏爱心、人际关系淡漠、人际交往羞怯、恐惧等。

教育学和心理学研究表明，父母文化程度越高，思想、观念越开明，教养方式越民主，大学生的心理问题就越少；父母文化程度越低，思想观念越封闭，教养方式越专制，大学生的心理问题就越多。

3. 学校环境的影响

学校是大学生生活、学习的主要场所，对大学生的身心健康会产生直接影响。虽然目前大力提倡素质教育，但教育部门对学校教学质量的评估、用人单位选拔任用人才、升学等仍以考试成绩为主要标准，因而学生为追求高分而疲于奔命的现象仍然存在。

部分大学生进入学校后感到理想与现实的差距太大，对所上学校、所学专业不满意，对环境的变迁不适应，加上恋爱、学习压力、毕业择业等问题，心理压力很大。因此，大学生感到失望、自卑、忧虑、孤独的现象非常普遍。如果他们既不能正确看待自己的不足之处，又不能正确处理遇到的各种挫折和内心矛盾冲突，不善于自我调节情绪，心理问题就会产生并影响其学习与生活。

4. 社会环境的影响

社会竞争日趋激烈，生活节奏日益加快，科学技术急剧发展，社会流动要求提高，人际交往需求高涨，这些都会影响人的思想观念和心理行为，造成生活方式、价值观念的变化。

正如著名社会学家费孝通先生所说："我国当前正处在一个大变革时期，这个变革包括几千年沿袭下来的文化、观念的变革，因此不可避免地会出现因适应不良而产生的各种心理障碍。"这都要求人们及时地进行自我调整，以便适应新的社会生活环境。青年学生正处于世界观、人生观的形成期，生理和心理处于不稳定阶段，难免感到困惑、彷徨，难以适应。

当代大学生是在改革开放后成长起来的一代，改革开放作为社会的一种具体的变革形式，给大学生带来的一个重要影响就是价值观念的变迁。传统的价值观不断地与现代的价值观碰撞，新旧价值观不断地发生着冲突。在价值观的碰撞和冲突过程中，大学生一方面要适应新的价值观念，另一方面还要对新的价值体系进行整合，增强其开放性和应变能力。由于大学生处于一个自我意识尚未完全成熟，价值选择和判断仍缺乏稳定而统一的发展阶段，他们在处理价值冲突问题上就会显得紧张甚至是困惑，也会相应地产生较多的适应障碍。

大学生所面临的另一种压力是生活事变。生活事变是指那些在日常生活中出现的事件或变故，这些事件可以是一些平常的小事，也可以是一些重大的事故，如父母下岗、家庭变故、学习成绩不佳、交友失败、失恋等。它们的出现引起了个体的应激性反应，打乱了本来已经建立的适应平衡，改变了有效的调节模式，使得个体产生压力。

> **阅读材料**
>
> ### 做最好的自己
>
> ——道格拉斯·马罗奇
>
> 如果你不能成为山顶的一棵松，
> 就做一丛小树生长在山谷中，
> 但须是溪边最好的一小丛。
> 如果你不能成为一棵大树，就做灌木一丛，
> 如果你不能成为一丛灌木，就做一片绿草，
> 让公路也有几分欢娱。
> 如果你不能成为一只麝香鹿，就做一条鲈鱼，
> 但须做湖里最好的一条鱼！
> 我们不能都做船长，我们得做海员，
> 世上的事情，多得做不完，
> 工作有大的，也有小的，
> 我们该做的工作，就在你的手边。
> 如果你不能做一条公路，就做一条小径，
> 如果你不能做太阳，就做一颗星星；
> 不能凭大小来断定你的输赢，
> 不论你做什么都要做最好一名！

1.3.2 大学生心理健康保健

1. 树立科学的健康观

除了身体健康外，大学生的心理健康和社会适应能力也值得关注。当心理"感冒"时，会侵蚀心理健康。为了身体的健康，我们要锻炼身体，以预防为主；为了我们的心理健康，我们也应当关心自我、锻炼自我的心理承受力，提高"心理免疫力"。

（1）培养良好的人格品质。培养良好的人格品质，首先应该正确地认识自我，培养悦纳自我的态度，扬长避短，不断完善自己；其次应该提高对挫折的承受能力，对挫折有正确的认识，在挫折面前不惊慌失措，采取理智的应对方法，力争化消极因素为积极因素。

（2）直面挫折，在风雨中变得坚强。挫折承受能力的高低与个人的思想境界、对挫折的主观判断、挫折体验等有关。提高挫折承受能力应努力提高自身的思想境界，树立科学的人生观，积极参加各类实践活动，丰富人生经验。

（3）养成科学的生活方式。生活方式对心理健康的影响已被科学研究证明。健康的生活方式指生活有规律、劳逸结合、科学用脑、坚持体育锻炼、少饮酒、不吸烟、讲究卫生等。大学生的学习负担较重，心理压力较大，为了长期保持学习的效率，必须科学地安排好每天的学习、锻炼、休息的时间，使生活更有规律。

2. 自我调节的秘诀

自我调节心理健康的核心内容包括调整认知结构、情绪状态，锻炼意志品质，改善适

应能力等。大学生要正视现实，学会自我调节，保持同现实的良好接触。自我心理调适要做到以下几个方面。

(1) 保持浓厚的学习兴趣和求知欲望。
(2) 保持乐观的情绪和良好的心境。
(3) 保持和谐的人际关系。
(4) 保持良好的环境适应能力。

3. 主动寻求专业心理咨询人员的帮助

心理老师具备较深厚的理论功底和生活实践经验，对学生所面临的心理问题具有良好的解答方式和处理技巧。大学生在必要时应求助有丰富经验的心理咨询医生或长期从事心理咨询的专业人员。

心理咨询兼有心理预防和心理治疗功能，能为大学生创设一个良好的社会心理环境和条件，提高其精神生活质量和心理效能水平，以实现减少心理障碍、防止精神疾病、保障心理健康的目的。

4. 积极参加业余活动，发展社会交往

丰富多彩的业余活动不仅丰富了大学生的生活，而且为大学生的健康发展提供了课堂以外的活动机会。大学生应培养多种兴趣，发展业余爱好，通过参加各种课余活动，发挥潜能，振奋精神，缓解紧张情绪，保持身心健康。通过社会交往才能实现思想交流和信息资源共享。社会交往的发展可以不断地丰富和激活人们的内心世界，有利于心理保健。

小 结

1. 心理健康是指在身体、智能和情感上与他人的心理健康不相矛盾的范围内，将个人心境发展到最佳的状态。

2. 大学生心理健康的基本标准可归纳为以下八个方面：智力正常；接纳他人、适应环境；认识自我、悦纳自我；具有健全的人格；心理行为符合大学生的年龄特征；有和谐的人际关系；行为与社会角色相一致；有较强的情绪调节能力。人的心理发展经历着不同的年龄特征阶段，这一过程既是连续的，又是阶段性的。大学阶段所处的时期是青年中期，是青年发展到成人的过渡期。

3. 在大学阶段，由于大学生自身发展的特殊性和大学环境以及社会生活的影响，大学生经常处于矛盾与困惑之中，这主要是一般发展性的心理问题。大学生常见心理障碍主要有学习心理障碍、情绪心理障碍、人际交往障碍、自我认知障碍。大学生心理问题与障碍的产生的原因主要来源于个体自身、家庭环境、学校教育和社会环境的影响。

4. 为了更好地应对大学生心理问题与障碍，我们要树立科学的健康观，对心理障碍做到早预防、早发现、早治疗，帮助大学生通过积极有益的活动进行自我调节，主动寻求专业心理咨询人员的帮助，积极参加业余活动，发展社会交往。

思考与收获

通过本章的学习，我的思考是＿＿＿＿＿＿＿＿＿＿＿＿＿＿＿＿＿＿＿＿＿＿＿＿＿＿

＿＿

＿＿＿＿＿＿＿＿＿＿＿＿＿＿＿＿＿＿＿＿＿＿＿＿＿＿＿＿＿＿＿＿＿＿＿＿＿＿。

我的收获是＿＿＿＿＿＿＿＿＿＿＿＿＿＿＿＿＿＿＿＿＿＿＿＿＿＿＿＿＿＿＿＿＿
＿＿＿＿＿＿＿＿＿＿＿＿＿＿＿＿＿＿＿＿＿＿＿＿＿＿＿＿＿＿＿＿＿＿＿＿＿＿＿
＿＿＿＿＿＿＿＿＿＿＿＿＿＿＿＿＿＿＿＿＿＿＿＿＿＿＿＿＿＿＿＿＿＿＿＿＿。

心理测试

心理健康自评（SCL-90）

注意：表1-2中列出了有些人可能会存在的问题，请仔细地阅读每一条，然后根据最近一星期下述情况对自我影响的实际感觉，在5个方格中进行选择。

要求：1. 独立的、不受任何人影响的自我评定。

2. 每次评定一般在20分钟内完成。

表1-2 评价表

项　　目	没有	很轻	中等	偏重	严重
分　　值	0	1	2	3	4
1. 头痛	☐	☐	☐	☐	☐
2. 神经过敏，心中不踏实	☐	☐	☐	☐	☐
3. 头脑中有不必要的想法或字句盘旋	☐	☐	☐	☐	☐
4. 头昏或晕倒	☐	☐	☐	☐	☐
5. 对异性的兴趣减退	☐	☐	☐	☐	☐
6. 对旁人求全责备	☐	☐	☐	☐	☐
7. 感到别人能控制你的思想	☐	☐	☐	☐	☐
8. 责怪别人制造麻烦	☐	☐	☐	☐	☐
9. 忘性大	☐	☐	☐	☐	☐
10. 担心自己的衣服的整齐及仪态的端正	☐	☐	☐	☐	☐
11. 容易烦恼和被激怒	☐	☐	☐	☐	☐
12. 胸痛	☐	☐	☐	☐	☐
13. 害怕空旷的场所和街道	☐	☐	☐	☐	☐
14. 感到自己的精力下降、活动减慢	☐	☐	☐	☐	☐
15. 想结束自己的生命	☐	☐	☐	☐	☐
16. 听到旁人听不到的声音	☐	☐	☐	☐	☐
17. 发抖	☐	☐	☐	☐	☐
18. 感到大多数人不可信	☐	☐	☐	☐	☐
19. 胃口不好	☐	☐	☐	☐	☐
20. 容易哭泣	☐	☐	☐	☐	☐
21. 同异性相处时感到害羞不自在	☐	☐	☐	☐	☐
22. 感到受骗中了圈套或有人想抓自己	☐	☐	☐	☐	☐

续表

项 目	没有	很轻	中等	偏重	严重
分 值	0	1	2	3	4
23. 无缘无故地感到害怕	□	□	□	□	□
24. 自己不能控制地大发脾气	□	□	□	□	□
25. 怕单独出门	□	□	□	□	□
26. 经常责怪自己	□	□	□	□	□
27. 腰痛	□	□	□	□	□
28. 感到难以完成任务	□	□	□	□	□
29. 感到孤独	□	□	□	□	□
30. 感到苦闷	□	□	□	□	□
31. 过分担忧	□	□	□	□	□
32. 对事物不感兴趣	□	□	□	□	□
33. 感到害怕	□	□	□	□	□
34. 感情容易受到伤害	□	□	□	□	□
35. 旁人能知道自己的私下想法	□	□	□	□	□
36. 感到别人不理解自己，不同情自己	□	□	□	□	□
37. 感到人们对自己不友好，不喜欢自己	□	□	□	□	□
38. 做事必须做得很慢以保证做得正确	□	□	□	□	□
39. 心跳得很厉害	□	□	□	□	□
40. 恶心或胃不舒服	□	□	□	□	□
41. 感到比不上他人	□	□	□	□	□
42. 肌肉酸痛	□	□	□	□	□
43. 感到有人在监视自己，谈论自己	□	□	□	□	□
44. 难以入睡	□	□	□	□	□
45. 做事必须反复检查	□	□	□	□	□
46. 难以做决定	□	□	□	□	□
47. 怕坐电车、公共汽车、地铁或火车	□	□	□	□	□
48. 呼吸有困难	□	□	□	□	□
49. 一阵阵发冷发热	□	□	□	□	□
50. 因为害怕而躲避某些场合或活动	□	□	□	□	□
51. 脑子变空	□	□	□	□	□
52. 身体发麻或刺痛	□	□	□	□	□
53. 喉咙有梗塞感	□	□	□	□	□

续表

项　　目	没有	很轻	中等	偏重	严重
分　　值	0	1	2	3	4
54. 感到前途没有希望	□	□	□	□	□
55. 不能集中注意	□	□	□	□	□
56. 感到身体的某一部分软弱无力	□	□	□	□	□
57. 感到紧张或容易紧张	□	□	□	□	□
58. 感到手或脚发重	□	□	□	□	□
59. 想到死亡的事	□	□	□	□	□
60. 吃得太多	□	□	□	□	□
61. 当别人看着自己时或谈论自己时感到不自在	□	□	□	□	□
62. 有一些不属于自己的想法	□	□	□	□	□
63. 有想打人或伤害他人的冲动	□	□	□	□	□
64. 醒得太早	□	□	□	□	□
65. 必须反复洗手或点清数目	□	□	□	□	□
66. 睡得不稳、不深	□	□	□	□	□
67. 有想破坏东西的冲动	□	□	□	□	□
68. 有一些别人没有的想法	□	□	□	□	□
69. 感到对别人神经过敏	□	□	□	□	□
70. 在人多的地方感到不自在	□	□	□	□	□
71. 感到任何事情都有困难	□	□	□	□	□
72. 一阵阵的恐惧或惊恐	□	□	□	□	□
73. 感觉在公共场合吃东西不舒服	□	□	□	□	□
74. 经常与人争论	□	□	□	□	□
75. 单独一人时神经紧张	□	□	□	□	□
76. 认为别人对自己的成绩没有做出正确的评价	□	□	□	□	□
77. 即使和别人在一起时也感到孤独	□	□	□	□	□
78. 感到坐立不安、心神不定	□	□	□	□	□
79. 感到自己没有价值	□	□	□	□	□
80. 感到熟悉的东西变得陌生、不真实	□	□	□	□	□
81. 大叫或摔东西	□	□	□	□	□
82. 害怕会在公共场合昏倒	□	□	□	□	□
83. 感到别人想占自己的便宜	□	□	□	□	□
84. 为有关性的问题而苦恼	□	□	□	□	□

续表

项目 分值	没有 0	很轻 1	中等 2	偏重 3	严重 4
85. 认为应该因为自己的过错受罚	□	□	□	□	□
86. 感到要赶快把事情做完	□	□	□	□	□
87. 感到自己的身体有严重的问题	□	□	□	□	□
88. 从未感到和他人很亲近	□	□	□	□	□
89. 感到自己有罪	□	□	□	□	□
90. 感到自己的脑子有毛病	□	□	□	□	□

分析统计指标如下。

一、总分

1. 总分是 90 个项目所得分数之和。

2. 总症状指数（General Symptomatic Index），国内称总均分，是将总分除以 90。

二、因子分

SCL-90 包括 9 个因子，每一个因子反映出被试者的某方面症状痛苦情况，通过因子分可了解症状分布特点。

因子分 = 组成某一因子的各项目总分÷组成某一因子的项目数

下面是各因子名称及所包含项目。

1. 躯体化：1、4、12、27、40、42、48、49、52、53、56、58 共 12 项。
2. 强迫症状：3、9、10、28、38、45、46、51、55、65 共 10 项。
3. 人际关系敏感：6、21、34、36、37、41、61、69、73 共 9 项。
4. 抑郁：5、14、15、20、22、26、29、30、31、32、54、71、79 共 13 项。
5. 焦虑：2、17、23、33、39、57、72、78、80、86 共 10 项。
6. 敌对：11、24、63、67、74、81 共 6 项。
7. 恐怖：13、25、47、50、70、75、82 共 7 项。
8. 偏执：8、18、43、68、76、83 共 6 项。
9. 精神病性：7、16、35、62、77、84、85、87、88、90 共 10 项。
10. 其他：19、44、59、60、64、66、89 共 7 项，主要反映睡眠及饮食情况。

三、常模

常模应用：要进一步了解测验结果的意义就必须将测验分数与常模相对照，以发现被试者在各分量表（见表 1-3）的得分与一般水平的差异有多大，这样才能准确地确定被试者成绩的意义。对于本量表来说，被试者各分量表的分数的分级原则为：①平均值上或下各一个标准差以内的为"中等水平的症状表现"；②平均值上或下两个标准差以内的为"较高或较低水平的症状表现"；③平均值上或下超过两个标准差的为"高或低的症状表现"。因此，仅从表面上看被试者得分高低是不够的，还要看其在同一群体中所处的水平，才能确定其症状表现的真实程度。比如在某些分量表上被试者的得分虽然比较高，但如果常模中该分量表的平均分也比较高，计算后发现被试者的得分没有超过一个标准差，那么就表明该被试者在该方面的症状表现也只是中等水平而已，不必过于担心。具体测试结果可以咨询专业人员。

表1-3 分量表

项目	平均数±标准差	项目	平均数±标准差	项目	平均数±标准差
总分	129.96±38.76	人际关系敏感	1.56±0.51	敌对	1.48±0.56
总均分	1.44±0.43			恐怖	1.23±0.41
躯体化	1.37±0.48	抑郁	1.50±0.59	偏执	1.43±0.57
强迫症状	1.26±0.58	焦虑	1.39±0.43	精神病性	1.29±0.42

第 2 章

大学生适应能力培养
——新生活 新起点

大学生活可谓是荆棘与鲜花同在，机遇与挑战并存。任何人进入新的环境，都会产生某种程度的不适应，这是非常正常的现象。对于大学新生来说，突然面对许许多多的变化，自然需要一个适应过程。在大学，每一个学生都经历了一个重新评价自己与他人、重新确立对自己看法的过程。要让自己在学校这个大熔炉里锻造成钢，就必须尽快适应大学生活，完成从"旧状态"向"新状态"的转变。

2.1 我的大学我的家

大学阶段是人生的一个重要时期，大学一年级是整个大学生活的起步阶段，在这一时期，大学新生们要经历很多的转变、适应和成长。

2.1.1 由个人成长到共同生活——集体生活的适应

学会独立生活、学会过集体生活是迈开人生道路的第一步。在大学，一个彼此关心、相互谅解的集体，会给每一个同学带来开朗的心境和愉快的气氛。而一个人心离散、感情淡漠的集体，会使人感到压抑，而且人在其中也会变得自私。生活在一个温暖的班集体、寝室集体中，是每个大学生的愿望，也需要大家的共同努力。

1. 尽快提升集体凝聚力

从群体的角度来说，建设良好的班集体和寝室集体，就是在增加群体的凝聚力。新生刚入校，相互没有成见，对彼此都有新鲜感，老师和同学都要抓住时机树立良好的班级风气、寝室风气，共同建设团结互助、积极向上的新集体。可以组织形式多样的活动丰富大家的生活；设法发挥每个成员的积极作用，树立班级成员的主人翁意识；还应注意体察同学的疾苦，尽力帮助他人排忧解难，使大家感到集体的温暖，增加集体对同学的吸引力。

2. 养成良好的生活习惯

从个体对群体的意义上来说，大学新生从一开始就要养成符合大学集体生活特点的、有规律的、良好的生活习惯。

（1）要有集体作息制度的观念。学校作息制度是根据学生年龄的心理特点和学校多年教学经验而制定的。如果大家都违反作息制度，就不能称其为集体。不能合理安排学习和休息的时间，要想取得好的成绩是不可能的。从学校的教学秩序上看，没有统一的作息制度，学校也不能高效运转。因此，每个同学都应自觉地遵守学校的作息制度。

（2）要有集体生活的观念。集体生活是由烦琐的生活小事组成的。从统一的作息时间到轮流值日，保持室内清洁与开水供应；从个人衣物的放置到空间的整理美化，大家在言谈笑语中互相尊重与礼让，不同个性互相包容……也许看起来是平凡的小事，却是集体生活赋予每个人同等的权利和义务，是对每个大学生为人处世、品德修养的检验，是形成积极向上的集体风气的重要基础。

（3）要多为他人着想。由于大学生活是集体生活，饮食起居、学习娱乐都在一起，因此，自己的一言一行、一举一动都要为他人着想，要用尊重去换取他人的尊重，用关怀去赢得他人的关怀，以快乐去换取他人的快乐。创造温暖的集体氛围不应等待别人的努力，每个人都应从自己做起，要学会关心集体，严于律己，宽以待人。

2.1.2 由严格监管到自主自律——管理方式的适应

大学管理制度与中学相比，其变化主要体现在教学管理、公寓管理与学生管理方面。从教学管理上看，大学已实行学分制，学分是衡量学生是否完成教学要求的标准。学生不受学习时间限制，根据自己的实际情况，可提前修满学分提前毕业，也可以延长学习时间；从学生公寓管理上看，大学更多强调学生的自我管理、自我教育、自我服务、自我约束；从学生管理上看，大学的管理属于全面管理、网络管理，学校各个职能部门都直接参与学生管理，如思想教育管理、学籍管理、宿舍管理、课外活动管理、学生组织和社团管理等。

在中学，学校对学生的管理和学习指导都比较具体，校规严格，学生自由支配的项目和时间不多。相比而言，大学的管理制度较为宽松，大学里鼓励学生的个性发展，大学生在学习科目、时间支配、生活安排等方面的自由空间相对较多，但也会使人产生困惑，有的学生甚至因为过度放松导致学业荒废。

绝大多数大学新生都是远离自己的亲人，孤身一人到异地求学，其中大多数同学是初次离开父母独立生活。在大学，衣、食、住、行全靠自己，要求学生有一定的生活自理能力。另外，一个寝室要住几个人，有些同学也会很不习惯。大学新生要尽快进入角色，尝试用更高的要求来约束自己，学会有计划地分配自己的消费支出；随着季节的变化适时增减衣物；在集体中生活，还要有宽阔的胸怀，乐于助人，团结友爱。

2.1.3 由应试教育到专业教育——学习模式的转变

大学教育是专业教育和通识教育的结合，一方面，课程门类多，教学节奏快，自学时间增加；另一方面，在一个班级授课的教师较多，与学生在课后的沟通较少，学习效果及知识的巩固全靠自觉。

从中学到大学，是从被动的"要我学"向主动的"我要学"学习模式的转变。大学已经不可能再像中学那样对学生学习的过程监管得那么具体、细致。在学习时间的支配上、学习计划的安排上、学习潜能的发挥上，大学新生都有了更加广阔的天地。因此，大学生应该提高学习的自觉性，充分发挥学习的主观能动性。

（1）大学生的学习内容上，具有较强的专业性、职业定向性和实践性的特点，要求学生不仅要掌握本专业各学科的基础知识，还要有较强的实际应用能力。因此，大学新生必须调整自己对大学学习的认识，尽快适应学习内容上的重大改变。

（2）在学习方法上，以自主性学习为主，学习的独立性、批判性和自觉性要求提高了。此外，大学生还必须把课内的知识与课外的学习相结合，注重知识的应用，这对未来职业生涯具有重要意义。因此大学新生要尽快调整学习方法，注意培养自学能力，学会制订学习目标，合理安排时间，学会查阅各种专业资料，学会记笔记、写摘要、做综述，学会独立自主地获取知识。不盲目崇拜学术权威，要相信自己通过独立思考和探索所得到的正确结论。

（3）大学新生还要注重实践环节，积极参加学生组织和社团，争取实习的机会，通过各种途径培养自己独立学习和工作的能力。

阅读材料

雄鹰"PK"蜗牛——俞敏洪北大演讲摘录

有一个故事说，能够到达金字塔顶端的只有两种动物，一是雄鹰，靠自己的天赋和翅膀飞了上去。我们这儿有很多雄鹰式的人物，很多同学学习不需要太努力就能达到高峰，很多同学可以很轻松地就能在北大毕业以后进入哈佛、耶鲁、牛津、剑桥这样的名牌大学继续深造，比如说刚才提到的我的班长王强，他的模仿能力是超群的，到任何一个地方，任何一句话听一遍就可以模仿出来，绝对不会两样，所以他在北大广播站当了整整四年播音员。我每天听着他的声音，心头咬牙切齿充满"仇恨"。有天赋的人就像雄鹰。

但是，大家也都知道，有另外一种动物，也到了金字塔的顶端，那就是蜗牛。蜗牛肯定只能是爬上去。从底下爬到上面可能要一个月、两个月，甚至一年、两年。我相信蜗牛绝对不是一帆风顺地爬上去的，一定会掉下来、再爬，掉下来、再爬。

但是，同学们要知道的是，蜗牛只要爬到金字塔顶端，它眼中所看到的世界，它收获的成就，跟雄鹰是一模一样的。也许我们在座的同学，有的是雄鹰，有的是蜗牛。我在北大的时候，包括到今天为止，一直认为我是一只蜗牛，但是我一直在爬，也许还没有爬到金字塔的顶端，但是只要你在爬，就足以给自己留下令生命感动的记忆。

2.1.4 由简单单调到丰富多彩——课余生活的适应

如何安排好课余生活是摆在新生面前的一个问题，成为大学生后，接触的社会面加宽，精神领域扩大，同时放下了高考包袱。相对于简单单调的中学生活，大学的业余生活是丰富多彩的，学生可凭自己的兴趣与能力参与各种文艺、体育、社交等活动。然而，有的学生抱着"中学用了功，大学松一松""中学吃了苦，大学补一补"的思想，主要表现为：学习上有不同程度的懈怠，思想上放松了对自己的要求，将大部分的精力用于学习之外的其他活动。其实大学里仍然充满竞争，学习仍是学生在大学的主要任务。学习、生活及其他精神文化领域都需要自己有更高的能力去适应，面对多样的选项，大学生应当学会根据自己的特点和需要进行正确的选择。

案例分析

适应中的迷茫

小李有时会突然感到迷茫，做什么事都提不起精神，没有头绪，整天觉得昏昏沉沉，无精打采，甚至晚上还做噩梦，脑子里走马灯似的出现许多画面，还有些稀奇古怪的念头闪过。小李以前一向自控能力很强，这种状态并不经常发生，而且就算发生也会很快消失，但现在小李却心烦意乱。特别是进入大学后的半年来，遇到许多问题，不知道怎么跟老师交往，不知道怎么获得同学们的信任，既想自己好好表现，但又怕抢了其他同学的风头，惹得同学疏远他这个刚上任的班长。

像小李这样的同学在大学一年级学生中比较多，刚刚进入大学校园，突然失去了奋斗的目标，不知道如何与舍友朝夕相处，如何与老师交流谈心，感到无所事事，甚至不知所措。

2.2　适应新环境 迎接新挑战

对大学新生进行适应教育，既是时代发展的需要，也是大学教育改革的需要，更是大学生素质提高和可持续发展的需要。新生常见的适应不良主要有失落、迷惘、孤独和边缘感，通过对自我的正确定位，确定适当目标，积极主动交往，融入集体，这些问题都会得到缓解或消失。

2.2.1　失落感——自我定位

经过高考的激烈竞争，考上大学的新生无疑是命运的幸运儿。"经过多年寒窗苦读，终于考上了大学，可以松口气了，"但许多学生进了大学之后，才发现现实中的大学与自己期待已久、梦寐以求的大学差距很大，由此导致心理失落。特别是许多高分的同学因填报志愿等原因，被不如意的学校录取，造成心理上极大的反差，有的学生甚至心灰意冷、意气消沉、心态对立。

有些学生在中学阶段一直处于领先地位，是受老师器重的学生干部，但在人才汇聚的大学中表现并不突出，内心不服气；也有的学生对专业缺乏兴趣，认为"走对了路，进错了门"，心里充满失落感。这些消极的情绪对新生的适应极为不利，长此以往会陷入一种悲观失望、压抑、消沉的心境。

新生的这种失落感，很多时候是因为不能接受现实、正视现实，对自己进行正确定位。在新的环境却总留恋于过去；遭遇了挫折却总沉浸在失败的回忆之中，这些是毫无意义的。当接受了现实之后，你就可以平心静气地分析环境，客观地审视自己，进行自我定位，重新环境中找到自己的成长点，就会适应生活和发展自己。"过去"只能带给自己回

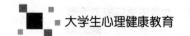

忆,当你选择了采取行动时,将会体会到"今天"带给你的充实、欢乐和自由。

2.2.2 迷茫感——确定目标

目标是一个人前进的方向、奋斗的动力、生活的支柱,没有目标时,人们会感到迷茫和空虚。如果希望自己能够不断发展,那么就必须为自己确立一个合乎实际的目标。当人们没有目标时,会感到迷茫和空虚;当人们的目标过低时,会缺乏动力;当人们的目标过高时,又常因为达不到理想而失落。很多新生的适应困难来自个人目标确定不当。

（1）应当根据国家、社会发展的需要和自己人生发展的需要,为自己制订一个远程目标。同时,还要制订一个近程目标,即短期内要完成的事。远程目标要靠一个个近程目标的积累来实现。如果只有远程目标,没有近程目标,人生理想就会成为空中楼阁,可望而不可即,时间一久,就会迷失方向,丧失信心。反之,只有近程目标,没有远程目标,就不能保持一种永恒的动力。

（2）目标的确立,应当从自身的实际和客观的实际出发,结合自身的个性特点、能力以及客观条件,一味盲目地追随别人或潮流,不但不会获得成功,还会影响心理平衡。

（3）应该随时根据自身情况的变化及时进行调整,以免因为目标脱离实际而难以实现。

阅 读 材 料

给自己一个合适的高度

假如你看到体重达 8 600 千克的大鲸鱼跃出水面 6.6 米高度,并为你表演各种动作时,我想你一定会叹为观止,而事实上确有这么一条创造奇迹的鲸鱼。

这条鲸鱼的训练师向我们揭示了训练的奥秘:在开始时他们先把绳子放在水面下,并迫使鲸鱼从绳子上方通过,鲸鱼每次成功经过绳子上方,训练师就会对这条鲸鱼表示鼓励,或者是喂它几条鱼吃,或者是拍拍它并和它玩耍。当鲸鱼从绳子上方通过的次数逐渐多于从下方经过的次数时,训练师就会把绳子提高一些,不过提高的速度必须很慢,不至于让鲸鱼因为过多的失败而感到沮丧。

鼓励的力量使得这只鲸鱼飞跃了这一可载入吉尼斯纪录的高度。一条鲸鱼尚且如此,对于聪明的人类来说更是这样,适当的鼓励、赞赏和肯定,会使一个人的潜能得到最大限度的发挥。可事实上更多的人却是与训练师相反,起初就订的目标过高,一旦达不到目标,就大感失望。所以我们常常看到,公司里上司对下属的不满和惩罚,学校里教师对学生的严厉批评和斥责,家庭中望子成龙的父母对孩子的埋怨和训斥。

从这个故事中我们可以知道,即使我们有很高的期望值,但是最好还是给手中的"绳子"定一个适当的高度,看到每一个进步,及时予以鼓励和肯定,奠定心中的信念,而不要被失望、沮丧的情绪笼罩。

2.2.3 孤独感——主动交往

初次离开父母和熟悉的环境,环境不适应、饮食不适应、风俗语言不适应,大学新生需要自己独立去面对新的生活,独立处理生活中的问题,常常会感到孤单、茫然、困惑。

良好的同学关系对大学新生的适应有重要的影响，而主动建立良好的同学关系的过程也是一个积极适应的过程。

1. 要给人良好的第一印象

如刚到一个宿舍或开第一次班会时，某个同学的表情、姿态、身材、仪表、服装、口音等，总是给大家留下最鲜明和最牢固的印象。

2. 要学会与同学友好相处

（1）遇事能从别人的角度去看问题，设身处地替对方考虑，本着关心人、理解人的态度，尽量避免与同学进行无价值、无意义的争论。大学新生血气方刚，争论的结果往往是不欢而散，不仅没有取得一致意见，反而会造成同学间的隔阂。因此应尊重他人意见，避免直接指责，使交往陷入危机。

（2）不要过高地要求别人，要学会宽容。

（3）自己有错误时要勇于承认，这样非常有利于人际关系的改善。

3. 要做到真诚相待

当别人在宿舍专心学习时，动作尽量要轻；别人休息时，听录音可戴上耳机；当别人的亲友远道来访时，在场的人要热情接待……当你设身处地为他人考虑时，彼此合作的翅膀就已展开，即使有误会也会很快消除。

总之，大学生要敞开胸怀，积极主动交往，平时注意人与人之间经常性的沟通和交流，增强团结意识，正确认识自己，充分发挥主观能动性。建立良好的同学关系是完全可以实现的。

案例分析

孤独感案例

于某（化名），女，18岁，民办高校一年级学生，身材高挑，体态正常，家庭经济条件一般。父母均为工人，身体、工作都较好，但没读过多少书，是典型的严父慈母。家里有一个哥哥在当地上大学。于某在上大学之前没有集体生活的经验，在家时，除了学习外，其他事情不用自己操心，全由家人代劳，她不懂得料理自己的生活，也不喜欢与人沟通。上大学后，在学习和生活的压力之下，于某感到自己处处不如人，很痛苦、很自卑。她觉得其他同学懂很多东西，会玩、会学、会生活，而自己则像一个孩子似的无知。她的舍友是5个南方生源的同学，在一起时经常说方言，于某听不懂她们说话的内容，不能与她们交流，她感到很孤独、很寂寞，觉得自己万分的痛苦。于某说："最近我感到非常痛苦，看不进书，听不进课，担心坚持不下去了。""只有我一个人，孤零零的，似乎被整个世界遗忘了。我害怕，我害怕自己要疯掉了。""已经一个多月了，您快帮帮我吧。"

辅导员和同学反映：于某不爱说话，集体活动不积极，在宿舍待的时间比较长，喜欢一个人听音乐，不爱和同学聊天，经常错过吃饭时间。于某从进入咨询室到叙述完毕，一直都处于比较紧张的状态，两臂夹紧，双手蜷缩，眼神迟疑，声音微颤。

于某心理问题的外在表现为适应不良，内在表现却是爱和被爱的需要、期望自己和他人都觉得自己有价值的需要不能满足造成的。这种内心的矛盾冲突加剧了认知和个性的偏差，再加上教养方式和学校教育环境等因素的催化，如果不及时矫正，就会陷入恶性循环的怪圈，可能会导致焦虑症、恐惧症等神经症的形成。

现实疗法的思路和原则是强调当事人的责任和力量；重视当前的行为，协助当事人拟定明确的行为改变计划并切实执行；以关怀和尊重为基础建立彼此的信任关系；强调当事人自身的优点和潜能，帮助她发展成功的认同经验。利用积极的心理暗示去强调责任，重视行为、情感和态度。经过心理辅导老师的帮助，于某感觉"我不再无聊孤独了"；"我和宿舍的同学、班上的同学逐渐熟悉起来，也非常高兴地参与其中了"；"我开始自信了，听课学习的质量提高了"；"我能够接受我的缺点，这是事实"。辅导员也说："她好像变了个人"；"整个人都精神了，活泼了"；"集体活动踊跃参与"；"也显得快乐了，与同学交往多了"。于某最终适应了大学的新生活。

2.2.4 边缘感——融入集体

1. 大学边缘化群体的类型与形成原因

边缘化是指在高校里，与主流学生相比部分学生因自身某种特点而远离中心地带，往往容易被人遗忘。大学生中的边缘化群体往往是有自卑心理的或者经济贫困的学生，他们往往采取逃避的方式，远离集体，很难融入群体之中。

（1）因受社会风气的影响，一些学生过于物质化，有的因家庭条件优越，成为"炫富一族"；有的功利思想严重，热衷于拉关系、攒人脉，一些校园组织甚至沦为名利场；有的学生满足于"混文凭"，无所事事，沉迷游戏。

（2）生活习惯的差异和环境适应造成的交往障碍有时也会造成学生的边缘感。有的同学从气候比较湿润的南方地区来到气候相对干燥的北方，可能会发生水土不服的现象，出现肠胃功能失调、皮肤过敏等情况。另外，由于各种历史的、文化的、伦理的原因，形成了各种风俗民情和方言，有的同学讲话乡土音较浓重，在沟通中遇到困难，造成边缘感。

（3）经济状况不佳的学生，他们一般来自边远山区、农村或经济来源较少的家庭，贫富差距也影响莘莘学子，使得经济困难的大学生们都怀有一种强烈的落差感。贫困生由于长期游离于学生组织之外，成为边缘化群体。

2. 克服边缘感要主动适应环境

只有积极行动，才能了解自己的潜能究竟有多大。

（1）要基于正确客观的自我认知评价。认识自我在人的心理健康中起着重要的作用，也是"边缘化"大学生群体的思想、心理症结所在，它制约着人格的形成、发展，在人格的实现中有着强大的动力功能。因而，全面、深刻地自我认知是促进大学生心理健康和"边缘化"学生克服"边缘感"的有效途径。

（2）彼此尊重是边缘化的溶解剂。同学之间有一个相互尊重、相互适应的过程。人对环境的适应，主要是对人际关系的适应。有了良好的人际关系，人才有支持力量；有了归属感和安全感，心情才能愉快。

（3）激活学生自身的精神动力。帮助贫困生群体走出困境，最根本的是要激活其自身的精神动力，使外部的支持帮助与自身的努力结合起来，发挥他们的主观能动性。要建立保障机构，形成健全的保障体系，继续完善"奖、贷、助、免、补"等有效机制，帮助他们渡过难关。

以上各种不适应可能正在困扰着大学生年轻而向上的心，使他们在人生的新阶段感受到困惑和迷茫。但是不要担心，这种困惑的过程就是一个人的心灵成长的过程。感受越深刻，成长就越多。如同蝴蝶破茧而出一样，只要耐心地感受自我的成长，积极地推动自我成长，就会更快地冲破蛹的黑暗，变成美丽的蝴蝶，开始在大学中自由而多彩地生活。

案例分析

大山里走出的大学生

【案例】

李某是商学院大一新生，他来自西北偏远山区，家庭贫困并且自幼多病，因为刻苦努力考上了某民办高校商学院本科实验班。本来他应该充满希望地开始新的学习和生活，入学一段时间之后，却逐渐悲观失望起来。

原来，他与周围来自城市的同学相比，在许多方面相差悬殊。例如：城市的同学英语基础较好，而他在家乡没有条件接受英语的听说训练，口语和听力很差，学得十分吃力；城市的同学善于交际，而他的交际方式单一，很少与别人交往，因而感到孤独；城市的同学多才多艺，打球、唱歌、跳舞、电脑等学起来都很快，而他接受这些就要慢得多；此外，在经济和生活上的差距就更加明显了。

于是，李某认为自己永远无法与别人相比，无论怎样努力也难以获得成功。大学的学习和生活对他来说成了沉重的负担和令人窒息的压力，李某逐渐失去了以往的自信。

【分析】

这是一个比较典型的新生适应不良的案例。作为"大山里飞出来的金凤凰"，其实自身有着足够的发展潜力与空间，接受大学教育之后，李某的发展前途光明，将来应该有所作为，但由于自信的丧失，生活中赖以支撑的基础塌陷了，本来应当朝气蓬勃的人生却陷入一片昏暗之中。

事实上，在农村长大的李某，有着许多城里长大的学生不具备的优点：学习刻苦、做事勤快、独立性较强。李某如果不断发挥自己的这些优点，相信不用太长的时间，他的各方面都会有长足的进步。而现在李某用自身个别的、暂时的、非致命的缺点轻率地、全面地否定了自己。如果不能尽早从这种自卑中走出来的话，其结果必然是很难适应大学生活。

小 结

1. 所谓大学新生，是指大学一年级的学生。这是整个大学生活的起步阶段，也是人生的一个重要时期。大学新生对大学生活的适应包含生理、心理和社会等几个不同方面，大学新生们要经历很多的转变、适应和成长。

2. 初入大学，新生们要完成以下几个方面的适应任务：由个人成长到共同生活——集体生活的适应；由严格监管到自主自律——管理方式的适应；由应试教育到专业教育——学习模式的转变；由简单单调到丰富多彩——课余生活的适应。新生常见的适应不良主要有失落、迷惘、孤独和边缘感，通过对自我正确定位、确定适当目标、积极主动交往、融入集体之中，这些问题都会得到缓解，大学生最终会适应大学生活。

思考与收获

通过本章的学习，我的思考是＿＿。

我的收获是＿＿＿。

心理测试

大学生心理适应能力自测问卷

1. 我最怕转学或转班级，每到一个新环境，我总要经过很长一段时间才能适应。
   A. 是　　　　　　　　B. 无法肯定　　　　　　　　C. 不是

2. 每到一个新的地方，我很容易同别人接近。
   A. 是　　　　　　　　B. 无法肯定　　　　　　　　C. 不是

3. 在陌生人面前，我常无话可说，以致感到尴尬。
   A. 是　　　　　　　　B. 无法肯定　　　　　　　　C. 不是

4. 我最喜欢学习新知识或新学科，它给我一种新鲜感，能调动我的积极性。
   A. 是　　　　　　　　B. 无法肯定　　　　　　　　C. 不是

5. 每到一个新地方，我第一天总是睡不好，就是在家里，只要换了一张床，有时也会失眠。
   A. 是　　　　　　　　B. 无法肯定　　　　　　　　C. 不是

6. 不管生活条件有多大的变化，我也能很快习惯。
   A. 是　　　　　　　　B. 无法肯定　　　　　　　　C. 不是

7. 越是人多的地方，我越感到紧张。
   A. 是　　　　　　　　B. 无法肯定　　　　　　　　C. 不是

8. 我的学习成绩多半不会比平时练习差。
   A. 是　　　　　　　　B. 无法肯定　　　　　　　　C. 不是

9. 全班同学都看着我时，我的心都快跳出来了。
   A. 是　　　　　　　　B. 无法肯定　　　　　　　　C. 不是

10. 对他（她）有看法，但我仍能同他（她）交往。
    A. 是　　　　　　　　B. 无法肯定　　　　　　　　C. 不是

11. 我做事情总有些不自在。
    A. 是　　　　　　　　B. 无法肯定　　　　　　　　C. 不是

12. 我很少固执己见，常常乐于采纳别人的观点。
    A. 是　　　　　　　　B. 无法肯定　　　　　　　　C. 不是

13. 同别人争论时，我常常感到语塞，事后才想起该怎样反驳对方，可惜已经太迟。

A. 是　　　　　　　　B. 无法肯定　　　　　　　C. 不是

14. 我对生活条件要求不高，即使生活条件很艰苦，我也能过得很愉快。
A. 是　　　　　　　　B. 无法肯定　　　　　　　C. 不是

15. 有时自己明明把课文背得滚瓜烂熟，可在课堂上背的时候，还是会出差错。
A. 是　　　　　　　　B. 无法肯定　　　　　　　C. 不是

16. 在决定胜负成败的关键时刻，我虽然很紧张，但总能很快地使自己镇定下来。
A. 是　　　　　　　　B. 无法肯定　　　　　　　C. 不是

17. 我不喜欢的东西，不管怎样学也学不会。
A. 是　　　　　　　　B. 无法肯定　　　　　　　C. 不是

18. 在嘈杂混乱的环境里，我仍能集中精力学习，并且效率较高。
A. 是　　　　　　　　B. 无法肯定　　　　　　　C. 不是

19. 我不喜欢陌生人来家里做客，每逢这种情况，我就有意回避。
A. 是　　　　　　　　B. 无法肯定　　　　　　　C. 不是

20. 我很喜欢参加社交活动，我感到这是交朋友的好机会。
A. 是　　　　　　　　B. 无法肯定　　　　　　　C. 不是

1. 评分规则

凡是单数号题（1，3，5，7，……），选A得-2分，选B得0分，选C得2分。

凡是双数号题（2，4，6，8，……），选A得2分，选B得0分，选C得-2分。

将各题分数相加，即为总分。

2. 结果解释

35~40分：心理适应能力很强。能很快地适应新的学习、生活环境，与人交往轻松大方。给人的印象极好，无论进入什么样的环境，都能应付自如。

29~34分：心理适应能力良好。

17~28分：心理适应能力一般，当进入一个新的环境，经过一段时间的努力，基本上能适应。

6~16分：心理适应能力较差，依赖于较好的学习、生活环境，一旦遇到困难，容易怨天尤人，甚至消沉。

5分以下：心理适应能力很差，在各种新环境中，即使经过相当长一段时间的努力，也不一定能够适应；常常感到困惑，因与周围事物格格不入而十分苦恼；在与他人交往中，总是显得拘谨、羞怯、手足无措。

如果你在这个测试中得分较高，说明你的心理适应能力较强。但如果得分较低，也不必忧心忡忡，因为一个人的心理适应能力是随着年龄的增长、知识的丰富而不断增强的。只要刻苦学习、虚心求教、加强锻炼，你的心理适应能力一定会增强的。

心理训练

滚雪球

目的：在班级建设之初，让班级成员尽快认识班级中每一个人，体验在人际交往中关注和倾听的重要性。

操作：

1. 把班级成员随机分为几组，人数尽可能接近平均。

2. 小组成员站成一个圆，逆时针方向开始"滚雪球"式介绍。第一人介绍自己的籍贯、宿舍、性格特点、姓名（比如："我是来自××地方的××宿舍的×××"，性格特点以一两个词来简要概括即可）；第二个人重复介绍一下第一人的情况，再介绍自己；第三人重复介绍前两人，再介绍自己；依此类推，最后一人需要复述所有人的情况，最后介绍自己。

3. 每个小组推举一名成员把本小组的成员介绍给大家。分组可不断变换，交叉认识。

成果：大家在欢快的气氛中通过不断强化，尽快熟悉彼此。最后指导老师引导大家谈谈活动体会，看哪位同学通过活动准确记住的同伴信息最多。

第 3 章

自我意识与培养
——认识自己

青少年期是"自我的发现"和"自我的第二次诞生"的时期。处于青少年晚期的大学生，自我意识迅猛发展，他们常常扪心自问，"我是一个什么样的人？""我相信自己的能力吗？""我怎么改变目前不佳的状态？"

自我意识作为大学生心理健康的重要方面，对其自我提升、实现人生理想等具有重要意义。然而，"理想自我"与"现实自我"二者的发展并非完全同步，而部分大学生常常因二者的差距过大而自暴自弃。

3.1 自我意识概述

青年时期，每个人可能都会不由自主地想到许多关于自身的问题，诸如：我是谁？我是一个怎样的人？我为什么是这样一个人？我是否接受自己？我如何改变自己？为什么人会为将来而迷惑？为什么人与人之间会有很大的不同……

对处于青年期的大学生来说，"自我"是他们积极关注的课题，大学生的自我认识、自我评价、自我控制等，直接影响着他们的社会适应和心理健康。如果一个人能认识自己并能接纳自己，对自己有合理的期望值，并且知道自己为什么而活着，善于利用成长机会改进自己，完善自己，那么他的一生就会充满快乐并富有价值。

3.1.1 自我意识的概念

作为个性的重要组成部分，自我或自我意识指一个人对自己的认识，即个体对自己的身心状况与特征，自己与他人、周围世界的关系的意识。它是人格结构的核心部分，是人的意识的本质特征，是一种多维度多层次的心理系统。包括"知、情、意"三个方面，"知"指自我认识，包括自我概念、自我感觉等；"情"指自我的情绪体验，包括自尊、自我感受、自爱等；"意"指自我控制和调节，包括自我控制和自我掌握等。

> **阅读材料**
>
> **作为大学生的我应该具备什么?**
>
> 1. 在精神上和经济上从依赖父母到走向独立。
> 2. 理解和适应身体的发育，特别是因性成熟引起的诸多变化。
> 3. 逐渐完善自身作为男性（或女性）的性别角色。
> 4. 适应新的人际关系特别是异性关系。
> 5. 正确认识自己的社会角色，主动参加各种社会活动提升自我。
> 6. 树立作为一名合格社会成员所必备的世界观、人生观和价值观。
> 7. 掌握作为一名合格社会成员所具备的知识和技能并付诸实践。
> 8. 完成学业并选择合适的职业。
> 9. 职业适应。
> 10. 成熟及自我实现。

3.1.2 大学生自我认知的特点

学生自我认识的过程就是自我概念形成并完善的过程，此过程能明确告诉大学生"我是谁"，大学生的自我认知具有以下几个特点。

1. 深刻性

大学生在描绘自我形象时，使用分析性的描述，而不像中学生那样使用整体性描述。这种分析一般能深入个人的内心世界、情绪体验、思想动机、意志特征与理想愿望，如用"大海里的一滴水"或"铺路的石子"等来描述自己，展示着自我形象的深刻性。

2. 社会性

大学生自我评价的能力与中学生相比明显提高，变得较全面、客观和主动，例如，"当我与陌生人接触时，显得有点局促，但是第二次见面就会显得比较自然，表现得十分热情、友好"。大学生更多地从社会政治思想、动机、理想、品德方面，从与他人的比较中观察自己、分析自己，这表明大学生自我形象的社会性增强。

3. 概括性

大学生对自我形象的评价已从外部的、具体的、偶然的特征，发展到综合自己经常出现的心理特点，用概括的词语或方式来描述，如用"富有个性""潇洒的气质"等来形容自我，这说明大学生自我形象的概括水平有明显提高。

4. 结构性

大学生能够将自己和他人对自己的观点分离，即个体的自我描述并非与其他所有人对其的看法完全一致。

> **阅读材料**
>
> **一位大二学生的自我认知**
>
> 下面是一位大二学生的自我认知。

整体而言，我是一个坚强、内向、上进、懂事、好学、自信、有理想、争强好胜、渴望成功与优秀、乐于助人、疾恶如仇、妒忌心强、自制力弱、有一点自私的大学男生。

在父母眼中：我是一个懂事、不用父母操心、不乱花钱、上进、有些害羞、有些懒惰的大男孩；

在兄弟姐妹眼中：在妹妹心目中，我是一个可以依靠和信赖的大哥哥，是一个诚实守信、爱护妹妹的好哥哥；

在同学眼中：我是一个大方、助人为乐、受人喜爱、人缘好、追求自由、有些懒散的同学；

在老师眼中：我是一个成绩优秀、品学兼优、自律、默默无闻的学生；

这是一名大学生的自我描述，属于自我认知的一部分。因此，大学生朋友，在你自己将这些描述清晰地整理表达出来时，你可以与你的家人、同学、朋友沟通交流，听取他们对你的自我评价的认同度，这是自我过滤的过程，同时也是自我认识不断深化的过程。

3.1.3 大学生自我体验的特点

在自我认知的基础上所表现出来的自我体验，既可以是正面的情绪体验，比如接纳、自尊、优越感等，也可以是负面的情绪体验，比如不满意、否定、自卑等。这个过程使人们了解到客观的"我"是否让主体的"我"感到满意，或者说"我怎么样？"

大学生的自我体验主要有以下几个特点。

1. 丰富性

大学生的自我体验比较丰富，可以说是一生中或各种社会群体中"最善感"的一个年龄阶段或群体。他们既有肯定的和否定的自我体验（喜欢自己还是讨厌自己，满意自己还是不满意自己等），也有积极的和消极的自我体验（喜悦还是忧愁，趣味无穷还是乏味无聊等），还有紧张和轻松、敏感和迟钝等自我体验。一般说来，大学生自我体验的情绪情感基调是积极的、健康的。

2. 波动性

大学生自我体验仍有一定程度的波动性，主要表现为：当事情进展顺利时，会产生积极、肯定的情绪体验，甚至得意扬扬、忘乎所以；当遇到挫折时，就会产生消极、否定的情绪体验，甚至自暴自弃、悲观失望。

3. 敏感性

大学生对涉及"我"及与"我"相联系的一切事物都非常敏感，特别是在与异性的接触中常常引起情绪波动。在行为与自我形象的塑造上，往往触景生情，通过想象抒发自己的灵感或生活的体验，因而在思维中经常流露出一些感慨、遐想等。这在大学生日记、通信、诗文中很容易感受到。

阅读材料

诗歌——我就是我

维琴尼亚·萨提尔女士是美国非常具有影响力的心理治疗大师，在她的《尊重自己》

（朱丽文译）一书中收录了这样一首诗：
我就是我，
我就是我。
以天下之大，欲无任何一人像我一样。
有一些人某些部分像我，
但没有一个人完全和我一模一样。
所以，一切出自我的都真真实实属于我，
因为那是我个人的选择。

我拥有一切属于我的。
我的身体，以及一切它的举动；
我的思想，以及所有的想法和意念；
我的眼睛，以及一切所看到的影像；
我的感觉不论是什么，
愤怒、喜乐、挫折、爱、失望、兴奋；
我的口，和一切从口中所出的话语，
温文有礼的，甜蜜的或粗鲁的，
对的或不对的；
我的声音，喧闹的或轻柔的；
还有我所有的行为，
不管是对别人的或是对自己的。

我拥有我的幻想，我的梦想，
我的希望，我的恐惧。
我拥有我所有的胜利和成功，
我所有的失败和错误。
因为我拥有我自己的一切，
我可以和自己成为亲密熟悉的朋友。
这样，
我可以爱自己并且能够和我的每一部分友善相处。
那么，
我可以使我的全身顺利运作，
带给自己最大的福祉……

3.1.4 大学生自我控制的特点

自我控制是自我心理层面中的意志方面，表现为个体对自我的认知、情绪、动机和行为有一定控制能力，使用各种手段和方法来克服外部障碍和内部阻力，比如自我监督、自我塑造和自我克制等。

大学生的自我控制主要有以下几个特点。

1. 自觉性

大学生自我控制的自觉性体现在，随着知识积累、生活阅历的增加，能够根据别人的评价和自己行动结果进行反省，及时调整自己的行为以适应实现目标的要求。

大学生自我评价的自觉性来源于社会责任感、成就目标、生活的价值定向，而外部的直接诱因的作用则相对地减少了。这说明大学生行为的自觉性和自我控制能力明显增强，而盲目性和冲动性则逐渐减少。

2. 独立性

大学生自我控制的独立性也增强了。在他们心目中，"我"的形象已经改变，不再是"中学生"那样的自我形象，而是一个有着一定知识才能和人格的大学生形象，成人感特别强烈。因而，在自我意识的发展中，他们强烈要求独立和自主，希望摆脱依赖和管束。

阅读材料

自我同一性的四种状态

美国心理学家玛西亚（James Marcia）根据青少年所遇到的冲突以及他们解决冲突的方式，划分了四种主要状态：同一性获得（Identity Achievement）、过早自认（Identity Foreclosure）、同一性扩散（Identity Diffusion）和同一性延缓（Identity Moratorium）。

这四种同一性来源于对两个问题做"是或否"两种回答的结合，这两个问题是：个体积极参与寻找同一性的活动吗？个体已经确定自己的选择了吗？（如对价值观、对学校、对职业生涯、对他要成为一个什么样的人或者对自我同一性的其他方面）

如果一个人在两个问题上都回答"是"，那么他就处于同一性获得状态，这样的人已经找到了自我同一性，并在此基础上做出了教育、职业或个人行为的决定。

有的人在两个问题上都回答"否"，那么他正在经历同一性扩散，这样的人既不积极寻找同一性，也没有致力于任何有关同一性重要方面的行为。

在第一个问题上回答"是"，而在第二个问题上回答"否"的人处于同一性延缓状态，这样的人虽然寻找同一性，但是还没有做出决定。

第一个问题回答"否"、第二个问题回答"是"的人处于过早自认状态，这样的人已经做出了工作、上学或自我同一性其他方面的行为，但并没有积极寻找同一性，这样的人一般都是迫于父母的压力而做出的行为。同一性的四种状态如表3-1所示。

表3-1 同一性的四种状态

个体是否积极寻找同一性	个体是否已经确定了自己的选择	
	是	否
	同一性获得	同一性延缓
是	自我坚定感和安全感 确定了职业、宗教、信仰、性别角色的观念等 充分考虑别人的看法、信仰和价值观，但自己的决定是自己做出的	正在经历同一性危机，或者正处在转折点上 对于社会没有清晰的目标 没有清晰的自我认同感 正在积极地争取获得同一性

续表

个体是否积极寻找同一性	个体是否已经确定了自己的选择	
	是	否
	同一性获得	同一性延缓
是	对于自己的职业和各种理念已经有所定位 缺乏自我建构的过程，不假思索和不加怀疑地接纳他人的价值体系 在获得自我同一性的过程中过早做出决定	缺乏方向 对政治、宗教、道德或职业问题不关心 做事情不问为什么 对其他人为什么要做那些事情不关心

根据我国当代大学生成长的环境与条件，并参照玛西亚关于青少年自我同一性的四种状态的论述，试将我国大学生的自我同一性归纳为以下几种类型。

1. 达成型

达成型（Achievement）的大学生独立性较强，平时勤于并善于思考，有较健全的人格。他们通过对自我的认真思考，认定了自我的特点与发展方向，认为所学专业既符合自己的兴趣，又能发挥自己的特长与潜能。找到了理想自我与现实自我的最佳结合点，即自我同一性已达成。这类大学生为数不多，大多数的大学生自我同一性都尚在发展之中。

2. 早定型

早定型（Foreclosure）的大学生自小就是听话的"乖孩子"，在学校是听从老师教诲的好学生。他们对自己的志趣、能力等身心特点的认识来自父母和师长对他们的评价，他们对自己的人生目标的确定、未来发展的设计来自父母和师长对他们的期望。这类大学生基本上没有经过什么困惑就认定了自己的特点和发展。免除了自我确认中的痛苦思考。其实，对一个人的成长来说，这种"早定"并非一定是件好事。出于缺乏独立思考和自主性，这类听话式的"早定"往往是较脆弱的。当他们走向竞争激烈的多元化社会时，往往难于驾驭自己。一旦理想自我与现实自我不能统一时，他们便会变得束手无策、不知所措，甚至陷入自我迷惘之中。正如鲁迅先生所说："'听话'自以为是教育的成功，等到放他们到外面来，则如暂出樊笼的小禽，它绝不会飞鸣，也不会跳跃。"因此，这类自我同一性的早定之人应加强自主性，在对自我不断探索之中求得真正的自我同一性的"达成"。

3. 延缓型

延缓型（Moratorium）的大学生在中学时代对自我思考较少，埋头读书，一心想考上大学，其他问题考虑较少。父母以及他们本人的希望与要求就是每学期的成绩在班级里名列前茅，特别是在高中阶段，更是围着高考这根"指挥棒"转，在家长和学校双重推力作用下向高考冲刺，只知读书做题，很少思考自己以及自己与周围环境的关系。在中学里他们一般都是学校中的尖子生和佼佼者，是老师的好学生、父母的骄傲、其他同学羡慕和推崇的对象。因此他们的自我烦恼与自我冲突较少，在高考的压力下延缓了自我同一性的发展。进入大学后，在竞争激烈、强手如林的新集体中，自我开始有了烦恼：考试成绩不能名列前茅，在社团活动中缺乏才华，与同学相处不能潇洒自如，甚至为自己的身材不好或容貌欠佳而痛苦不堪。这类大学生重新审视自己与评价自己。其中，一些人经过对自我的认真思考，逐步认定了自己的特点和发展方向，较好地找到了理想自我与现实自我的最佳结合点，满怀信心地奔向未来。另一些人由于仍旧处于自我确认的困惑之中，尚未全面认识自我，拖延了理想自我与现实自我的统一。由于大学生自我意识发展的种种矛盾，这种自我同一性的延缓现象是不可避免的。尽管延缓之人经受着自我确认的煎熬，但没有放弃对自我的思考，相信他们在徘徊之后，一定会逐步达成自我同一性。

4. 迷惘型

迷惘型（Diffusion）的大学生由于对现实自我不满，又认为理想自我难以实现，而完全陷入了对自我确认的困惑之中，甚至不愿去思考自我，不愿与他人交换自己的想法，不愿也不敢面对复杂社会的挑战，得过且过。这类大学生人数极少。其实，他们内心深处并没有完全放弃自我，只是在自我的浑噩世界之中难以自拔。父母、师长和同学们应加倍关心他们，引导他们正确认识自己和欣然接受自我。这类大学生自己亦应努力从自我迷惘中走出来，必要时可以找心理工作者进行咨询。

青少年的同一性是不断失去和获得的过程，自我同一性问题的解决不是一劳永逸的，在一生中尤其是在青少年期和成年初期会反复出现，会从一种状态转化为另一种状态。

上述四种自我同一性的类型与每个大学生成长的环境和条件不尽相同有关，也与大学生本人的需要以及其他身心特点不尽一致有关。不论目前处于哪一类状况的大学生都可找到理想自我与现实自我的最佳结合点，关键在于本人的努力及家长、学校和社会的积极影响。

3.2 自我意识的偏差

3.2.1 自我否定型

自我否定型大学生对现实自我评价过低，理想自我远远高于现实自我，经过努力仍无法拉近距离；或者虽然距离不大，但缺乏驾驭自我的能力，不能通过坚韧不拔、不屈不挠的努力去实现理想自我，一遇到困难挫折就灰心丧气，悲观失望。往往是放弃理想自我而迁就现实自我以求得自我意识的统一，结果更加缺乏自信，更加自卑。

例如，某高校二年级学生吴某，父母为了让他及姐姐上大学，负债累累。进入大学后，吴某妄图以借钱的方式来掩饰自己的贫困，但是，他对大学期间的生存问题进行了错误的估计，发觉并不如自己预期的可以通过打工补贴生活那么理想化。当然，他也曾想过一些措施提升自己的素质，但多半是半途而废。

吴某过分夸大了这种经济上的落差，从而感到自己脱离不了贫穷，自己不会有好的前途，导致严重的挫败感，以偏概全地看待自己的未来，意志力下降，自卑感越来越强。

3.2.2 自我扩张型

与自我否定型相反，这类学生高估了现实自我，建立了一个不切实际的甚至错误的理想自我,并认为实现理想自我轻而易举。其理想自我与现实自我的统一是虚假的统一。如有的学生常以幻想的自我替代真实的自我,自认为与众不同,不肯面对现实的自我;有的学生常常自吹自擂,目中无人,妄自尊大,爱慕虚荣,在毕业应聘时常常碰钉子。

例如,丰田汽车(中国)投资有限公司经营管理部人事经理明确表示:"我们不聘用所谓学习好的'尖子生'的理由,多集中在不踏实、眼高手低、团队协作能力差、易跳槽等方面。他们有的进来以后总感觉自己很了不起,其实连进门、打电话的礼貌规矩都不懂,企业对他们的培训往往要从最基本的礼仪开始,真是很无奈。还有的在面试时口若悬河,说自己做过什么项目,呈现出非常有能力的样子,招进来才发现根本做不好。"

又如,微软亚洲工程院院长同样指出:"一些软件专业大学生的突出问题是太功利,脱离现实,自我评价过高。现在成绩好的大学生不算少,但知识面扎实而系统的不多。"

个别学生还可能用不正当手段去求得个人欲望和满足,用违反社会道德规范甚至违法犯罪的手段来谋求理想自我与现实自我的统一。

阅 读 材 料

乔韩窗口理论

美国心理学家 Jone 和 Hary 提出关于自我认识的窗口理论,称为"乔韩窗口理论",如图 3-1 所示。他们认为人对自己的认识是一个不断探索的过程,认为每个人的内心都有四块领域。

一、公开的自我(见图中 A 区域)。也就是透明真实的自我,这部分自己了解,别人也了解。

二、秘密的自我(见图中 B 区域)。自己了解自己,别人不了解。

三、盲目的自我(见图中 C 区域)。别人了解自己,但自己却不了解。

四、未知的自我(见图中 D 区域)。别人不了解,自己也不了解的一部分,需要一些契机激发出来。

每个人的自我都由这四部分构成。但每个人四部分的比例是不同的。而且,随着人的成长及生活经历,自我的四个部分发生着变化。当一个人自我的公开领域扩大,其生活则会变得更真实,无论与人交往还是独处,都会感到轻松愉快而充满活力;而盲目领域变小,人对自我的认识就会更清晰,在生活中更容易扬长避短,发挥自己的潜力。一个人在其成长过程中,通过自我开放从而促使公开领域的扩大;通过他人的反馈使隐秘区、盲目区的一部分进入公开区,人对自己的了解就会更多、更客观。

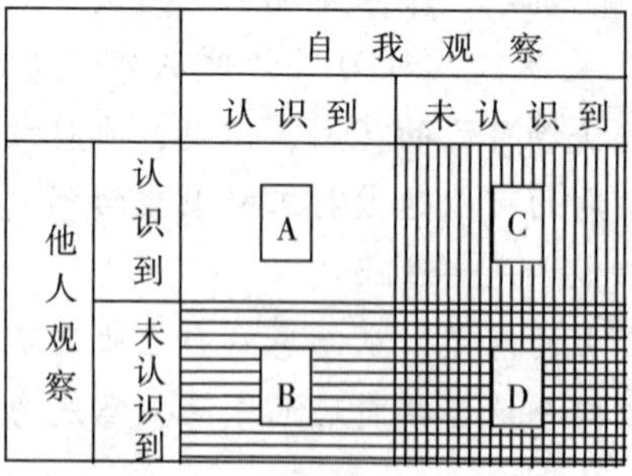

	自 我 观 察	
	认识到	未认识到
他人观察 认识到	A	C
他人观察 未认识到	B	D

图 3-1 乔韩窗口理论示意

3.2.3 自我萎缩型

自我萎缩型大学生的自我统一比较困难，表现为理想自我极度缺乏或丧失，对现实自我又深感不满。他们往往认为理想自我难以实现，甚至永远无法实现，要么放弃对理想自我的追求，得过且过；要么玩世不恭，自怨自艾，出现自我拒绝心理，自暴自弃，自责自轻等状态，甚至出现理想自我与现实自我的对抗，最终向更严重的心理与行为发展。

例如，2006年3月武汉某大学男生李某突然失踪，后来发现他竟然在水泥管道蜗居一年半，成为一个名副其实的乞丐。原因仅仅在于为追求某女孩而发誓在3年内成为有房有车的人，但是李某家庭贫困，他采取了销售药品的方法，放弃了大学毕业考试，然而在赚了一笔钱后向女孩表白时竟遭拒绝，随之又经历了被药品公司骗取所有积蓄的沉重打击，他无法面对为其上学东拼西凑了6万元的家乡父老，为躲避客户的追打和债务，不得不在武汉市一座大桥下的水泥管中生存，在被警察发现后，神态茫然，李某不相信任何人，对他人、对社会失去了所有信任，自暴自弃……

3.2.4 自我矛盾型

自我矛盾型大学生表现为理想自我与现实自我无法协调，无法转变出一个新的自我。其自我意识冲突强度大，延续时间长，新的自我久久不能确立，积极的自我难以产生。表现为内心的矛盾冲突激烈，持续时间长，自我认识、自我体验、自我控制缺乏稳定性和确定性，因而新的自我无从统一。

3.3 自我意识的调节

阅读材料

小蜗牛的壳

小蜗牛问妈妈："为什么我们从生下来就要背着这个又硬又重的壳呢？"妈妈说："因为我们的身体没有骨骼的支撑，所以要这个壳的保护！"小蜗牛："毛毛虫姐姐没有骨头，为什么她却不用背这个又硬又重的壳呢？"妈妈："因为毛毛虫姐姐能变成蝴蝶，天空会保护她啊。"小蜗牛："可是蚯蚓弟弟也没骨头，也不会变成蝴蝶，他为什么不背这个又硬又重的壳呢？"妈妈："因为蚯蚓弟弟会钻土，大地会保护他啊。"小蜗牛哭了起来："我们好可怜，天空不保护，大地也不保护。"蜗牛妈妈安慰他："所以我们有壳啊！我们不靠天，也不靠地，我们靠自己。"

3.3.1 正确地认识自我

"有些大学生眼高手低，总是希望一毕业就能够坐在办公室里做管理。"针对部分大学生存在的就业错位现象，某公司董事长给大学生讲了一个发生在她身边的故事。她说："有位大学毕业生，工作总是频繁地换来换去。来到我们公司后，他不愿意穿着雨鞋、雨衣在基层管理苗木种植，根本没有一个正确的定位。我告诉他，怕吃苦的人吃苦一辈子，而不怕吃苦的人吃苦半辈子……"

一个人如果能够对自己有一个全面、正确的评价，就能够扬长避短，根据自己的实际情况，选择相应的目标并为之努力奋斗。

1. 多方面、多途径地了解自我

在日常生活中，我们对于自己的判断和理解，往往依赖于小范围内的社会比较和别人对自己的评价，而实际上这样形成的自我概念有很大的局限性，不利于人们适应更大的生活范围。

许多大学生在中学阶段都是佼佼者，可是进入人才汇聚的大学，就很容易淹没在人群中，常常会迷失自我。大学生要多方面、多途径了解自己，首先要通过别人充分了解自己。"旁观者清"，通过他人的眼神、语言、态度了解自己言行的对错和自己的社会处境，从而调整自己的行为表现，以此来完善自我，达到目标。同时，还要从自己的整个生活经验了解自己：既要了解别人对自己的评价、自己与别人的差别，也要了解自己操纵周围事物、把握周围世界的状况；既要了解自己的能力，也要了解自己的性格、品德，这样才能对自己有一个全面的了解。

2. 客观、真实地面对自我

心理学研究证明，我们对于周围世界的信息选择和理解都受到我们需要倾向的制约。在日常生活中，一种途径反馈的真实含义，往往需要从其他途径得到验证。如果盲目相信，并成为一种倾向，对他人提出的批评或改进建议置之不理，那么我们的自我概念就会越来越脱离真实自我。

大学生应该坦然面对别人对自己的评价，正确客观地看待自我；更应该深知自我心灵深处是否健康，尽力而为，顺其自然。

3. 寻找正确的参照系

他人是反映自我的镜子，是自我认识重要的参照物，与他人交往是获得自我认识的主要来源。大学生可以通过与同学的比较，找出自己的位置。但是这种比较往往带有浓厚的主观色彩，应该采用正确的参照系，比如关注后天主观的努力，看轻不可改变的先天的客观条件，才能更好地认识自我。古人云"吾日三省吾身"，以自身为坐标，通过自我反省认识自我。

3.3.2 愉快地接纳自我

1. 无条件接纳自我

我们要无条件地接受自己的一切，包括优点和缺点、成功和失败。面对缺点和失败，我们自身首先要对自己不抛弃，不放弃。试想一个人如果自己都不爱自己，又怎能期望别人来爱自己呢？

阅读材料

接纳自我

林某，18岁，某民办高校自考生，高中时曾休学一年，复学后因为非常害怕在学校与其他同学一块排名次，一上课就非常紧张和焦虑，最后不得不在家一个人独自复习。他很聪明，化学成绩全班第一，但英语和语文成绩较差。他每天都在反省自己的学习计划，反省自己的思维过程，反省自己的人生。可高三面临高考时，他每天花费大量时间在阅读一些心理学的著作上，他说如果自己不读这些著作就没有精神上的安全感。由于沉溺于阅读，没有时间复习功课，成绩一直下降。这使他更为焦虑，因为不能解决现实问题，他始终不能克服自己的消极情绪。

他的情绪问题来自学习中的某些困难，消极应对困难或逃避困难（阅读心理学著作）不解决任何问题，反而贻误了解决问题的良机，产生更坏的结果。遇到这种情况，有人往往会大量反省与自责，精力都浪费在无用的反思上了。我认为，反省时要以对事情的反省代替对于自我的反省，将重点放在问题的解决上，"我"为什么没有把事情做好，"我"需要如何开始，"我"犯的具体错误是什么。

2. 相信"瑕不掩瑜"

古人云："金无足赤，人无完人。"要接纳自己的不完美和失败，这是自信的表现，也是自我完善的起点。要努力发现自己的"闪光点"，肯定自己的价值，对自己充满自信心和自豪感，这是悦纳自我的推动力。

不要时时刻刻抓住曾经的不完美、不愉快的事情不放，那样自己的心灵会被蒙上灰色的阴影，人生便会失去美好的憧憬。要接纳不完美的自我，保持创造完美生活的信心。

3. 运用积极的自我暗示

为了避免自尊心受到损害，不妨采用一些策略性的自我美化的暗示，如选择性遗忘、自我照顾归因等。

大学生应该学会选择性遗忘。选择性遗忘指个体趋避痛苦的本能从而使其有选择地、下意识地把引起个体焦虑的思想、观念以及个人无法接受的不愉快事件压入潜意识中使之遗忘的行为。

3.3.3 有效地控制自我

塑造自我、超越自我是一个不断实践的过程，有效地调控自我是塑造自我与超越自我的根本途径。

1. 要保持镇静

你可以记住一个简单的公式："1+3+10＝镇静。""1"是告诉你自己"要镇静，放松！"；"3"是指导你深呼吸三次；"10"的意思是"开始慢慢地从1数到10"。做到这些，就能保持镇静并采取负责任的行动。

2. 要增强自信心

一个人在学习、工作和生活中不可能是一帆风顺的。自信心是指个体相信自己能力的一种自我意识倾向，自信心来自顽强的毅力，可以使人们最大限度地发挥聪明才智，激励自己不断奋进。

3. 要增强自制力

自制力是指一个人自觉地调控和控制自己行为的品质，自我调控是自我意识在意志中的表现，是有明确目标的实际行动与环境相互作用的过程。自制力强的人能够理智地对待周围发生的事件，有意识地调控自己的思想和情绪，约束自己的行为，成为驾驭现实的主人。

3.3.4 不断地超越自我

超越自我是人生的崇高境界。超越自我，我们才能找到人生的真正价值。

1. 建立适当的抱负水准

大学生往往不能正视自我，不甘心降低自己的抱负水准，而生活中的一些挫折常常是因为不切实际的成就欲望导致的。

最为适当的抱负水准，应当是选择既有适度把握又有适度冒险的目标。如果不考虑把握，一味冒险，就会经常遇到挫折，既白白耗费精力，又给心理上带来消极影响；如果一味求稳，不愿意承担风险，那会错过许多发展的机会，总在原有水平上徘徊。另外，适当的抱负水准，还能避免大学生盲目与他人攀比、竞争，而使自己终日生活在紧张状态中，心理承受过大的压力。

2. 小步子与大飞跃

古人云："不积跬步，无以至千里，不积小流，无以成江海。"我们可能无法一次就直接达到目标，但可以将目标分解为一个个小目标，每达到一个小目标后，就自我肯定一次。

3. 注重陶冶性情

健康的情绪能使自己保持适当的紧张和敏感度，这样才能避免在挫折中丧失自我。大学生无时无刻都要提醒自己：诚实而平心静气地检讨得失。在大学的学习生活中，应对挫折比对待成功要难得多。将持之以恒、耐心坚毅的精神贯穿于大学生活，大家会惊奇地发现"原来我也能做到"。

小 结

所谓自我意识就是指一个人对自己的认识，即个体对自己的身心状况与特征，自己与他人、与周围世界的关系的意识。

从"知、情、意"三个层面分析，可以把自我意识分为自我认识、自我体验和自我调节三个层次，三者以自我认识为基础，产生自我体验，进而达到自我调节；同时，又在自我体验的推动下加强自我调节，加深自我认识。它们相互联系、有机组合，构成一个人个性中的核心内容——自我意识。

大学生自我意识的特点表现为自我认知的深刻性、社会性、概括性；自我体验的丰富性、波动性、敏感性；自我控制的自觉性和独立性。

大学生自我意识的误区主要分为自我否定型、自我扩张型、自我萎缩型、自我迷失型。

大学生要建立正确的自我意识应正确地认识自我、愉快地接纳自我、有效地控制自我、不断地超越自我。

思考与收获

通过本章的学习，我的思考是_____

_____

_____。

我的收获是_____

_____

_____。

心理测试

自知程度测试

你了解你自己吗？对下列题目做出"是"或"否"的回答。

1. 你每天要照三次以上的镜子吗？
2. 你一点也不在乎别人对你的看法吗？
3. 你是否感到你其实并不了解自己？
4. 你很留意自己的心情变化吗？
5. 你常把自己与其他人进行比较吗？
6. 你常在晚上反思自己一天的行为吗？
7. 做错一件事后，你常弄不明白当时自己为什么要那样做吗？
8. 你比较注意自己的外表吗？
9. 你做事情比较随意吗？
10. 在作决定时，你通常清楚理由吗？
11. 你总是努力揣摩别人的想法，并按别人的要求与暗示行事吗？
12. 你是否总是穿着比较得体的衣服？
13. 你弄不清自己是属于脾气好的人还是脾气坏的人吗？
14. 你弄不清自己的能力是比其他同学强或弱吗？
15. 你对自己将成为怎样一个人没一点把握吗？
16. 你总担心自己能否给其他同学留下好印象吗？
17. 你对自己的外貌有自知之明吗？
18. 在遭受一次挫折后，你总是要对自己的行为进行反思吗？
19. 你常控制不住自己而发火吗？
20. 有时，你自己也不知道自己为什么提不起兴趣吗？
21. 考试前，通常你不知道自己能否顺利过关吗？
22. 不少事情，在开了头以后，才发现自己没能力完成吗？
23. 当你遇到不快时，你是否总是设法把自己从低沉的情绪中摆脱出来？
24. 考试完毕，在老师批改完之前，你常弄不清自己是否考得好吗？
25. 大多数情况下，你知道自己行动的动机吗？
26. 你觉得别人应该对你留下好印象吗？
27. 你常感到莫名的烦躁吗？

28. 你不知道自己与班上哪些同学比较谈得来吗？
29. 你清楚自己的长处和短处吗？
30. 一般而言，你很清楚自己吗？

评分规则：

4、5、6、8、10、12、17、18、23、25、26、29、30题答"是"记0分，答"否"记1分。其余各题答"是"记1分，答"否"记0分。各题得分相加，统计总分。

总分解析：

0~9分：你很有自知之明，你对自己的长处和弱点有着较清楚的认识。

10~20分：你对自己的了解不够全面。你已经较多地注意到了自己的体验，但为了更好地了解自我，还需要掌握一些客观认识自我的方法。

21~30分：你不了解自我。尽管自我与你朝夕相处，但你看来仍是"当局者迷"。

心理训练

认识自己的20问法

此法共分两步：第一步，问你自己10次或20次：我是谁？请你把头脑里浮现出来的答案一一写出来。例如，我是××，我是××学校的学生等。由于这是自我分析材料，可以不给别人看，所以想到什么就回答什么，不要有所顾虑。回答每次提问的时间为20s，如果写不出来可以略去，接着往下写。第二步，对自己的答案进行分析。分析的内容包括以下几方面。

1. 答案的数量和质量。即一共写出几个答案，哪些内容多。如果能写出10个答案，则大体上可以认为没有特别的障碍。如果只能写出7个或更少的答案，则可以认为是过分压抑自己。回答时会以感到无聊、害羞、时间不够等为借口，不能回答更多的问题。

2. 回答内容的表现方式。有三种情况：第一，符合客观情况的，如"我是二女儿""我是大学生"等；第二，主观解释的情况，如"我是老实人""我胆小"等；第三，中性情况，即谁都不能做出判断的情况。如果主观评价和客观评价都有，可以认为取得平衡；如果倾向于主观或客观，则不能取得平衡。在主观评价中，最好是既说到自己好的一面（令人满意的特征），又说到自己不足之处（不令人满意的特征）。如果只说到好的，会使人觉得自满；只作不好的评价，会令人感到没有自信心。

3. 问答的问题是否涉及自己的未来。哪怕只有一个答案涉及未来（如"我是未来的外科医生"），就说明自己有理想，在现实生活中充满活力。如果没有一个答案涉及未来，则可能说明自己对未来考虑不多。

第 4 章

大学生人格发展与心理健康
——健康人格，成就人生

性格是人对现实稳定的态度和习惯化的行为方式的总和，直接影响着个体的行为方式和生活习惯等诸多方面，作为更大范畴的人格对个体一生的发展起着更加重要的作用。

4.1 人格概述

4.1.1 人格的概念

从词源上讲，人格一词的英文为Personality，来源于古希腊语Persona。Persona最初指演员戴的面具，而后指演员本人，一个具有特殊性质的人。现代心理学沿用其含义，转译为人格。人格包含两层重要意思：一是指一个人在人生舞台上的言行举止，人为遵从社会文化习俗的种种要求如舞台上依角色的不同要求而戴的各种面具，反映出个体的外在表现；二是指个体由于某种原因不愿展现的人格成分，即面具后的真实自我，体现人格的内在特征。

从人格的定义上看，我国的《中国大百科全书·心理学卷》将人格定义为"个体内在的在行为上的倾向性，它表现一个人在不断变化中的全体和综合，是具有动力一致性和连续性的持久自我，是个人在社会化过程中给人以特色的身心组织"；《简明大不列颠百科全书》认为："人格有一个共同的核心意义，即指个体独具有各种特质或特点的总体"；美国心理学家艾森克等人编撰的《心理学百科全书》将人格定义为"与一个人动机倾向的稳固组织有关"；英国心理学家普汶在其权威性著作《人格心理学》中指出："人格是代表个人在对情境做反应时，自身所表现出的结构性质和动态性质，即人格代表一种使个人有别于他人的持久特性。"

同时，在心理学中，人们经常将"个性"与"人格"等同，《大百科全书·心理学卷》中就有"人格即个性"的说法。

4.1.2 人格的构成

对于人格的理解,弗洛伊德认为人格是由"本我、自我和超我"三个部分组成的。

"本我(Id)"处于潜意识层面,它是个体最原始、最隐私的成分,如饥饿、渴、性欲、冷、热等。因此,要使"本我"得到满足,其遵循的原则,我们称之为快乐原则。

"自我(Ego)"代表人格结构的现实部分,是个体为了实现"本我"满足而和社会进行的交往活动。其遵循的原则,我们称之为现实原则。现实原则要求首先寻找满足"本我"的对象,使能量的释放得以延迟。

"超我(Superego)"作为人格结构的中上层部分,对"本我"体现约束作用,是个人道德的核心。其遵循的原则,我们称之为至善原则。目的在于通过控制和引导本能的冲动,使自我力求完美,成为一个遵纪守法的人。

尼采提倡"做超我"。一个"超我"的社会,不需要法律约束,是一个高度文明的社会。每个人都通过遵循至善原则约束自我。

我们也可以从心理与行为的完整统一的角度去认识,可以说,人格是一个人的心理与行为的完整体现,即一个活生生的人。人格是个体心理特性的整合体,在不同的时空背景下影响人的外显和内隐的行为模式。由此可知,人格包含了心理与行为的各种因素,主要包括气质、性格、能力三个方面。

1. 气质

气质是人格的基础之一,是人格结构中比较稳定的并与遗传素质密切相关的成分。在日常生活中,我们常说某人稳重、文静、慢条斯理,某人爽快、泼辣、手脚麻利,就是指人的气质表现。气质这种心理活动的特征,主要表现在心理活动的强度、速度、稳定性、灵活性及心理倾向性和指向性上,如感知觉的敏锐度、思维的灵活性、情绪的反应性等,它使个体的心理活动染上一种独特的色彩。

现代心理学沿用了古希腊医生希波克拉底和古罗马医生盖伦的说法,将气质分为四种类型:胆汁质、多血质、黏液质和抑郁质。四种气质类型特点如下。

(1)胆汁质。这种气质最突出的特点是具有很高的兴奋度,因而在行为上表现出不平衡性。这种人脾气暴躁,易发怒,性格直率,活动精力旺盛。他们能够以极大的热忱投身于事业,埋头于工作,能够克服通往既定目标道路上的重重困难。但是,一旦精疲力竭,这种人容易对自己的能力失去信心,情绪从此低落下来。

(2)多血质。这种人突出的特点是具有显著的热忱和工作效能。他们对自己的事业有着浓厚的兴趣,并能保持相当长的时间。这种人有很高的灵活性,容易适应变化的生活条件,善于交际,在新的环境里不感到拘束。他们精神愉快,朝气蓬勃,但是一旦事业不顺利,或需要付出艰苦努力时,其热情就会大减。情绪很容易波动。这种人大都机智敏锐,能较快地把握新事物,在从事多变和多样化的工作时,成绩显著。

(3)黏液质。这种人安静、平衡,始终是平稳的、坚定的和顽强的。这种人能够较好地克制自己的冲动,能严格地遵守既定的生活规律和工作制度。他们态度持重,交际适度。他们的不足之处是稳重有余而灵活不足。但是这种性格也有积极的一面,它可以保持从容不迫和严肃认真的品格。可以安排其从事有条理、需冷静和持久性的工作。

（4）抑郁质。这种人的突出特点是具有高度的敏感性，因而最容易受到挫折。他们比较孤僻，在困难面前优柔寡断，在面临危险情势时会感到极度的恐惧。这种人常常为微不足道的缘由而动感情。他们很好相处，能胜任别人的委托，能克服困难，具有坚定性。

一般说来，典型的一种气质的人少见，多数人是两种气质类型的混合乃至多种气质类型的混合。

2. 性格

性格是人格结构中表现最明显同时也是最重要的心理特征。性格是个体对现实比较稳固的态度以及与之相应的习惯化的行为方式。性格与气质的区别在于：气质是高级神经活动类型在行为、活动中的直接表现，而性格是在高级神经活动类型基础上形成的联系系统；气质主要由生理特点决定，而性格主要在社会实践中形成。

阅读材料

四人看戏

苏联心理学家曾巧妙地设计了"看戏迟到"的特定问题情境，通过观察四种基本气质类型的观众在面临同一情境时的行为表现，以说明气质使其心理活动染上了一种独特的色彩。

胆汁质的人会面红耳赤地与检票员争吵起来，甚至企图推开检票员，冲过检票口，径直跑到自己的座位上去，并且还会埋怨说，戏院钟表走得太快了。

多血质的人明白检票员是不会放他进去的，所以他不与检票员发生争吵，而是悄悄跑到楼上，另寻一个适当的地方来看戏剧表演。

黏液质的人看到检票员不让他从检票口进去，便想反正第一场戏可能不太精彩，还是暂且到小卖部待一会儿，看看报纸，吃点零食，待幕间休息再进去。

抑郁质的人对此情景会抱怨自己老是不走运，偶尔来一次戏院，就这样倒霉，接着就垂头丧气地回家了，发誓再也不来看戏了。

试想一下，如果是你遇到这种情境，你会怎么做呢？

性格有多种多样的特征，它们的组合形成了复杂的结构。这些特征主要由以下四个方面组成。

（1）性格的态度特征。如同情或冷漠，正直或虚伪，勤奋或懒惰，认真或马虎，自信或自卑，开拓创新或墨守成规等。

（2）性格的意志特征。如目的性或盲目性，纪律性或散漫性，独立性或易受暗示性，自制或任性，果断或犹豫，持之以恒或虎头蛇尾等。

（3）性格的情绪特征。如热情或低沉，乐观或悲观等。

（4）性格的理智特征。如主动观察或被动观察，偏好分析或偏好综合，富有想象或想象被阻抑，富于创造性或好钻牛角尖等。

性格并不是上述特征的简单堆积，而是各个特征之间有机的结合，使性格结构具有能动性。性格的各个特征既相互联系，又彼此制约，人们可以依据某人的某些性格特征来推测其他方面的特征，如急躁多与冲动、粗心、好激动等特征有关。一个人的性格会随个人的角色转变、环境和情境的变化以及自我要求的不同而呈现出不同的特征，从而使人的性格具有丰富性和复杂性。

3. 能力

能力是使活动顺利完成并直接影响活动效率的心理特征的范畴。能力是完成某一活动必备的心理条件。个体完成某种活动，往往依靠多种能力的结合。此多种能力的高度发展和有机结合，我们称之为"才能"。各种能力最完备地结合和最高度地发展，我们称之为"天才"。

个体的能力的类型具有多样性，一般可分为以下几种。

（1）按表现的活动领域不同，能力分为一般能力和特殊能力。

一般能力：在各种各样的活动中都具备的能力总称。一般而言，是我们所说的智力。

特殊能力：指由某些专业和特殊职业活动中的心理因素构成的，表现出来的智力的某些特殊方面的独特发展。

（2）按照活动中创造性的大小，能力分为再造能力和创造能力。

再造能力：指使得个体迅速掌握知识、按照原有知识模型进行活动的能力，又称为"模仿能力"，符合学习活动的要求。

创造能力：指个体具有变通、创新及超越平常的思考与活动的能力，符合创造活动的要求。

（3）按照功能的不同，能力分为认知能力、操作能力和社交能力。

认知能力：指个体通过大脑加工、存储和提取信息的能力，如观察力、记忆力、想象力等。

操作能力：指个体操纵自己的肢体完成各项活动的能力，如劳动能力、体育运动能力、艺术表演能力、实验操作能力等。

社交能力：个体在社会交往活动中表现出来的能力，如组织管理能力、言语感染能力、判断决策能力、调解纠纷能力、处理意外事故的能力等。

4.2　大学生人格特征

4.2.1　人格发展理论

埃里克森是美国著名精神病科医师以及新精神分析派的代表人物，其关于青春期和青年期的人格发展理论强调"自我"统一和情感的作用，主张个体人格健康发展，必须完成此时期的心理社会任务：建立自我同一性和防止同一性混乱，建立亲密感，避免孤独感。

1. 自我同一性和角色混乱的冲突——青春期（12~17岁）

从青春期个体的特点来看，一方面，本能冲动的高涨会带来问题；另一方面，面临新的社会要求和社会的冲突而感到困扰和混乱。青少年期的主要任务是建立一个新的自我同一感或自己在别人眼中的新形象，此阶段的危机是角色混乱。

此理论可以解释青少年对社会不满和犯罪等社会问题。埃里克森认为，如果一个儿童感到他所处的环境剥夺了他在未来发展中获得自我同一性的种种可能性，他就将以令人吃惊的力量抵抗社会环境。

2. 亲密对孤独的冲击——成年早期（18～25岁）

埃里克森认为，与他人发生亲密关系的前提是，具有牢固的自我同一性。在将个体自我同一性与他人的同一性融为一体后，两个个体间才能产生亲密关系，从而获得亲密感，否则将产生孤独感。

在大学生中，恋爱比例达63%以上。有的学生认为，恋爱是大学的必修课，在大学中若没谈过恋爱，就不算是一个合格的大学生。这种观点在大学生中普遍存在，所以许多大学生义无反顾地投身恋爱。

那么，谈恋爱就意味着获得亲密、避免孤独感了吗？或者说谈恋爱是避免孤独感的唯一途径吗？研究者发现，大学舍友间的亲密度和适应性与其孤独感之间存在显著负相关，即可以推测：若尚未谈恋爱的同学与舍友的关系比较亲密，对大学生活适应良好，那么其同样可以避免孤独感。

4.3 人格发展异常的评估与调适

埃里克森认为，个体在心理社会发展的每个阶段中，核心问题得以解决后所产生的人格特质，都包括积极与消极两方面。如果各个阶段都保持积极的发展，就算是完成了这阶段的任务，逐渐实现了健全的人格，否则就会产生心理社会危机，出现情绪障碍，形成不健全的人格。

4.3.1 大学生的人格障碍类型

大学生作为同龄人中受教育程度最高的群体，人格的健全与否，直接关系到他们的未来。因此，塑造他们健全的人格，是心理教育的一项重要任务。

1. 人格障碍的定义

人格障碍，也称"病态人格"，是一种人格发展的内在不协调，是在没有认知过程障碍或没有智力障碍的情况下出现的情绪反应、动机和行为活动的异常。

2. 大学生人格障碍的类型

根据人格障碍的不同表现，可将人格障碍分为不同类型。各种人格障碍的具体表现如下。

（1）反社会型人格障碍。反社会型人格障碍表现为情绪不稳定，常为一时的冲动所左右，以自我为中心，不顾别人的痛苦和社会的损失，易发生违纪行为和不正当的活动。这种人在18岁之前，就常有撒谎、逃学、小偷小摸、打架、虐待动物或欺负弱小同伴等不良行为。18岁之后有破坏公共财物、经常旷工、长久待业或多次变换工作等行为，易激惹、斗殴和攻击别人，冷酷无情、忘恩负义，甚至对自己的亲人也不例外，危害别人时毫无内疚感。

(2) 分裂型人格障碍。主要特点是孤独、淡漠,几乎没有过愉快的体验。情绪表现为冷漠、疏离,对他人表达温情、体贴或愤怒的能力有限。无论对批评或表扬都无动于衷,总是单独活动,过于沉溺于幻想和内省。极少有亲密的朋友或知己,亦无法享受与他人亲密的关系,让人觉得冷淡、孤单。与人不能建立相互信任的关系,对恋爱也缺乏热情。男性往往单身,女性则往往被动出嫁。因为这些特质,所以往往选择不需与人接触的工作。

(3) 爆发型人格障碍。爆发型人格也称冲动型人格,主要特征是行为冲动,不计后果,情绪不稳定,喜怒无常,事先计划能力差。强烈的愤怒爆发常导致暴力,做出破坏和伤人等攻击行为,结交朋友常常凭一时的感情冲动。

(4) 偏执型人格障碍。偏执型人格又称妄想型人格,其行为特点常常表现为:极度敏感,对侮辱和伤害耿耿于怀;思想行为固执死板,心胸狭隘;爱嫉妒,对别人获得成就或荣誉感到紧张不安,妒火中烧,不是寻衅争吵,就是在背后说风凉话或公开抱怨和指责别人;总认为自己正确,自以为是,惯于把失败和责任归咎于他人,在工作和学习上往往言过其实;同时又很自卑,总是过高地要求别人,但从来不信任别人的动机和愿望,认为别人存心不良;不能正确、客观地分析形势,有问题容易从个人感情出发,主观片面性大;忽视或不相信与本人想法不符合的客观证据,难以用讲道理或摆事实的方法来改变其想法。

阅读材料

人格问题案例分析

【案例】

某高校大二学生,无重大躯体疾病史,家族无精神病史。生长于农民家庭,家中有父母及一个弟弟,小时候因成绩好,备受父母的宠爱和弟弟的敬佩。其父虽然性格暴躁,但很爱她,其母性格温和,从来没有责骂过她。从小学到初中毕业,成绩一直在班上名列前茅,优越感较强。但进入高中后,感觉学习较吃力,一度成绩下降,心情十分烦闷,情绪变化大,无法自控,不想继续上学,在家里不同意的情况下,自作主张休学一年,后考入大学。自进入大学以来,与宿舍其他同学难以共处,到就诊时已换了七八间宿舍,每一次住宿时间不到两周,就开始与他人对立,矛盾重重,最终爆发冲突,但都只因为一些小事,如东西存放的位置、开关门的声音、作息时间不太一致等。每次冲突的方式都是她与全宿舍的同学对立,以致后来同学都不愿与其同居一室,认为与她在一起特别难受、紧张、压抑。最后老师只好安排她同新生住在一起。"我觉得其余五位舍友总是联合起来欺负我,我一个人孤军作战,但我一定不能示弱,不能服输,她们凭什么欺负我?我要与她们斗到底!我每天要绞尽脑汁思考如何对付舍友,脑细胞都不知死了多少。我晚上睡不好,第二天没有精力听课,作业不会做,学习成绩下降,且体重减轻不少。我很烦恼,她们搞得我心力交瘁,我觉得自己好无能,怎么办?"她十分痛苦。

【分析】

诊断为偏执型人格障碍。来访者总是毫无根据地认为同学在欺负她,持久地心怀怨恨,对侮辱、伤害或轻视绝不饶恕,表现出心胸狭隘、敏感多疑的心态,具有狭隘、多疑、嫉妒、报复心理的人格特征。对于来访者主要采取认知领悟法。来访者自我中心意识的形成,有其家庭影响的原因,在她的家庭中家人都以她为中心,而她对别人却不够信任和尊重。基于此判断，先给她无条件的积极关注，让她体验到爱，再调整她的认知，让她知道与人相处要以尊重、信任与关爱为前提。人不能只是索取，而必须要有奉献精神，爱的真谛就是奉献。渐渐地，求助者开始有了反省的思维，开始认识到自己的不足，并虚心向别人请教。最近，还主动到图书馆借了"青年交际指南"丛书。此外，还采用了行为训练法，即培养其为同学服务的习惯，例如，让她主动为同学提开水、打扫宿舍卫生等，当宿舍同学反过来帮助她时，又强化了她的服务意识。经过一段时间的治疗，求助者自我评估心情轻松，情绪稳定；如果把第一次求诊时痛苦程度看作100%，现在能降低到30%；基本能与宿舍同学比较融洽地相处。求助者精神状态明显好转，谈话时，语速正常，语调轻快，对自我有比较客观的评价，与舍友能比较友好地相处。通过了解，老师反映求助者能比较客观地看待生活中的小矛盾，舍友反映她们相处明显改善了。

（5）强迫型人格障碍。这类人平时常有不安全感和不完善感，过分认真、过分注意细节、过分自我克制和自我关注，责任感过强，常常追求完美，同时又过分墨守成规，缺乏随机应变的能力，过分拘谨和小心翼翼。在处事方面，由于过于谨小慎微，常常顾虑小事而忽略大事。并且，常要求别人按自己的方式办事，以致妨碍别人的自由。过分注重工作，怕犯错误，遇事优柔寡断，难以做出决定。

（6）癔症型人格障碍。癔症型人格障碍的主要特点有以下几个方面。

① 活泼好动，性格外向，不甘寂寞。例如，在人多的场合，愿意成为大家注意的中心。

② 与他人交往时感情用事，感情胜过理智。

③ 这些人常常奇装异服，在服装上追时髦，赶新潮，目的是吸引别人对自己的注意。

④ 具有表演才能，他们平时与人接触交往，就像一位戏剧演员在舞台上演戏一样，表情丰富，谈话内容过分夸张。

⑤ 以自我为中心，在人际交往中只考虑自己的需求，丝毫不考虑别人当时的实际情况，为此常常造成人际关系紧张。对人际关系的亲密性看得超过实际情况，例如，总觉得自己有很多知心朋友，但实际情况并非如此，在人际关系受挫时，较易产生自伤或自杀行为。很容易接受他人或受周围情境的影响，这与他们在日常生活中缺乏冷静分析有一定关系。

癔症型人格障碍一旦形成，目前的治疗方法很难将其彻底改变。但经过较长时间的心理治疗，对改善紧张的人际关系，是有一定效果的。

（7）退缩型人格障碍。退缩型人格又称"逃避型人格"，其最大特点是行为退缩、心理自卑，面对挑战多采取回避态度或无能应付。具体表现如下。

① 很容易因他人的批评或不赞同而受到伤害。

② 除了至亲之外，没有好朋友或知心人。

③ 除非确信受欢迎，一般总是不愿卷入他人事务之中。

④ 行为退缩，对需要人际交往的社会活动或工作总是尽量逃避。

⑤ 心理自卑，在社交场合总是缄默无语，害怕遭人笑话，怕回答不出问题，被批评指责后，常常感到自尊心受到了伤害而陷于痛苦，且很难从中解脱出来。

⑥ 敏感羞涩，害怕在别人面前露出窘态，常害怕参加社交活动，担心自己的言行不

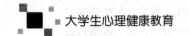

当而被人讥笑讽刺,因而,即使参加集体活动,也多是躲在一旁沉默寡言。

⑦ 在处理某个一般性问题时,往往表现得瞻前顾后、左思右想,常常是等到下定决心时,却又错过了解决问题的时机。在日常生活中,他们多安分守己,从不做那些冒险的事情,除了按部就班地工作、生活和学习外,很少参加社交活动,因为觉得自己的精力不足。

退缩型人格形成的主要原因是自卑心理。心理学家认为,自卑感起源于人的幼年时期,由于无能而产生的不能胜任的痛苦。也包括一个人由于生理缺陷或某些心理缺陷而产生的轻视自己,认为自己在某些方面不如他人的心理。这种自卑感如果得不到妥善处理,久而久之就成了人格的一部分,造成行为的退缩和遇事回避的态度,形成回避型人格障碍。

4.3.2 大学生人格问题的调适

与其他群体一样,大学生群体中也会出现各种各样的人格障碍者,只不过人数大大少于心理不适者与心理困惑者。由于人格障碍者缺乏自知力,本人意识不到自己的人格缺陷,因此不会迫切求医。不过,他们因行为极其古怪,或危害社会,因而常被家长、同学、老师、邻居所发现。高校中所出现的一些恶性事件,如因"失恋"或"单相思"而将对方"毁容",因挫折而"自杀",就是由于病态人格所致。

1. 了解自己的人格

就气质类型的特点来看,气质类型本身没有好坏之分,每一种气质都有积极的方面和消极的方面。

比如,胆汁质的人动作迅速有力,拥有勇敢、爽朗等积极品质,但也容易形成粗心、暴躁等消极品质。

黏液质的人拥有稳重、坚毅、有耐心的积极品质,但也容易形成冷淡、固执、拖沓等消极品质。

多血质的人拥有活泼、机敏、爱交际、富于同情心等品质,但也容易形成轻浮、精力分散、注意力集中、忽冷忽热等消极品质。

抑郁质的人拥有细心、观察力敏锐、善于察觉别人不易察觉的细小事物、做事小心、情感细腻等积极品质,但也容易表现出耐受力差、胆小怕事、不爱交际、孤僻、怯懦、多疑等消极品质。因此,大学生在了解自己的气质类型和特点的基础上,应努力使自己向积极方面发展。

2. 增强应对挫折的承受力

大学生常常富于理想,把未来看得过于美好,而对可能遇到的困难和挫折缺乏充分的心理准备。另外,由于大学生自身的优越感,对社会缺乏了解,人生经历单一,缺乏艰苦生活的锻炼,再加上社会、家庭等多种原因,使得不少大学生应对挫折的承受力较差,稍有小事即可引起挫折感,难以面对现实生活的挑战。由于挫折往往会导致心理上的挫败感、缺陷感和失落感等,因此,大学生要加强挫折教育、增强挫折承受力,这对健全人格的培养有着重要的意义。

3. 积极参与社会实践并培养良好习惯

人的任何目标都要通过实践才能达到,大学生自我意识不断增强,内心都希望独立自主,大学生要积极参与各种社会实践活动,才能加深社会认同和理解,真正增强自己的社会责任感,才能更好地适应未来的社会角色。

另外,健全的人格体现在良好的行为方式中,心理学研究也证明,良好习惯的形成有助于改变人格的内在品质和结构。因此,健全人格塑造的另一重要途径就是培养良好的习惯。

在实际操作中,可把现实生活中具有良好个性的人作为自己的目标或榜样,从点滴小事做起,经过锲而不舍的锻炼,一定能培养健全的人格。

4. 建立良好的人际关系

众所周知,不良的个性品质对个体社交的影响很大。一个开朗热情、为人诚恳、尊重他人、富于同情心的学生,在大多数情况下能很好地适应各种社会交往,能比较容易得到群体和他人的接纳。相反,具有虚伪、自私自利、不尊重他人、猜疑、报复、固执等不良性格倾向的人,会使他人在与之交往中产生不安全、紧张、不信任等不良反应。因此,和谐的人际关系既是大学生心理健康不可缺少的条件,也是大学生人格塑造的重要途径。

在交往过程中应注意以下几个方面。

(1) 真诚热情。在人际交往中,热情能给人温暖,促进人与人之间的相互理解。因此,待人热情是沟通情感、促进人际交往的重要心理品质。人际交往中,若对方感到了你的真诚与热情,也会给予你肯定的评价。所以在交往中,不但需要饱满的热情,同时又需坦诚言明自身的利益,显得真诚而又合情合理。这样,自然会得到对方的接纳。

(2) 彼此信任。美国哲学家和诗人爱默生说过,"你信任他人,他人才对你重视"。在人际交往中,信任就是要相信他人的真诚,从积极的角度去理解他人的动机和言行,而不是胡乱猜疑,相互设防。信任他人必须真心实意,而不是口是心非或虚情假意。

(3) 肯定对方。人类只有在自尊心高度满足的情况下,才会产生最大限度上的愉悦,才会在人际交往中乐于接受对方的态度、观点。大学生都有较强的自尊心,因而在交往中首先要肯定对方,尊重对方,这是成功交往的重要因素之一。

案例分析

人格问题案例分析

【案例】

某大学一年级学生,女,没有知心朋友。同学谈话,她只听不作声。她觉得别人都比她强。她总觉得会受到别人的嘲笑,觉得自己无力与别人进行社交活动,担心尴尬。谈起成长史,在姐姐去世后,父母想生个儿子,结果她的出生使父母十分失望。为不被发现而罚款,父母把她放在箱子里,这一举动严重伤害了她的自尊心,而逐步形成人格障碍。交谈中,她不无掩饰地表达自己太孤独、太痛苦了。

【分析】

来访者的问题初步分析,来访者可能具有回避型人格障碍。由于从小父母错误的教养方式,导致了其对外界极度敏感,害怕与人交往、害怕新事物,自我封闭,同时又极度渴望别人的理解和支持。

首先,应当对来访者表示同情,对于其痛苦给予绝对的理解。具有回避型人格障碍的人极度渴望他人的认同,因此给予其同情是咨访关系良好的关键。对于来访者渴望与他人关爱、渴望融入现实环境的愿望表示积极关注，对来访者能够主动与作为陌生人的咨询师交流表示积极关注，以获得来访者的信任感，更重要的是发掘其能够主动与人交往的内在动力。

在此基础上，了解来访者的成长过程，特别是父母将其放在箱子里养育导致其自尊受伤的过程，通过对童年期成长历程和潜意识的挖掘，使来访者得到充分的宣泄。并在此过程中，对于来访者体现的积极面、突出的能力不断给予积极关注，使其增强自信心。另外，通过认知疗法的技术，帮助来访者处理其固有的认知偏误，比如质疑别人嘲笑的依据，过分在意他人的想法是否合理等。通过认知纠偏使来访者能够对正确的人际交往有一个清醒的认识。

然后尝试帮助来访者恢复人际交往，可以通过角色扮演等方式，帮助来访者学习正确地与人交往方式，必要时可辅助以系统脱敏等行为治疗技术。

小　结

在心理学中，人们经常将"个性"与"人格"等同。人格包含了心理与行为的各种因素，主要包括气质、性格、能力三个方面。

埃里克森人格发展理论强调"自我"统一和情感的作用，主张个体人格健康发展，在青春期和青年期必须完成的心理社会任务是建立自我同一性和防止同一性混乱，建立亲密感，避免孤独感。

大学生培养健康人格，主要通过以下途径：了解自己的人格；增强应对挫折的承受力；积极参与社会实践并培养良好习惯；建立良好的人际关系。

思考与收获

通过本章的学习，我的思考是_____
_____
_____。

我的收获是_____
_____
_____。

心理测试

心理素质测验之创造性测验

1. 如果有人让你去做一件以前从没做过的事，你会：
   A. 拒绝去做
   B. 对此十分感兴趣，但又有几分恐惧，从而犹豫不决拿不定主意
   C. 很乐意地去做

2. 你去朋友家拜访时，发现他家的家具摆设很不合理，看着特别别扭。你会：

A. 对此不发表议论

B. 心想如果这是你的家你会怎样去改变这个屋子的摆设

C. 直抒己见

3. 你对大多数人深信不疑的东西表示过怀疑吗?

A. 很少

B. 经常

C. 有时候

4. 当你翻到设计标语的比赛的广告时,你会:

A. 看也不看一眼便把它翻过去了

B. 毫不在意地看一眼

C. 细看其内容,以求对这次比赛的要求有进一步了解,有时还真想设计些东西出来拿去比赛

5. 当你读到有趣的东西时,你会:

A. 把它牢记在脑子里以便将来使用

B. 看过便忘

C. 把它剪下来或抄在卡片上,把它归入应属的类别里

6. 如果让你整个下午照顾一个孩子,而这个孩子又吵着闹着说没劲,你会:

A. 想出一些有趣的游戏,让他度过一个愉快的下午

B. 让他别吵,一边儿玩去

C. 教他如何找些东西自己去玩

7. 当你自己装配东西或烧菜时,你会:

A. 想出一种新的装配方法或做法,而不是按照说明书或食谱上所说的去做

B. 严格地按照说明书或食谱去做

C. 按照说明书和食谱做了几次以后,就想变个法儿来做

8. 你是否想到要改变你的工作条件?

A. 经常会想到

B. 很少会想到

C. 从来不会想到

9. 如果在第 8 题中你所选择的答案是 A 或 B,那么你会:

A. 把你的想法藏在心里,决不告诉别人

B. 把你的想法告诉别人,至于怎么办你的心中还没确定答案

C. 制订出一份详细周密的计划,并提交给上司

10. 如果你看了一部情节古怪的电影,以至于看完整部电影你还不知道它在说些什么,那么你的感觉会是什么样的呢?

A. 心里觉得不舒服,非要把它搞清楚不可

B. 对此兴趣极浓,希望能依靠自己想出一个头绪来

C. 虽然当时觉得不可理解,但事后也就把这件事给忘了

11. 当你的朋友遇到麻烦,让你给出主意时,你会:

A. 同情地听他讲

B. 心里暗暗想着：如果我是他，我会怎么做呢？但是很少说话

C. 向朋友提供建设性的意见

12. 下列哪一句最适合你？

A. 我喜欢那种循规蹈矩的安宁的生活

B. 我喜欢丰富多彩的带有一定刺激的生活

C. 我喜欢生活中有一点刺激，但又不能太多了

13. 如果你的生活发生了变化，如，就任新职、结婚或离婚等，你会：

A. 对于凶吉未卜的未来没有信心

B. 在新环境、新条件下可能会变得比原先更积极

C. 时而兴奋、时而失望，两种心理交替出现

14. 假如你继承了父母的房产，你会：

A. 让它维持原来的样子，以留住对他们的回忆

B. 改变它，使它能适合你的个性和生活习惯

C. 局部改变，同时使一部分保持原样以纪念他们

15. 你希望怎样度过你的生日以及某些特殊的周年纪念日？

A. 到一家你喜欢的饭店去饱餐一顿

B. 在家里安安静静地度过

C. 到一个没去过的地方玩一圈

16. 假如你迷上了某项实用性很强的工作（如缝纫或绣花），但你做得很不顺手。你很可能会：

A. 厌烦地放弃它

B. 仍耐着性子做下去

C. 动脑筋想办法改进自己

17. 当你阅读到世界性的贫穷问题时，你会：

A. 觉得那是没办法的事，人类只得忍受这种艰苦的环境

B. 虽然感到愤怒和难过，但同时也感到这的确是无能为力的事

C. 想努力去做点事，贡献出自己的一份微薄的力量

18. 你几乎堕入了情网，但你的朋友和同事们都不赞成你谈恋爱。你会：

A. 对他们的话置之不理，我行我素

B. 仍然继续和她谈恋爱，但会对你们的约会稍做掩饰

C. 感到不快，慢慢地疏远对方

19. 下面的三种情况你最怕的是哪一种？

A. 无聊

B. 寂寞

C. 举棋不定

现在请看一下后面的评分表（见表4-1），看看你的得分情况，然后计算各道题的得分总和。

表 4-1 评分表

答案\试题	A	B	C	答案\试题	A	B	C
1	0	1	2	11	0	1	2
2	0	1	2	12	0	2	1
3	0	2	1	13	0	2	1
4	0	1	2	14	0	2	1
5	1	0	2	15	0	2	1
6	2	0	1	16	1	0	2
7	2	0	1	17	0	1	2
8	2	1	0	18	0	1	2
9	0	1	2	19	2	1	0
10	0	2	1				

你的总分应该在 0~40 分。10 分以下表示你的创造力低；11~20 分表示你的创造力属于中等；20~30 分表示你的创造力高；30~40 分则表示你的创造力相当高。

心理训练

测定自己的气质

现代气质心理学研究表明，人的气质有四种典型类型：《水浒传》中的李逵是典型的胆汁质；《红楼梦》中的"林妹妹"则是抑郁质；而"宝哥哥"是多血质；《三国演义》中的诸葛亮则是黏液质。你清楚你自己的气质吗？

了解自己的气质，对选择专业、性格培养、提高学习与工作效率、处理好人际关系等方面都有着重要的意义。下面这些题目可以大致确定你的气质类型。请根据实际情况进行选择，其中 A. 很符合；B. 符合；C. 有点符合；D. 不符合；E. 完全不符合。

一、选项

1. 做事力求稳妥，不做无把握的事。

2. 遇到可气的事就怒不可遏，要把心里话全部说出来才感到痛快。

3. 宁可一个人做事，不愿与很多人在一起。

4. 很快就能适应新环境。

5. 厌恶那些强烈的刺激，如尖叫、噪声、危险镜头等。

6. 和人争吵时，总是先发制人，喜欢挑衅。

7. 喜欢安静的环境。

8. 善于和人交往。

9. 羡慕那种善于克制自己感情的人。

10. 生活有规律，很少违反作息制度。

11. 在多数情况下是乐观的。

12. 遇到陌生人觉得很拘束。

13. 遇到令人气愤的事能很好地自我克制。
14. 做事总是有旺盛的精力。
15. 遇到问题常常举棋不定,优柔寡断。
16. 在人群中从来不觉得过分拘束。
17. 情绪高昂时,觉得干什么都有兴趣;情绪低落时,又觉得什么都没有意思。
18. 当注意力集中于某一事物时,不容易受其他事情的干扰。
19. 理解问题总是比别人快。
20. 碰到危险情景,常有一种极度的恐怖感和紧张感。
21. 对学习、工作、事业抱有很高的热情。
22. 能够长时间做枯燥、单调的工作。
23. 感兴趣的事情,干起来劲头十足,否则就不想干。
24. 一点小事就能引起情绪波动。
25. 讨厌做那种需要耐心、细致的工作。
26. 与人交往不卑不亢。
27. 喜欢参加热烈的活动。
28. 爱看感情细腻、描写人物内心活动的文学作品。
29. 工作或学习时间长了常感到厌倦。
30. 不喜欢长时间谈论一个问题,愿意实际动手干。
31. 宁愿侃侃而谈,不愿窃窃私语。
32. 被别人认为总是闷闷不乐。
33. 理解问题常比别人慢些。
34. 疲倦时只要休息一下,就能精神抖擞,重新投入工作。
35. 心里的话不愿说出来。
36. 认准一个目标就希望尽快实现,不达目的誓不罢休。
37. 学习、工作一段时间后,常比别人更容易感到疲倦。
38. 做事有些莽撞,常常不考虑后果。
39. 老师讲授新知识、新技术时,总希望他(她)讲慢些,多重复几遍。
40. 能够很快地忘却那些不愉快的事情。
41. 完成一件工作总比别人花的时间多。
42. 喜欢运动量大的体育活动或参加各种文艺活动。
43. 不能很快地把注意力从一件事转移到另一件事上。
44. 接受一个任务后,就希望迅速完成。
45. 认为墨守成规比冒风险好些。
46. 能够同时注意几件事物。
47. 烦闷的时候,别人很难使自己高兴起来。
48. 爱看情节起伏跌宕、激动人心的小说。
49. 对工作抱有认真严谨、始终一贯的态度。
50. 和周围的人们的关系总是相处不好。
51. 喜欢复习学过的知识,喜欢重复做已经熟练的工作。

52. 希望做变化大、花样多的工作。
53. 童年时会背的诗歌比别人记得清楚。
54. 往往出语伤人,自己却觉察不到。
55. 在体育活动中,常因反应慢而落后。
56. 反应敏捷,头脑机智。
57. 喜欢有条理而不麻烦的工作。
58. 遇到兴奋的事常常失眠。
59. 对新知识接受慢,但一旦理解了就很难忘记。
60. 假如工作枯燥无味,马上就会情绪低落。

二、计分标准

A. 2 分； B. 1 分； C. 0 分； D. -1 分； E. -2 分。

根据计分标准列出每题的得分填入表4-2中,然后根据表4-3中每个题所属的类型,将同一类型的题的总分填入"总分"栏内。

表4-2 气质测验评分表

题号	1	2	3	4	5	6	7	8	9	10	11	12	13	14	15	16	17	18	19	20
得分																				
题号	21	22	23	24	25	26	27	28	29	30	31	32	33	34	35	36	37	38	39	40
得分																				
题号	41	42	43	44	45	46	47	48	49	50	51	52	53	54	55	56	57	58	59	60
得分																				

表4-3 气质测验总分表

类 型	题 号	总 分
胆汁质	2,6,9,14,17,21,27,31,36,38,42,48,50,54,58	
多血质	4,8,11,16,19,23,25,29,34,40,44,46,52,56,60	
黏液质	1,7,10,13,18,22,26,30,33,39,43,45,49,55,57	
抑郁质	3,5,12,15,20,24,28,32,35,37,41,47,51,53,59	

1. 如果某类气质得分高出其他三类气质四分以上,则属于该类气质。如果该类气质得分超过20分,则为典型型。如果该类气质得分在10~20分,则为一般型。

2. 两种气质类型得分接近,其差异低于三分,而且高出其他两种气质类型四分以上,则属于这两种气质的混合型。

3. 有三种气质得分接近,且均高于第四种,则为这三种气质的混合型。

第 5 章

大学生学习心理
——读万卷书，行万里路

民办高校学生常因没考上理想高校，心理落差大，跟同学相比易产生心理挫败感等原因出现学习动力不足、学习目标不明确等现象。刚入学的小辉就是典型代表。他来自高考生源大省，在跟咨询师的交流中一再表示家乡人特别看重学历。刚收到录取通知书时特别不好意思跟亲戚提自己是被专科院校录取的，入校后一直想回家复读，但又清楚凭自己的高考成绩明年再战也很难进入本科院校，为此一直情绪低落甚至食不知味。一直到参加专本通读后，有了清晰的人生理想，他开始克服学习中的各种困难，树立学习的信心和毅力，为实现心中的理想去拼搏。大学生只有确立人生目标，愿意追寻自我价值，才会选择不自弃、不自卑，自觉地承担起人生的职责和义务。

5.1 大学生学习特点与心理机制

"学习"一词，作为心理学上的术语与人们日常生活中的理解有所不同。例如，日常生活中所说的"好好学习，天天向上""学习舞蹈""学习做饭"等，均是指人的行为的改善。而心理学中的"学习"作为广义的概念，不仅指人类的学习，而且也包括动物的学习。

对于"学习"狭义上的概念，是个体在社会生活实践中，以语言为中介，经思维活动而积累经验，进而产生行为、能力和心理倾向的相对持久变化的过程。

5.1.1 大学生学习特点

阅读材料

爱迪生与爱因斯坦

爱因斯坦是20世纪伟大的科学家。据说，有一天，爱迪生怒气冲冲地对爱因斯坦说："每天上我这儿来的年轻人真不少，可没有一个我看得上的。""你判断应聘者合格或不合格的标准是什么？"爱因斯坦问道。爱迪生一面把一张写满各种问题的纸条递给爱因斯坦，一面说："谁能回答出这些问题，我就让他当我的助手。"

"从纽约到芝加哥有多少英里？"爱因斯坦读了一个问题，并且回答说，"这需要查一下铁路指南。""不锈钢是用什么做成的？"爱因斯坦读完第二个问题又回答说："这得翻翻金相学手册。""您说什么，博士？"爱迪生打断了爱因斯坦的话问道。"看来我不用等您拒绝。"爱因斯坦幽默地说："就自我宣布落选好啦！"

这两位科学巨匠的对话令人深思。作为专攻应用技术的"发明大王"爱迪生，从切身经验出发，要求自己的助手必须拥有广博的知识，对各种相关的数据资料能倒背如流，而且，据说他的招聘试题有时竟达130个。而作为专攻理论物理的"开拓大师"爱因斯坦，则从自己的切身体验出发，强调灵活掌握所学的理论知识。

在进入大学之后，无论学习内容还是学习方式，都发生了很大的变化。大学生的学习特点主要有以下几点。

1. 大学学习的自主性

自主性是指在学习过程中，大学生主观能动作用的增强，从被动学习向主动学习的逐步转化，当然要在教师的正确指导下，这一过程才能顺利地完成。

无论在学习内容、学习时间还是学习方式上，都应强调个体在学习活动中承担的角色。中、小学时期的学习，以教师组织教学为主，但大学学习是以教师为主导、学生为主体进行的。因此，大学生的学习应带有一定的创造性，即学生不仅要懂得举一反三，还要能提出自己的独到见解、灵活应用所学的知识。

2. 大学学习的多元性

大学生学习的途径很多，除课堂教学以外，大学生可以通过多种渠道开展多方面的学习。例如，参加专题性讨论、社会调查、参观考察、查阅文献资料等，丰富多彩的教学和教辅活动为拓宽大学生知识面提供了良好的条件。

3. 大学学习的专业性

大学是专业教育阶段。学生首先按所选专业进行划分，所以大学生的学习是在确定基本的专业方向以后进行的，因此其学习的职业定向性比较明确，即大学生的学习是为将来走上工作岗位、适应社会需要所进行的学习活动。专业性是大学生学习与中学生学习的明显不同之处。

入校前后的一段时间内，大学生根据自己的兴趣、爱好以及特长选择一定的专业。各专业之间在教学安排、课程设置、教学内容以及培养目标上存在较大差异。大学生一旦选定了专业，确定了主攻方向，必须对该专业知识进行深入的了解和掌握，以满足学校培养专门人才目标的需要。当然，专业性不等于单一性，学科之间是有联系的，是相互渗透的。因此，大学生必须在侧重学习本专业知识的同时，广泛涉猎各学科领域，才能扩大自己的知识面，实现"一专多能"，更好地满足社会对人才的需求。

4. 大学学习的探索性

大学的学习具有研究和探索的性质。大学的课堂教学已从阐述既定结论，逐步转变为介绍各学派理论的争论、最新学术动态等。学生的学习和思维慢慢从死记硬背、正确再现教学内容逐渐向汇集众家之长、确立个人见解的方向转变,其中高年级学生学习活动的探索性特点更为突出。

知识的学习与能力、素质的培养同等重要。目前正在进行的高等教育改革一再强调知识技能的学习与智慧能力的培养。忽视学生创造能力的培养和只重视书本知识学习的教学方式必须被摒弃。

5.1.2 学习心理机制

不同学派的心理学家,对于学习问题都提出过自己的理论观点。学习机制问题分为行为主义的观点、认知主义的学习理论和观察学习。

1. 行为主义的观点

(1) 巴甫洛夫经典条件反射中的学习观。

俄国生理学家巴甫洛夫发现了条件反射现象。巴甫洛夫利用条件反射的原理,对人和动物的高级神经活动进行了许多推测,发现了人和动物学习的最基本的机制。

巴甫洛夫认为,大脑皮质的基本神经过程是兴奋和抑制及其之间的转化。兴奋过程表现为条件反射的建立和出现,即由条件刺激引起机体的积极反应,如分泌反应、运动反应等。抑制过程则表现为条件反射的抑制,即反应不出现或强度减弱。巴甫洛夫经典条件作用的核心是反射性反应。反射是一种无须学习的反应——唾液反应、瞳孔反应、膝跳反应等,这些反应是由有机体生物学相关的特定刺激自然诱发的。任何能够自然诱发反射性行为的刺激,都叫"无条件刺激"(Unconditioned Stimulus, UCS),因此学习对刺激控制行为而言不是一个必要条件。由无条件刺激诱发的行为,叫"无条件反应"(Unconditioned Response, UCR)。与无条件刺激相匹配的是中性刺激,如巴甫洛夫实验中的铃声,被称为"条件刺激"(Conditioned Stimulus, CS)。经过几次反复,条件刺激引发出的反应,称为"条件反应"(Conditioned Response, CR)。

巴甫洛夫实验中一定频率的铃声(条件刺激,CS)与食物(无条件刺激,UCS)多次结合。原先只能由食物(UCS)引起狗的唾液分泌(无条件反应,UCR),在铃声单独出现时也可以引起类似的唾液分泌(CR)。也就是说当CS—CR之间形成了巩固的联系时,学习就出现了。

巴甫洛夫的实验表明,学习是暂时神经联系的形成。巴甫洛夫的经典条件反射学习理论在儿童良好习惯的培养中具有重要的实践意义。

(2) 在操作条件反射中的学习观。

斯金纳在20世纪30年代发明了一种所谓的"斯金纳箱"的学习装置,箱内装上一操纵杆,操纵杆与另一提供的食物装置连接。把饥饿的白鼠置于箱内,白鼠若无意间踏上操纵杆,供应食物的装置就会自动落下一粒食物。经过几次尝试,白鼠会不断按压操纵杆,直到吃饱为止。这可以说明,白鼠具备了按压操纵杆以取得食物的反应能力,按压操纵杆变成了取得食物的手段或者工具。

斯金纳从操作条件反射的实验中得出结论:学习过程就是外界环境的刺激与有机体的反应之间建立连接或联系的过程,这个联系(学习)的形成与巩固,是不断强化(如奖励和惩罚)的结果。斯金纳认为,教育就是用强化措施塑造人的行为。教育成功的关键是建立特定的强化措施。

2. 认知主义的学习理论

(1) 格式塔的学习观。

以柯勒（W. Kohler）著名的黑猩猩实验为例。柯勒把黑猩猩关在笼内，为其设置了一个问题情境：在笼内放一把香蕉，笼外放一根棍子，黑猩猩用四肢去抓，都够不着。后来，黑猩猩发现笼外的棍子，它"领悟"到棍子与香蕉的关系，忽然用棍子成功地取到了香蕉，解决了问题。以后在类似的情境中这只黑猩猩仍然能运用已经获得的经验去取得香蕉。

在格式塔心理学家看来，知觉经验变化的过程不是渐进地尝试错误的过程，而是忽然领悟的，所以格式塔的学习理论又称其为"顿悟说"。

(2) 托尔曼的认知论。

托尔曼（E. C. Tolman）对"刺激—反应"的联结说表示不认同。他首先提出了中间变量的概念。他认为，学习的结果不是"刺激—反应"直接联结的，主张把"S—R"公式变成"S—O—R"公式。在后一公式中，"O"代表有机体的内部变化。为了探索动物在学习过程中的认知变化，托尔曼设计了老鼠走迷宫的实验，证明通过学习，老鼠具备了认知地图（即认知结构）的能力，这就是学习的实质。

托尔曼认为外在强化并不是学习产生的必要因素，不强化也会出现学习。他认为动物的行为是有目的的行动，也就是在走迷宫时，根据情境的感知，在头脑里有一种预期（或者假设）效应，动物的行动受到该预期指导。托尔曼也承认，在学习过程中存在着尝试与错误的过程，在多次尝试中，有的预期被证实，有的未被证实。预期的证实也是一种强化，这可以为解释内在的强化，即由学习活动本身所带来的强化。托尔曼提出的认知学习理论和内部强化理论，对现代学习理论的发展，具有一定的贡献。

(3) 现代认知心理学的学习观。

美国当代著名的认知心理学家布鲁纳（J. S. Bruner）和奥苏贝尔（D. P. Ausubel）认为，学习是认知结构的组织与重新组织。这与格式塔的观点基本一致。但现在认知心理学家更加强调已有的知识经验的作用（即原有的认知结构的作用），也强调了学习材料本身的内在逻辑结构。新旧知识发生相互作用，新知识在学习者头脑中被赋予新的意义，这些就是学习变化的实质。

3. 观察学习

按照条件反射的说法，个体行为的学习，都是通过奖励或惩罚的方式实现的。这对动物来说，或许可以成立，这是由动物的学习能力以及行为的限制性决定的。但对于人类来说，未必相同，因为人的认知、技能、态度、观念等很多来自间接经验。

美国心理学家班杜拉（Bandura）提出的社会学习理论强调观察学习的作用。观察学习是由学习者在社会情境中，通过观察别人的行为表现及其后果（得到奖励或惩罚）的方式间接学到的。间接学习的过程就是模仿；模仿的对象即榜样。对榜样的行为进行模仿时，学习者对自己的行为制定一个标准，而该标准是以榜样的行为为依据的。学习者有了标准之后，就会根据标准来评判自己、改正自己，这就叫自我规范。如果学习者觉得自己的行为符合了标准，就会感到满足；满足之后自然会加强所模仿的行为，这种心理效应，称为自我增强。

通过对观察学习的分析，一方面证实了强化原则影响行为，另一方面也证实了人类有能力运用认知过程，借助替代奖赏和替代惩罚来改变行为。

5.2 大学生学习能力的培养

5.2.1 建立科学的学习理念

理念是指人们对某种事物、现象的理性认识和固有信念。学习理念是关于学习的理性认识、理性态度和执着信念。在学习化社会中，学习必然是占主导地位的时代潮流，成为社会生活的重要组成部分，仅有学习的热情和兴趣很难满足学习的需要或取得预期的效果。全面提高学习素养，当代大学生必须学会理性认识，摒弃陈旧的学习观念，确立和内化现代学习理念，这是建立科学学习理念的当务之急和关键所在。

内化（Internalization），是将自己所认同的新思想和自己原有的观点、信念结合在一起，构成一个统一的态度体系。这种态度是持久的，并且可以成为自己人格的一部分。从某种意义上说，内化是接受外部思想来改造自我。

大学生内化学习理念，倡导以下一些原则。

（1）要树立正确的学习价值观，站在与身份相适的高度，从宏观上、根本上认清学习的重大意义。

（2）转变继承性学习观念，确立创造性学习理念；转变接受性学习观念，确立自主性学习理念；转变传统陈旧的学习观念，确立现代学习理念（即转变一次性学校学习观念，确立社会终身学习理念）；转变经验性学习观念，确立科学化学习理念；转变纯知识性学习观念，确定知识与实践相结合的学习理念。

（3）要建立科学学习方式观，如实践学习观、最优化学习观、理解学习观、高效高质学习观等。

5.2.2 培养和激发学习动机

1. 创造外部条件，激发学习动机

（1）竞赛活动。

竞赛是利用人们的荣誉感及对成功的渴望而激发学生学习动机的有效手段。研究表明：学校开展适当的竞赛活动对学生的学习具有良好的促进作用。竞赛可以激励学生努力学习，积极进取，消除懈怠情绪。竞赛的外部刺激与强调学习质量及引导思考相比，能有效地刺激学生努力的强度。因此，教师应该开展适当的竞赛活动，设计有效的竞赛内容及竞赛方式，通过竞赛来激励学生努力学习。

（2）加强学习目标教育。

美国心理学家奈特（Knight）和德国心理学家瑞莫斯（Remmers）通过实验发现，如果实验对象认清学习目标，那么就会产生强烈的学习动机。因此，在课堂教学中，教师要加强学习目标教育，让大学生正确认识学习知识对社会的意义和对个人的价值，了解社会的要求，把当前的学习和个人的前途及祖国的未来联系起来，把学习与自己的现实及理想联系起来，把社会的客观要求转变为学习的主观需要，增强学习的责任感、义务感。教师要指导大学生由"被动学"转变为"主动学"，由"要我学"转变为"我要学"，调动大学生学习的积极性和主动性，激起其学习动机和欲望。

（3）进行适当奖励。

大学生取得进步时教师要及时发现，适当奖励，处理好绩效与奖励的关系，真正实现运用奖励激发大学生学习动力的目的，从而实现奖励与进步的良性循环。

（4）利用动机迁移。

动机迁移是指学生在缺乏学习动力的情况下，引导学生把从事其他活动的动机转移到学习上来。班里的每个学生并非都有学习自觉性和积极性，由于个别学生认识不到学习的重要性，没有养成良好的学习习惯，体验不到满足学习需要的愉快心情，因此很容易产生厌学情绪。但通过仔细观察可以发现，这些学生往往各有所好：有的喜欢创作活动，有的喜欢文艺活动，有的喜欢体育活动等。在这些活动中，他们往往表现出较高的热情和兴趣。教师要巧妙地引导学生，使其产生学习需要，进而努力学习。

（5）提供成功机会。

体验成功是激发学习动机的重要因素之一。美国心理学家奥苏贝尔（Ausubel）研究发现："动机是从成功的教育成就中发展起来的，它将加强进一步地学习。"因此，在教学过程中，教师要不断地创造条件，提供成功机会，确定适当的目标，控制教学的进度和难度，让学生不断努力地达到目标，满足其成功的需要，激发其学习的动机。

2. 创设良好的心理环境，培养学生的学习动机

良好的学习心理环境是激发和调动学生学习积极性的重要因素，是促进和维持学生学习的重要条件。它可以使学生保持旺盛的学习热情，积极参与学习活动，保证学习取得成功。因此，教师要想方设法创设良好的学习心理环境，培养学生的学习动机。

（1）热爱学生。

"亲其师"才能够"信其道"。学生喜欢"态度和蔼可亲、充满爱心"的教师。教师爱学生就会使学生产生一种"不学好功课就对不起教师辛勤栽培"的内心体验，从而提高学生的学习热情和自觉性。

（2）满足学生合理需要。

当大学生的某些学习需要（如自尊的需要、认知的需要、成功的需要）得到满足时，就能激发他们的学习热情和动机，因此，教师要尽量满足大学生合理的学习需要。

（3）调节学生情绪。

大学生的认知过程和情感过程是一个有机的整体，其情绪状态对学习效果也有直接的影响。良好的情绪能提高智力活动的效果，对认知活动具有启发和激励作用。因此，教师要及时了解和把握大学生的情绪状态，善于引导和调节大学生的情绪，使他们能以积极饱满的热情投入学习，以取得优异的学习成绩。

3. 利用内部因素，激励学习动机

（1）提高教学水平。

激发大学生学习动机的又一重要因素就是学习诱因。对大学生来说，最好的学习诱因

是"好的教师"。"好的教师"不仅是指教师的人品师德,更是指教师的教学水平。教学内容通过教师传授给学生,而内容的载体、形式的艺术性成为激发学习动机的有效手段。同样的教学内容会因不同的教学方式产生完全不同的教学效果。优秀的教师"能使教学大纲变活,并补正最差的教科书";再好的教学内容,也会在缺乏教学艺术的教师手里变得枯燥无味。在大学里可以看到这样的情景:由于某位教师的教法好,原本不太受学生欢迎的内容也会引起学生的热情关注;而理应深受学生喜欢的内容,可能因为教师水平的缘故而使学生的兴趣荡然无存。这就说明,教师的教学水平对学生学习动机的激发有很大的影响。因此教师要不断地提高教学艺术水平,使教学活动尽可能生动而富有吸引力。

(2) 深化内容改革。

内容是学生学习的对象,其新颖、难易、实用的程度,对学生学习动机有很大的影响。因此,大学教师应该努力改变课程内容繁、难、偏、旧和过于注重书本知识的现状,加强课程内容改革,把学生急需的知识内容和最新的科学成就引进课堂,加强课程内容与现实生活的联系,增强课程内容的新颖性和实用性,提高学生学习的兴趣和热情。

(3) 提供交流机会。

教师是教学活动的"组织者""引导者"。如果教师在教学过程中广泛地、积极地听取学生的意见和建议,让学生真正感受到自己的主体地位,了解自己确实是"课堂主人",就能激发学生强烈的学习欲望和高涨的学习热情。

(4) 增加自主权利。

在实行"学分制"的前提下,积极引入"选教制",增加学生自主选择课程和相应任课教师的权利。这样不但能提高学生学习的兴趣,而且能积极推动教师教学水平的提高。充分利用多媒体交互方式进行教学,发挥学生的主体作用,使学生按照自己的学习基础、兴趣来选择学习和练习内容;为学生提供参与的机会,使学生获得有效的认知。

(5) 反馈学习效果。

学生都有一种想要及时了解学习结果好坏的心理。对学生的学习结果及时予以反馈,可以增强他们的学习动机。学生知道学习结果后,可以看到自己的进步,提高学习的热情继续努力;同时又能看到自己的不足,激起上进心,克服缺点,争取好的成绩。

(6) 适当运用评价。

评价(即表扬与批评)是对学生学习态度和成绩的肯定或否定的一种强化方式。它可以激发学生的上进心、责任感等。美国心理学家佩奇(E. B. Page)的实验表明:教师对学生的学习态度及结果是肯定评价还是否定评价,对激发学生的学习动机起着不同的作用。适当的肯定评价具有积极的强化作用,能激励学生再接再厉;适当的否定评价能使学生看到自己的缺点和不足,树立克服缺点的决心。教师的评价要客观、公正、全面,既要赏罚分明,又要以理服人,这样才能收到预期的激励效果。

5.2.3 建立有效的学习方法

掌握科学的学习方法,"学会学习"不仅是大学学习成功的保证,也是大学学习的重要任务。大学的学习方法因大学学习的专业性、阶段性、自主性、探索性等特点而有别于中学的学习方法。大学生必须结合自己的实际情况，寻求适合大学学习特点的学习方法，避免因学习方法不当而产生学习疲劳。

1. 集中与分散学习法

集中学习法是指用较长时间进行学习活动，学习的次数相对较少。一次学习时间的长短取决于学习材料的性质及其他因素。一般来讲，对于复杂难懂的内容，采用集中法比较合适，这样可以保证学习者在一定时间内集中注意力，有利于理解并掌握那些抽象难懂的内容。但集中学习的时间不宜过长，否则容易引起疲劳，使学习效率下降。至于多长时间为宜，要视个人的体力与脑力情况而定。分散学习法与集中法不同，它是指将学习时间分成几个阶段，每学习一段时间就休息一会儿。实验证明，假如分散学习的时间不是太短，这种方法是比较有效的。至于每次分散学习的时间长短，也要视学习内容以及个人的具体情况而定。

2. 整体与部分学习法

整体学习法是指将学习内容作为一个整体来学习。学习过程中，将内容从头至尾反复学习，以获得对内容的总体印象和了解，进而掌握。部分学习法是指将学习内容分成几个部分或几个具体的概念，每次集中学习其中一部分或一个具体概念。对每个具体的部分或概念根据其难易程度的不同，具体安排学习的时间或次数。

整体学习法与部分学习法各有利弊。整体法使人比较容易把握学习内容的全貌，但不利于掌握具体的内容；而部分法则能使学习者较好地掌握每一部分的具体内容，但却难以对内容形成一个总体印象，使具体学习的各部分内容不能很好地融会贯通起来。要使这两种方法更好地发挥作用，可以将两者结合起来使用。具体做法是：首先，采用整体法对所学内容进行大概了解，形成一个较为清晰的轮廓；其次，采用部分法对学习内容进行"各个击破"，并重点学习那些较难或较重要的部分；最后，再采用整体法将已仔细学习过的内容作为一个整体重新复习一遍，让各部分的具体内容前后联系起来，从而在头脑中形成一个更为清晰、全面的印象。实践证明，两者相互结合的方法比单独采用其中一种更有效。

3. 要科学用脑

（1）注意劳逸结合。

根据大脑神经活动兴奋—抑制交替进行的规律，张弛有度、劳逸结合是预防心理疲劳的有效方法。保证充足的睡眠，在学习一段时间后，休息片刻，放松一下；或者在学习之余，参加一些文体活动，可以使身心都得到放松和调节。通常，脑力劳动者最好采用活动的方式缓解疲劳，即在一定的脑力耗费之后，做一些不太剧烈的活动，如散步、慢跑等。

（2）善于科学用脑。

现代科学已揭示了大脑两半球的不同功能：大脑的左半球与逻辑思维有关，右半球则与形象思维有关（见图5-1）。此外，大脑活动还有一种"优势现象"，即当大脑某一功能区的活动占优势时，可使其他功能区的活动相对处于休息状态，所以不同学科尤其是文、理科穿插进行学习可有效地预防疲劳。此外，进行某种脑力劳动之后，可以采用"换脑筋"的方式，翻阅一些与刚看过的内容截然不同的东西，或者看一些消遣性的书籍，听听音乐等，这些都有助于消除大脑的疲劳。

图 5-1　左右脑分工

阅读材料

"PQ4R"学习方法

由托马斯和罗宾逊提出的"PQ4R"方法是一项能有效帮助学生理解和记忆的学习技巧。"P"代表预览（Preview），"Q"代表设问（Question），"4R"代表阅读（Read）、反思（Reflect）、背诵（Recite）和回顾（Review）。"PQ4R"程序可使学生集中注意力，有意义地组织信息、使用其他有效的策略，诸如设疑、精细加工、间歇性复习等。"PQ4R"技术具体使用方式如下。

1. 预览：快速浏览材料，对材料的基本组织主题和副主题有一个初步的了解。注意标题和小标题，从中找出你要读的和学习的信息。

2. 设问：阅读时自己问自己一些问题。根据标题，用"谁""什么""为什么""哪儿""怎样"等疑问词提问。

3. 阅读：阅读材料，试图回答自己提出的问题。

4. 反思：通过以下途径，尽量理解信息并使信息有意义：（1）把信息和你已知的事物联系起来；（2）把材料的副标题和主要概念及原理联系起来；（3）尽量用这些材料去解释联想到的类似的问题。

5. 背诵：通过大声陈述和一问一答，反复练习并记住这些信息。你可以使用标题、画了线的词和对要点所做的笔记来提问。

6. 回顾：积极地复习材料，主要通过自问自答的形式，当你无法回答时，再重新阅读材料。

5.2.4　开发大学生学习潜能

所谓学习潜能，就是学习者内在的并在一定条件下（如激励、模仿等）可以外化、转变成现实的心理、生理能力。大学生的学习潜能只要得到合理开发，就会表现出自觉主动地学习状态，学习能力就会相对增强，能够由厌学转变为乐学，由苦学转变为会学，能够相信并真正实现"比原来学得更好"。

如何开发大学生的学习潜能，有以下一些方法。

（1）要创设优良的学习环境，营造活泼热烈的学习气氛。高等学校要注重提高大学生对教学活动的参与度，建立心理上互相支持的学习集体，切实加强班风、校风、学风建设。

（2）要培养、激发、强化大学生个体学习的"自我效能感"。在学习活动中，首先要为大学生提供获得成功体验的机会，引导大学生增强学习自信心。

（3）要加强心理素质教育与心理健康教育。学校要通过开设大学生学习指导课、举办系列学习讲座、组织学习经验交流报告会以及各学科教学的有机渗透，指导大学生自觉预防和矫正学习心理障碍，自觉完善学习心理品质，培养自己良好的观察力、记忆力、思维力、创造力和想象力。

（4）要坚持全方位、立体的学习潜能开发策略。全方位的学习潜能开发策略要求学校实现由学科课程开发扩展到各类活动开发，由教师开发拓展到大学生的自我开发，从校内开发发展为校内校外开发相结合以及学校、家庭与社会的共同开发。

5.3 大学生常见学习心理问题及调适

学习是现代人赖以生存的必要条件，通过学习能够促进人的全面发展，学习对心理健康也是有益的。然而如何对待学习、怎样学习、学习什么、学多少，这些与学习有关的因素则会对心理健康带来不同性质、不同程度的影响。

5.3.1 学习动力不足

学习动力不足，是指学习没有内在驱动力量，没有明确的学习方向和兴趣，不想学习，甚至厌倦学习、逃避学习。学习动力是影响大学生学业成败的一个重要因素。

1. 学习动力不足的表现

（1）缺乏方法。

动力不足的学生把学习看成是奉命的、被迫的"苦差事"，不能积极寻求一些适合自己的学习方法。由于缺乏正确的、灵活的学习策略和方法，动力不足的学生往往不能适应新的学习环境。

（2）独立性差。

动机缺乏的学生在学习上缺乏明确的目标，学习行为往往表现出从众性与依附性，随波逐流，极少有独立性和创造性。

（3）厌倦情绪。

动机不足的学生对学习冷漠、畏缩，常感厌倦，对学校及班级生活感到无聊。学习时无精打采，很难享受到学习成功带来的快乐。

（4）懒惰行为。

懒惰行为主要表现为不愿上课，不愿动脑筋，不愿完成作业，学习上散漫，怕苦怕累，而且经常为自己的懒惰行为找借口。

（5）容易分心。

动机不足的学生注意力不集中，不能专心听课，不能集中思考，兴趣容易转移。他们对学习的认识肤浅，满足于一知半解；行动忽冷忽热，情绪忽高忽低。

2. 学习动力不足的原因

学习动力缺乏的原因是多方面的，归纳起来可分为外部原因和内部原因两方面。

（1）外部原因。

从学校来看，课程设置不合理、专业培养与社会需求脱钩、教学内容陈旧、方法刻板、教学效果不佳、教学管理不严、教学条件跟不上等都是造成大学生学习动力缺乏的直接原因。从整个社会来看，尚未完全建立合理的用人制度、就业不合理与不公平的现象依然存在，这些是影响大学生学习状态的重要原因。从家庭教育来看，家长不恰当的愿望、过高或过低的要求也是导致大学生学习动力缺乏的原因。

（2）内部原因。

大学生对所学专业缺乏兴趣。当学生所学专业与其兴趣爱好相差甚远时，学生容易在学习时感到疲乏和厌倦，减弱学习动机。其原因主要分为以下三方面：其一，部分学生由于高考分数的限制，没有选择专业的条件；其二，部分学生屈从于家长的意志，从当前社会热点出发，填报了所谓好找工作又挣钱多或相比之下轻松的专业，但事实上，本人对家长所选的专业并不感兴趣；其三，在高考填报志愿时，学生对所选专业缺乏了解，具有一定的盲目性，进大学开始学习后，才发现对本专业并不感兴趣，导致情绪低落、消极悲观、随意缺课。

除此之外，学习动机不正确、社会责任感不强、价值观念不健全、自我意识不成熟、学习态度不端正等都是造成学习动力不足的重要原因。

5.3.2 学习动机过强

心理学研究认为，学习动机过强会使学生专注于自己的抱负和外部的诱因（如奖惩），从而阻碍正常学习。

1. 学习动机过强的表现

（1）学习强度过大。

如学习时间过长，学生往往处于疲惫状态。

（2）奖惩动机过强。

对奖惩考虑太多，一心只想获得奖励，避免受到惩罚。奖惩动机过强的大学生大多被动地学习，因而不注重能力的培养，往往成绩不错，但思路狭窄、能力不高。

（3）成就动机过强。

急于取得成就并超过他人；所树立的抱负或期望远远超过自己的能力；只能成功，害怕失败，心理造成很大的心理压力。

2. 学习动机过强的原因

学习动机过强的原因主要有以下几个方面：自尊心太强，过分看重荣誉；补偿心理，用学习来弥补自己其他方面的劣势；自我认识不足，如对自己的能力认识不足，估计过高。

【阅读材料】

动机强度定律

人们常常认为，学习动机越强，对学习活动越有推动作用，但是，事实却并非如此。有时，超过一定强度的学习动机，反而会导致学习效率下降。心理学家耶尔克斯与多德森研究表明，任何任务或活动都有其"最佳的动机水平"，活动效率在此水平上达到最高。如图5-2所示，在最佳水平范围之内，效率随机的增强而提高；超过最佳水平，效率反而随动机的增强而下降。研究还表明，对于不同难度的活动，其动机的最佳水平是不一样的。容易或简单的活动及任务，譬如背诵英语单词、抄写课文、训练打字，所需要的动机要强一点；而困难或复杂的活动及任务，譬如解答数学难题，需要的动机就要弱一点，过强的动机会导致焦虑，从而降低学习效率。

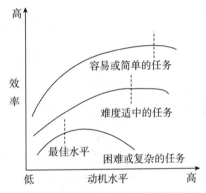

图 5-2　动机强度与工作效率的关系

5.3.3 学习适应不良

学习适应不良，是指学生不能适应大学的学习方式，包括不会听课、不会复习、不能制订合理的学习计划、不能掌握大学的学习方法等方面。这一问题在大学各年级中都存在，只不过表现的方式和程度不同，在一年级新生身上表现得最为明显。

1. 新生学习适应不良的表现

（1）学习活动中缺乏独立性。

大学新生对教师有依赖心理，习惯由教师来安排自己的学习内容，不知道如何制订学习计划、如何利用时间。

（2）学习方法不适应。

大学新生不能充分利用除课堂外其他的学习途径，如去图书馆查资料、参加讨论会等。

（3）对本专业的要求不明确和认识不清晰。

大学新生对本专业的要求不明确和认识主要表现在不知道怎样围绕专业要求展开

学习。

（4）对大学学习缺乏应有的紧迫感和自觉性。

大学新生对大学学习的重要性、复杂性、艰巨性在心理上和思想上准备不足，精力投入不够。

2. 学习适应不良的原因

（1）客观原因。

大学学习有着自身的特点：课程信息量大，课堂交流较少，教师的教学特点、方式和内容相对于中学都有很大变化。另外，由于进入大学一切都从头开始，部分学生失去了往日在学校的优越感，从而带来情绪的波动和不安，也影响了正常的学习。

（2）主观原因。

一般来说，随着大学生自我意识的进一步觉醒，独立的成人意识越来越强烈。然而大学生毕竟还处在青年中期，自我意识不成熟，社会阅历浅、经验少，缺乏深入而广泛的社会实践。再加上由于高中时期为应付升学考试，无论是学校还是家庭，可能更多地重视学生学习，忽视了其他方面的培养教育，使得大学生在环境发生变化时，明显暴露出适应力差的弱点。

5.3.4 学习过度焦虑

焦虑是一种伴随着某种不祥预感而产生的令人不愉快的情绪，是一种复杂的情绪状态。有些学生由于平时学习不够努力或学习方法不当等原因导致学习目标无法达成，又担心自尊心、自信心受挫，而对考试产生过度的惧怕和焦虑心理。

1. 学习过度焦虑的原因

学习过度焦虑的主要原因有：以不正确的自我意识为基础导致自信心挫败；自信心不足，自我了解不够；过强的自尊心或虚荣心；对以前考试失败和挫折体验记忆太深刻；成就动机过强，总想超过别人；性格内向，不擅交往；兴趣爱好单一，只关注于学习。

2. 学习过度焦虑的表现

学习过度焦虑主要表现在情绪躁动，寝食难安，郁郁寡欢，面无表情，精神恍惚。学习压力大，精神长期高度紧张，思维迟钝，记忆力下降，注意力涣散。有严重学习焦虑的大学生在考试前表现更加明显——考试日期越近，精神就越紧张，即便已经投入很多精力和时间，准备得非常充分，仍然不放心，惧怕考试不通过或不如别人。

阅读材料

我的英语四级考试能通过吗？

袁某，女，22岁，某大学二年级学生，班干部，对自己要求很严格，希望在各方面都比别人强。据辅导员讲，她是个很有上进心的学生，干什么事都希望比别人做得好。袁某自述"马上快四级考试了，我觉得很紧张，焦虑，晚上睡不着觉，这样的状态持续也快一个月了。为此我也吃过一些安定之类的药，这样，晚上能睡得好一些，但总感觉时间长了吃药对身体是没好处的。四级考试我已经是第二次考了，我感觉自己心里发虚，没底，好像什么都还不会，可能也是学习方法有问题吧。再过两个多月就要考试了，我着急得很，整天都在看书，但是看到别人在听听力，自己也戴上耳机；看到别人在背单词，自己也背；看到别人做阅读理解，自己也立刻拿起阅读来做。总之，不知道怎样复习才能尽快提高自己的水平。早上起床时，看到别人没有起床，我也暗自告诫自己，不要紧，再睡会，时间总会有的。我想，可能也是我这种'偷懒'的想法影响了学习，所以才导致了现在的一无所获。"

5.3.5 学习过度疲劳

学习疲劳是指学习者由于学习过度或学习方法不当而产生的学习效率逐渐降低，并伴有渴望停止学习的生理和心理现象。

1. 学习过度疲劳的原因

从脑生理机制的角度来看，学习心理疲劳是指脑细胞活动持续时间过久，转入了抑制状态。因此，从大学生的学习活动来看，缺乏调节是学习过度疲劳的直接原因，如学习内容过于单调，学生缺乏休息；因内容难度较大，使大脑持续处于高度紧张状态；其他因素干扰导致情绪低落，从而使大脑神经活动处于抑制状态。

心理学家研究表明，心理疲劳是由于长期的精神紧张、反复的心理刺激及恶劣情绪影响而逐渐形成的。对北京市海淀区6所大学的调查显示，每天学习时间在9~11小时的学生占20.5%，11~13小时的占34.1%，13个小时以上的占30%。长时间高强度的学习不仅直接影响睡眠质量，还会造成上课时注意力无法集中、思维迟钝、学习效率低下。同时，大脑长期处于高度紧张状态而得不到及时改善还会对身体造成伤害，导致神经衰弱、严重失眠、忧郁等心理疾病，影响大学学业的完成。

2. 学习过度疲劳的表现

学习过度疲劳主要表现为注意力不集中、思维迟钝、情绪躁动、精神萎靡、学习效率下降、学习失误增多、失眠等。

5.3.6 学习问题的调适

要面对学习中出现的各种问题，应注意从以下几个方面进行调适。

1. 养成良好的学习习惯

学习是持之以恒的工作。平时养成良好习惯，在学习过程中才能持之以恒地保持较高的学习效率。

2. 客观评价自我

绝大多数学习困难者学习困难都与自信心不足有关，过去的学习经历中有过惨痛的失败体验、与同学的竞争中仍有差距或自己的学习目标一时无法实现，都有可能导致学生对自己能力的怀疑和前途的担忧。对自己过于苛求，只会导致更严重的学习焦虑。反之，如果能够自我接纳、自我尊重，不断从自身的努力中汲取力量，从点滴的进步中看到希望，那么，焦虑状况就会得到较好的控制。

3. 正确对待考试

应该认识到考试只是衡量学习好坏的手段之一，是学校教育中的一个重要环节。但是，成绩不能完全准确地反映一个人的知识水准，特别是能力水平。所以，大学生应该重视考试,但不必过分要求高分,应该做到不为分数所累,轻装上阵,沉着冷静地应试。

4. 正视自己学习的失败

担忧和恐惧失败,往往是学习焦虑产生的直接原因。解决的办法只有一条,那就是勇敢地面对失败,承认失败,从积极的角度去认识失败的价值,然后从失败中吸取教训,发现不足,明确今后的努力方向。

5. 提高应试技巧

合理安排作息时间,不要使大脑过度疲劳,以免影响学习效率,尤其是临考前几天应保证充足的睡眠,这样才能以清醒的头脑和充沛的精力应对考试。在考前4~6周进行"强化复习",将所学的内容进行系统的整理,边整理、边回忆、边思考,以面到点,以点到面,不断深化,使所学的内容形成一个清晰、完整、有逻辑联系的整体。复习时先制订时间计划表,合理分配各门功课的复习时间,并把相似学科的复习时间错开,以免各科间相互干扰。临考前一天晚上,再用1~2小时的时间进行最后一次强化训练,使考前复习效果达到最理想的状态。

如果通过自身努力调节的方式仍不能摆脱学习问题的困扰,就应寻求专业的心理咨询与治疗。

小 结

大学生学习主要有自主性、多元性、专业性、探索性、实践性的特点。

关于学习机制问题一般分为行为主义的观点、认知主义的学习理论和观察学习。

大学生在学习中科学用脑的方法主要有:建立科学的学习理念、培养和激发学习动机、建立有效的学习方法、开发大学生学习潜能。

为了有效培养和激发学生的学习动机,首先,要通过竞赛活动、加强学习目标教育、进行适当奖励、利用动机迁移、提供成功机会等手段,创造外部条件,激发学生的学习动机;其次,要创设良好的心理环境,培养学生的学习动机,如教师要热爱学生、满足学生合理需要、调节学生情绪;最后,还要利用内部因素,激励学生的学习动机,主要通过提高教学水平、深化内容改革、提供交流机会、增加自主权利、反馈学习效果、适当运用评价来现实。

大学生常见学习心理问题主要有学习动力不足、学习动机过强、学习适应不良、学习过度焦虑和学习过度疲劳等。

学习动机过强的表现为学习强度过大、奖惩动机过强、成就动机过强。

学习心理问题调适,可以从以下几方面进行:①养成良好的学习习惯;②客观评价自我;③正确对待考试;④正视自己学习的失败;⑤提高应试技巧。

思考与收获

通过本章的学习,我的思考是_____

_____

_____。

我的收获是_____

_____

_____。

> 心理测试

所罗门学习风格自测问卷

不同的人有不同的学习风格,对别人来说是有效的学习方式,对你不一定适合,表5-1是一个了解自己学习风格的问卷,一共有44题,每个问题有a和b两个答案可供选择。请选出最符合你学习情况或兴趣的答案。

表5-1 问卷表

问　题	选　项
1. 为了较好地理解某些事物,我会先	(a) 试试看　　　　(b) 深思熟虑
2. 我办事喜欢	(a) 讲究实际　　　(b) 标新立异
3. 当我回想以前做过的事,我脑海中大多会出现	(a) 一幅画面　　　(b) 一些话语
4. 我往往会	(a) 明了事物的细节但不明其总体结构 (b) 明了事物的总体结构但不明其细节
5. 在学习某些新东西时,我不禁会	(a) 谈论它　　　　(b) 思考它
6. 如果我是一名教师,我比较喜欢教	(a) 关于事实和现实生活的课程 (b) 关于思想和理论方面的课程
7. 我比较偏爱的获取新信息的媒介是	(a) 图片、简图、图表或地图 (b) 书面指导和口头言语信息
8. 一旦我了解了	(a) 事物的所有部分,我就能把握其整体 (b) 事物的整体,我就知道其构成部分
9. 在学习小组中遇到难题时,我通常会	(a) 挺身而出,畅所欲言 (b) 往后退让,倾听意见
10. 我发现比较容易学习的是	(a) 事实性内容　　(b) 概念性内容
11. 在阅读带有许多插图的书时,我一般会	(a) 仔细观察插图　(b) 集中注意文字
12. 当解决数学题时,我常常	(a) 思考如何一步一步求解 (b) 先看解答,然后设法得出解题步骤
13. 在我听课的班级中	(a) 我通常结识许多同伴 (b) 我认识的同伴寥寥无几
14. 在阅读非小说类作品时,我偏爱	(a) 那些能告诉我新事物和教我怎么做的作品 (b) 那些能启发我思考的作品
15. 我喜欢的教师是	(a) 在黑板上画许多图解的人 (b) 花许多时间讲解的人
16. 当我在分析故事或小说时	(a) 我想到各种情节并试图把他们结合起来去构想主题 (b) 当我读完时只知道主题是什么,然后我得回头去寻找有关情节

续表

问　题	选　项
17. 当我做家庭作业时，我比较喜欢	(a) 一开始就立即做解答 (b) 首先设法理解题意
18. 我比较喜欢	(a) 确定性的想法　　(b) 意见性的想法
19. 我记得最牢的是	(a) 看到的东西　　(b) 听到的东西
20. 我特别喜欢教师	(a) 向我条理分明地呈示材料 (b) 先给我一个概貌，再将材料与主题联系
21. 我喜欢	(a) 在小组中学习　　(b) 独自学习
22. 我更喜欢被认为是	(a) 对工作细节很仔细 (b) 对工作很有创造力
23. 当要到一个新的地方去时，我喜欢	(a) 要一幅地图　　(b) 要书面指南
24. 我学习时	(a) 总是按部就班，相信只要努力，终有所得 (b) 刚开始糊涂，之后恍然大悟
25. 我办事时喜欢	(a) 试试看　　(b) 想好再做
26. 当我阅读时，我喜欢作者	(a) 以开门见山的方式叙述 (b) 以新颖有趣的方式叙述
27. 当我上课时看到一幅图，通常会清晰地记着	(a) 那幅图本身 (b) 关于那幅图的解说
28. 当我思考一大段信息资料时，我通常	(a) 注意细节而忽视概貌 (b) 先了解概貌而后深入细节
29. 我最容易记住	(a) 我做过的事　　(b) 我想过的许多事
30. 当执行一项任务时，我喜欢	(a) 掌握一种方法　　(b) 想出多种新方法
31. 当有人向我展示资料时，我喜欢	(a) 图表　　(b) 概括其结果的文字
32. 当我写文章时，我通常	(a) 先思考和着手写文章的开头，然后循序渐进 (b) 先思考和着手文章的不同部分，然后加以整理
33. 当我参加小组合作课题时，我要	(a) 大家"头脑风暴"，人人贡献主意 (b) 分头思考，然后集中起来比较各种想法
34. 我觉得更高的赞誉是赞美某个人	(a) 明智的　　(b) 有想象力的
35. 在聚会时见过面的人，我通常会记得	(a) 他们的模样　　(b) 他们的自我介绍
36. 当我学习新的科目时，我喜欢	(a) 全力以赴，尽量学得多、学得好 (b) 试图建立该科目与其他有关科目的联系
37. 我通常被别人看作是	(a) 外向开朗的　　(b) 不苟言笑的
38. 我喜欢的课程内容主要是	(a) 具体材料（事实、数据） (b) 抽象材料（概念、理论）

续表

问 题	选 项
39. 在娱乐方面，我喜欢	(a) 看电视　　　　　(b) 看书
40. 有些教师讲课时先给出一个提纲，这种提纲对我	(a) 有所帮助　　　　(b) 很有帮助
41. 以小组合作方式来完成作业，然后给小组一个整体的评分，我觉得这个想法	(a) 有吸引力　　　　(b) 不感兴趣
42. 当我长时间地从事计算工作时	(a) 我会重复我的步骤并仔细地检查我的工作 (b) 我觉得检查工作很讨厌，我是迫不得已做的
43. 对于我所去过的地方，我描绘起来	(a) 很容易且相当精确 (b) 很困难且没有许多细节
44. 当在小组中解决问题时，我更愿意	(a) 思考解决问题的步骤 (b) 思考可能的结果及其在更广领域内的应用

1. 在表 5-2 适当的地方填上 "1"（例：如果第 3 题的答案为 a，在第 3 题的 a 栏填上 "1"；如果第 15 题的答案为 b，在第 15 题的 b 栏填上 "1"）。

2. 计算每一列总分并填在总计栏。

3. 这个量表中每一栏，用较大的总数减去较小的总数，记下差值（1~11）和较大的总数对应的字母（a 或 b）。例如，在"活跃型/沉思型"中，有 4 个"a"和 7 个"b"，就在那一栏的最后一行写上"3b"（3＝7-4，并且 b 在两者中最大）；又如，若在"感悟型/直觉型"中，有 8 个"a"和 3 个"b"，则在最后一栏记上"5a"。

表 5-2　量表

活跃型/沉思型			感悟型/直觉型			视觉型/言语型			序列型/综合型		
问题	a	b	问题	a	b	问题	a	b	问题	a	b
1			2			3			4		
5			6			7			8		
9			10			11			12		
13			14			15			16		
17			18			19			20		
21			22			23			24		
25			26			27			28		
29			30			31			32		
33			34			35			36		
37			38			39			40		
41			42			43			44		
总计			总计			总计			总计		
（较大数-较小数）+较大数的字母											

解释：每一种量表的取值可能为 11a、9a、7a、5a、3a、a、11b、9b、7b、5b、3b、b 中的一种。其中字母代表学习风格的类型不同，数字代表程度的差异。若得到字母"a"，表示属于前者学习风格，且"a"前的系数越大，表明程度越强烈；若得到字母"b"，表示属于后者学习风格，且"b"前的系数越大，同样表明程度越强烈。例如，"在活跃型/沉思型"量表中得到"9a"，表明测试者属于活跃型的学习风格，且程度很强烈；如果得到"5b"，则表明测试者属于沉思型的学习风格，且程度一般。在"视觉型/言语型"量表中得到"a"，表明测试者属于视觉型的学习风格，且程度非常弱；如果得到"3b"，则表明测试者属于言语型的学习风格，且程度较弱。

1. 活跃型与沉思型

活跃型学习者倾向于通过积极地做一些事——讨论、应用或解释来掌握信息。而沉思型学习者更喜欢首先安静地思考问题。"来，我们试试看，看会怎样"这是活跃型学习者的口头禅，而"我们先好好想想吧"是沉思型学习者的通常反应。

活跃型学习者比倾向于独立工作的沉思型学习者更喜欢集体工作。

每个人都是有时候是活跃型学习者，有时候是沉思型学习者，只是有时候某种倾向的程度不同，可能很强烈或一般，抑或很轻微。

2. 感悟型与直觉型

感悟型学习者喜欢学习事实，而直觉型学习者倾向于发现某种可能性和事物间的关系。

感悟型学习者不喜欢复杂情况和突发情况，而直觉型学习者喜欢革新不喜欢重复。感悟型学习者比直觉型学习者更痛恨测试一些在课堂里没有明确讲解过的内容。

感悟型学习者对细节很有耐心，很擅长记忆事实和做一些现成的工作。直觉型学习者更擅长于掌握新概念，比感悟型学习者更能理解抽象的数学公式。感悟型学习者比直觉型学习者更实际和仔细，而直觉型学习者又比感悟型学习者工作得更快、更具有创新性。

感悟型学习者不喜欢与现实生活没有明显联系的课程；直觉型学习者不喜欢那些需要许多记忆和进行常规计算的课程。

每个人都是有时是感悟型学习者，有时是直觉型学习者，只是倾向程度不同。要成为一个有效的学习者和问题解决者，要学会适应两种方式。如果过于强调直觉作用，就会错过一些重要细节；如果过于强调感悟作用，就会过于依赖记忆和熟悉的方法，而不能充分地集中思想进行理解和创新。

3. 视觉型与言语型

视觉型学习者很擅长记住他们所看到的东西，如图片、图表、流程图、图像、影片和演示中的内容，言语型学习者更擅长从文字和口头的解释中获取信息。当通过视觉和听觉同时呈现信息时，每个人都能获得更多的信息。

在大学里很少呈现视觉信息，学生都是通过听讲和阅读写在黑板上及课本里的材料来学习。但其实大部分学生都是视觉型学习者，也就是说学生通过这种方式获得的信息量不如通过呈现可视材料的方法获得的信息量大。要知道，至少有80%以上的外界信息是通过视觉获得，视觉是人和动物最重要的感觉。

4. 序列型与综合型

序列型学习者倾向于按部就班地寻找答案；综合型学习者或许能更快地解决复杂

问题。

序列型学习者可能没有完全了解材料,但他们能以此为基础做些事情(如做家庭作业或参加考试),因为他们掌握的是逻辑相连的。那些缺乏顺序思考能力的极端综合型学习者即使对材料有了大概的了解,对一些细节可能还是很模糊,而序列型学习者能对主题的特殊方面知道许多,但联系到同一主题的其他方面或不同的主题时,他们就表现得很困难。

心理训练1

划数测验

目的:测定个体的注意力,并提高个体的注意力集中程度。

操作:它由几个分测验构成。

第一个测验要求被试者划去"3"字;

第二个测验要求被试者不划"3"字,而划去位于"3"字前面的一个数字(要求被试者的注意力从"3"转移到"3"字前面的一个数字);

第三个测验要求被试只选划"3"字前一位的"7"字(进一步要求被试者选择性注意);

第四个测验要求被试划去夹在"3"字和"7"字中间的一位数字(要求被试者注意广度扩大);

第五个测验是划"3"和"7"之间的偶数(要求被试者在注意的广度上加选择性注意)。

你会发现,从测验一到测验五,随着任务难度的不断提高,完成任务所需要的注意力集中程度也越高。

记分方法:全部划对数之和称粗分,错划和漏划的一半称失误,粗分减失误为净分。

净分=粗分-(错划+1/2漏划)

失误率=[(错划+1/2漏划)/划对]×100

例1 将下面数字串中的3划去。

2491365204863521789254379125765081347645120873520947890185241780154634912254
1864552180732586067592543447350649108461576816247250425658984987149365268571984
92747559370412875896134033909291578129802773684707214054175 37

例2 将下面数字串中3和7中间的偶数划去。

4397234780136763540171038913735713279840159736026170498473216540261305816176
4912673176081867261613933791603915216240314646539459726135827604438791970764155
76197804513064037021935731092053792931768071820691790516347 82

参照例1和例2,你自己也可以编写更多的练习题目来训练自己的注意力。

心理训练2

发散思维训练题

1. 旧衣服有多少种用途?
2. 列举尽量多的半圆结构的物体。
3. 五只猫用五分钟捉五只老鼠,请问,需多少只猫,才能在100分钟内捉100只老鼠?
4. 如果世界上没有了猪,会发生什么事情?
5. 旅行家萨米·琼在周游世界之后,回到他阔别十年的故乡。有一次,他向人们诉说了这十年中他在世界各地的所见所闻。他还向人们提出了个怪问题。问在非洲的某地,我看到一个人的身体内有两颗心脏,而且都跳动得很正常。你说,这有可能吗?
6. 如何用四根火柴摆出五个正方形?
7. 一分硬币和五分硬币的相同点和不同点分别是什么?
8. 怎么样从老虎联想到鲜花?
9. 10个硬币怎么分装在三个杯子里,且每个杯子里的硬币都是奇数?
10. 每天早晨有许多人乘汽车上班,交通非常紧张,有哪些办法可以改变这种状况呢?

第 6 章

大学生情绪管理
——保持良好的情绪

情绪和情感是人深刻的内心体验与感受，正因为有了喜怒哀乐等不同的情绪和情感，生活才显得丰富多彩。大学生的心理变化和起伏波动大，情感体验肤浅、盲目和复杂，容易陷入情绪困扰，这将影响到大学生的学习、生活等各方面，长期的不良情绪还会使大学生的身心健康受到严重的危害。因而正确了解大学生情绪和情感的特点，学习调适、消除不良情绪，培养良好的情绪和情感，对增进大学生的心理健康意义重大。

6.1 情绪理论概述

每个人在生活中都会体会到不同的情绪：快乐、忧愁或愤怒，人们就是在这样多彩的情绪世界里体验着人生百态。

6.1.1 什么是情绪与情感

1. 情绪与情感的定义

情绪和情感是人的心理活动的一个重要方面，产生于认识和活动的过程中，并影响着认识和活动的进行。概括地说，情绪和情感是人对客观事物是否满足自身需要而产生的态度体验。

人总要和客观事物发生联系，并对它们产生不同的态度，例如处境危急时感到焦虑，考试取得好成绩时感到轻松，失去亲人时感到痛苦，遭人打骂时感到愤怒。这些喜怒哀乐都是带有独特色彩的态度体验，是由人对事物的不同态度决定的。

客观事物是否符合和满足人的需要将极大地影响人对其态度。能够满足人的需要或符合人的愿望的事物，将引起积极的态度，如愉快、喜悦、满意、爱慕等；反之，则使人产生否定的态度，如难过、愤怒、憎恨、恐惧、悲哀等。然而，即使是同一件事物，由于不同人的需求不一样，也会引起不同的内心体验。如同是一轮圆月，情侣看到它时，体会到愉悦、爱慕的美好情感，而游子却被勾起不尽的思乡愁绪。此外，一件事物也可以产生诸如百感交集、悲喜交加等复杂甚至矛盾的情绪和情感体验。

2. 情绪与情感的关系

情绪和情感可以看作是人对于客观事物是否符合自己的需要而产生的态度体验，是主体对客观世界的一种特殊的反映形式。一般来说，可以把区别于认识活动、并同人的特定需要相联系的感情性反应统称为感情（Affection）。所以，无论情绪或情感，指的是同一过程和同一现象。不同的场合使用情绪或情感，指的是同一过程、同一现象所侧重的不同方面。

（1）情感（Feeling）经常被用来描述具有稳定而深刻的社会含义的高级感情。它所代表的感情内容，诸如对集体的荣誉感、对事业的热爱、对美的欣赏，不是指其语义内涵，而是指对这些事物的社会意义在感情上的体验。

（2）情绪（Emotion）代表着感情性反应的过程。无论动物或人类，感情性反应的发生都是大脑的活动过程或个体需要的特定反应模式的发生过程。从这个意义上说，情绪概念既可用于人类，也可用于动物。

（3）情绪包含情感，受已形成情感的制约，是情感的外在表现。情感是在情绪的基础上产生的，进而发展成为情绪深层核心，它通过情绪得以实现。新的情绪蓄积又促成情感的衍变，两者相互依存、相互制约、相互发展。心理学对感情性反应的研究，侧重在它们发生、发展的过程和规律，因此较多使用情绪这一概念。

（4）情绪和情感同属于感情性心理活动的范畴，是同一过程的两个方面。情感是对感情性过程的体验和感受，情绪是这一体验和感受状态的活动过程。从情绪和情感所具有的品性看，情绪一般不稳定，波动性较大；情感则较稳定，能持续较长时间，甚至可以伴随和影响人的一生。

6.1.2　情绪的表现形式

我们每天都在体验种种不同的情绪种类，有时会明显地感受到别人的喜怒哀乐，但有时情绪是隐性的，它并不通过人的面部表情和语言表现出来，不过仍可以感觉到它的存在。因此依据情绪发生的强度、持续的时间、紧张的程度，用心理学的方法把情绪分为心境、激情和应激反应。

1. 心境

心境是具有渲染性的，微弱而又具有持续作用的情绪状态。某种愉快或不愉快的心境一旦出现，即成为人们心理活动的背景，从而产生积极的或消极的影响。心情舒畅的时候，我们会觉得身边的一切都是美好的，微风习习，阳光灿烂，充满诗意。可当人们心情烦躁时又会觉得诸事不顺，心情自然是好不起来的。

2. 激情

激情是短时间的、强烈爆发的情绪状态，通常是由一个人生活中的重大事件，对立的冲突、过度的抑制或兴奋等引起的。人们经常说的暴跳如雷、大惊失色、欣喜若狂都是激情所致。很多情况下激情的发生是由现实生活中的某些事件影响导致的，而这些事件往往是突发的，使人的情绪在短时间内失去控制。

总体来说，大学生更易表达出他们的激情，他们激情的表现方式大多是极端的，而成年人的激情可能不会表现得那么明显，会被其他的情感或其他表达情感的方式所取代，但不能说他们就没有了激情，只是表达方式发生了改变。

3. 应激反应

应激反应是指由出乎意料地对人产生威胁的紧张情况所引起的情绪体验，是在紧急情况下所引起的急速而高度的紧张情绪状态。人们在现实生活中经常会遇到突发的事件，它要求人们及时而迅速地决定和反应，应对这样紧急情况所产生的情绪体验就是应激反应。

当应激反应出现时，人们的情绪差异立刻就能显现出来。更多时候，有经验的人比没有经验的人更擅长处理应激情况。性格、态度和心理素质水平也决定了在特定情况下人们应激能力及其处理结果的差异，但人如果经常处于应激反应之下，其情绪必然是紧张的，身心长期处在紧张之中的人更容易表现出极端的现象。

研究表明，如果长期处于应激状态，会使人体自身防御系统发生紊乱和瓦解，身体的抵抗力下降，容易患病。所以人们不可能长期处于高度紧张的应激反应中。

阅读材料

黑色星期一

人的心境跟生物节律有密切关系。当体温处于一天中的低点时，人也倾向于感到情绪"低落"；当体温处于一天中的高峰时，即使你一夜没睡觉，也可能有一个积极的心境。有一种说法，叫作"黑色星期一"，对于那些按照正常工作日上班或上学的人来说，星期一是他们心境最低点。与周末相比，人们在每周工作日的心境的确要差一些。图6-1是一组大学生在五周内每天心境的平均数的测量数据曲线。对于大多数学生来说，最低点在星期一或者星期二，而最高点在星期五或星期六。换言之，心境的变化与一周的作息表有关。

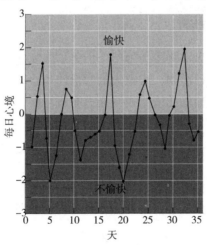

图6-1 心境的平均数数据曲线

6.2 大学生情绪特点

6.2.1 丰富性与复杂性

随着大学生自我意识地不断发展，新需求不断增加，情绪日益丰富。这主要表现在大学生自我情感的多样化，如对自我认识的态度体验，对爱情的情绪体验。从人生发展阶段来看，大学生正处于人生面临多种选择的时期，如学习、交友、恋爱等。

大学生作为特殊的群体，处于心理"断乳期"，生理基本成熟而心理尚未完全成熟，易受到外界的干扰。对新鲜事物十分好奇，对人、事、社会等各种现象特别关注，对友谊与爱情执着追求，对学业和未来充满信心，朝气蓬勃、积极进取，拥有积极情绪。同时，人际困扰、恋爱挫折、就业压力甚至天气变化等都可以导致消极情绪产生。因此，大学生的情绪既丰富又复杂。

6.2.2 易感性与波动性

人生中感情体验最强烈的时期往往就是大学时代。大学生易受感染，情绪来得快，平息得也快。一场精彩的演讲会让学生热血沸腾，一场扣人心弦的球赛就可让学生废寝忘食。很多事件都会影响大学生情绪，使大学生情绪摇摆不定，时而激动、时而悲观消沉，表现出极大的波动性。刚刚还在波峰，也许转瞬就会跌入谷底，这种情绪的极端形式就是情绪的两极性。

6.2.3 激情性与冲动性

大学生兴趣广泛，对外界事物较为敏感，加之年轻气盛，有从众心理，因而在许多情况下，其情绪易被激发，不计后果，有很大的激情性和冲动性。虽然同中学时期相比，随着大学生认知水平的提高，他们的情绪控制能力有所增强，但在激情状态下，也常因情绪失控而造成冲动性的行为。

6.2.4 自尊性与敏感性

由于自我意识的发展使他们强烈需要肯定自己、发展自己，希望能得到别人的重视和尊重；而且作为青年人中的佼佼者，大学生普遍对自己的期望、要求较高。因此，大学生的自尊需要普遍较强。

为此，大学生特别喜欢表现自己，希望能引人注目。有的故意在某些事情上做得与众不同，以引起他人的注意；有的喜欢对某一件事高谈阔论，发表自己的主张，以此来提高自己的声望；有的通过各种比赛来展示自己的才华，希望能博得别人的好感和青睐。由于大学生的自尊心较强，因此大学生对涉及"我"的事物或与"我"相关联的事物都非常敏感，并会产生强烈的情绪反应。

6.2.5 阶段性与层次性

各个年级的大学生情绪和情感特点也不同，呈现出阶段性和层次性特点。初进大学时，很多新生自视过高，渴求别人的认同、关注，表现为自信、自负，但也有不少学生由于各种主、客观原因，陷入厌学境地。新生自豪感和自卑感混杂，放松感和压力感并存，新鲜感和恋旧感交替，情绪波动大。不过，即便是同年级的学生，由于社会、家庭及自身要求、期望不同，能力、心理素质有差别，也会表现为不同的情绪状态和层次的差别。二三年级学生情感比较稳定，独立性、主动性得以发展，因为此时大学生对学校生活已经适应。

6.2.6 内隐性和外显性

取得了好的成绩、获得了好的评价，大学生喜悦之情会溢于言表。大学生对外部刺激反应迅速、敏感，喜怒哀乐表现得充分而具体，由情绪引起的内心变化与外部表现是一致的，具有外显性特点。如他们有时会有意识地掩饰自己内心的真实感受，如对于一些事物的看法、内心存在的秘密，是说还是不说，是多说还是少说，都要以时间、地点、条件为转移。但大学生的外部表现与内心体验并不完全一致，在某些状态下甚至会出现相反的表现，尤其是在对异性的态度上，明明喜欢某个人，但却有意无意地表现出不关心和冷漠。

6.3 大学生常见不良情绪及其调适

大学生情绪所表现出来的特点既有积极的一面，也有消极的一面，这是正常现象。如何驾驭情绪，做情感的主人，是大学生所面临的一个实际问题。大学生处于生理和心理发展的高潮阶段，富有激情，有独特的情绪活动特点。大学生的情绪会影响其身心健康，所以做好自我调节很重要。

6.3.1 愤怒情绪与调适

1. 愤怒产生的原因

愤怒产生的原因主要有以下几方面。

（1）人格特质。

先天气质类型是一些大学生激动易怒的重要原因。如胆汁质的大学生更具有冲动、易怒的情绪特征；自我评价偏高、鲁莽、冲动的大学生也容易发怒。

（2）年龄阶段性。

大学生正处在身心急剧发展、情感丰富强烈、情绪波动起伏大的青年期，他们精力充沛、血气方刚，因而容易在外界刺激下产生愤怒情绪。

（3）认知偏差。

有些大学生容易动怒是因为存在一些错误的认识，如认为发怒可以威慑别人，使人尊重自己；发怒是男子汉气概的体现；发怒可以维护自己的利益或尊严等。

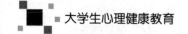

（4）家庭环境。

生活在终日争吵不休甚至充满暴力的家庭环境中，以及成长过程中缺失个性修养教育，都是造成大学生易怒性格的原因。

2. 愤怒的表现

愤怒是由于客观事物与主观愿望相违背，或愿望一再受阻、无法实现时的激烈情绪状态，程度可以从不满、愠怒、激愤到暴怒，特别是当人们认为自己所遭受的挫折不公正、不合理时，最易产生愤怒情绪。

愤怒极大地影响着人们的身体健康，会导致心律失常、失眠、高血压、胃溃疡等身体疾病；还会使人的自制力减弱，不能正确评价自己行为的意义，甚至做出冲动行为，如打架斗殴、毁损物品等。

3. 愤怒情绪的调适

要克服激动易怒的不良情绪，大学生应该做到以下几点。

（1）加强修养、开阔心胸。

发怒并不能解决任何问题，只会激化矛盾和招来他人的厌恶和敌意。只有加强自身修养，以开阔的胸襟宽容、体谅他人，不为小事斤斤计较，才能得到别人的信任、尊重和理解，才能与他人建立真诚的友谊。

（2）合理疏导，缓解不良情绪。

对于不良情绪（如愤怒等），如果一味克制、压抑而不加以疏导，同样会影响身体健康。因此，大学生要学会通过适宜的途径合理疏导不良情绪，可以采取与他人交谈、写书信、记日记等方式缓解愤怒情绪，还可以在情绪激动时进行剧烈的体育活动或喊叫以宣泄愤怒。但是，无论采用哪种方式，都要适时适度，既不能损害自身，也不能影响他人，更不可危害社会。

（3）冷静克制，退一步海阔天空。

在与他人发生矛盾冲突，即将动怒时，要用理智和意志控制冲动的情绪，尽量缓解或避免怒气发作。这时可以暂时离开使自己动怒的环境，待回来后往往已风平浪静；可以进行自我暗示，如在情绪激动时提醒自己要冷静，心中默念："冷静"。深呼吸也是制止愤怒的好方法，在即将要发火的时候，深呼吸，同时在心中默数"1、2、3……"直到100。这时你也许会发现，你已经忘了是什么挑起了你的怒火，那个激怒你的人的面目似乎也不再那么可恶了。

6.3.2 焦虑情绪与调适

1. 焦虑情绪的表现

焦虑是人处于应激状态时的正常反应，适度的焦虑可以唤起人的警觉、激发斗志、集中注意力，这些是对人有利的，而过高的焦虑或无焦虑则不利于人们能力的正常发挥。焦虑情绪以长期的神经质、多虑为主要特征，是一种紧张、担忧、焦急混合交织的情绪体验，当人们在面临威胁或预料到某种不良后果时，便会产生这种体验。而只有不适当的高焦虑才会影响大学生的学习和生活，才会对身心健康造成不利的影响。

处于焦虑状态的人会因为一些日常琐事终日担心，会有莫名的不安感，脑海里尽是些解不开的愁思,过分警觉,心情放松不下。被焦虑感困扰的大学生内心感到紧张、着急、惶恐、害怕、心烦意乱,注意力难以集中,记忆力减弱,同时常常伴有头痛、心律不齐、失眠、食欲不振及胃肠不适等身体反应。

2. 焦虑产生的原因

(1) 人格特质。

研究表明,具有谨小慎微、依赖性强、对困难过分夸大、自怨自艾等个性特征的大学生更易产生焦虑感,因此完美型人格也被称为"焦虑型人格"。

(2) 社会因素。

生活节奏的不断加快、竞争的日趋激烈,使人们的思想、观念、心理和行为受到巨大冲击。现代社会正处在变革期,大学生人生观尚未稳固成形、心理发展尚未完全成熟、前途未定,因而更容易产生困惑、迷惘、紧张、焦虑和无所适从的感觉。此外,社会上的不正之风也对大学生产生了一定的消极影响,一些大学生担心"毕业即失业",十分焦虑。

3. 焦虑情绪的调适

(1) 少拖延,早办事。

焦虑的出现,很多时候是因为需要在很短的时间内完成很多或者很复杂的事情,这种"时间不足"的情况却往往是由于故意拖延所致。有些学生习惯性地将事情拖到最后期限才处理,有些学生则把问题拖到最后一刻才肯面对。若在一开始便能当机立断、积极行动,自己便会有充裕的时间、空间、资源、精神和体力去准时完成计划,焦虑出现的机会也会大大减少。

(2) 及时消除烦恼。

再有能力的人,也会有一些难以解决的问题和烦恼,若处理不当,焦虑就会出现并累积。出于自尊,很多人会羞于向别人提及自己的问题和烦恼。其实找人倾诉的好处有很多,由于人各有专长,一个人认为难以处理的事,在其他人眼中可能十分容易,而且,将事情向别人倾吐后,不愉快的情绪亦会随之宣泄,压力和焦虑会得到释放,感情的负担得到释放,人会变得较为冷静和清醒,解决问题的能力也会提升。

(3) 保持均衡的生活方式。

均衡的生活方式,可使身心各持健康,减少焦虑的发生。对大学生来说,学习固然是非常重要的一环,但切不可忽略身体健康和感情生活的均衡发展。身体健康是指有充足的休息和运动,饮食有节制。运动有强身健体、保持体态及舒缓紧张的功效,是预防或消除焦虑的重要手段。在感情生活方面,应增进与家人或朋友的联系,他们会在你遇到挫折时成为重要的精神支柱和物质支柱,帮助你消除障碍及面对生活上的种种挑战。

(4) 不过分追求完美。

怎样的要求才算恰当呢?答案因人而异。以个人的能力能做到80分,就不要勉强自己做到100分。大学生需要以坦诚的态度,通过不断反省和与人沟通来了解自己的长处、弱点及性格特质,从而确定要求和期望。若能量力而行,焦虑出现的概率自然会减少。

6.3.3 抑郁情绪与调适

抑郁一词其实有许多不同的意义,可以指一种情绪状态,也可以代表症状、症候群或是一种临床疾病。抑郁是每个人一生中是最常体验到的负向情绪之一。抑郁来自人们面对困难或挫折时，产生悲哀、孤独、虚无等情绪，这些情绪难以借助行动或思考获得排解。许多研究指出，抑郁情绪和抑郁症似乎是在一个连续向量的不同位置，两者仅有程度上的差异，在本质上并无不同。

1. 抑郁产生的原因

有哪些因素会影响一个人的抑郁程度呢？概括来说，社会、心理、生物层面的许多因素都和抑郁情绪有关。

（1）社会因素。

就社会层面而言，抑郁程度与生活压力、社会支持有关。个体感受到的压力越大，越容易有情绪困扰产生。而社会支持，则在生活压力和个人的身心健康中扮演了缓冲的角色，能保护个人免于生活压力的负面影响。个人拥有的社会支持越多，抑郁程度就越低。当面临生活中的种种变动与挫折时，若能有人给予一些安慰和鼓励，哪怕只是陪伴，或默默地支持、尊重其决定，也能给予其莫大的勇气。这些支持可能来自家人、朋友、师长或辅导人员。除了情绪上的支持之外，有时也可能是一些信息、建议，或是一起讨论、分享。

（2）心理因素。

就心理层面而言，个人过去的成长经验以及早期与重要之人分离都可能让个体在心理上变得特别脆弱。面对生活变动，人们容易心情低落，感觉郁闷。除此之外，抑郁程度还与个人的性格特质、思维模式等有关，如有过高的自我要求、强烈的人际需求、内向或神经质的性格倾向等的人抑郁的程度通常较高。许多研究指出，抑郁者对自我、环境和未来，皆持负面看法。他们认为自己是没有价值、没有能力的，习惯于自我贬低、自责，同时倾向于以消极方式解释外在环境和经验，对事情的后果和未来也持无望、悲观的态度。研究也指出，抑郁者常有一些非理性的观念。

（3）生物因素。

就生物层面而言，抑郁情绪还与基因影响、神经化学传导物质的不平衡、肾上腺素过低有关。有些抑郁情绪会与生理周期或者季节有关，例如，女性在月经来临前、服避孕药后，感到抑郁的概率会略有增加；产后容易并发抑郁症；有些人在冬季特别容易感到抑郁，这极可能和接受日照时间长短有关。

整体而言，个体所体验到的抑郁情绪，往往不是由单一因素引发的，而是许多因素作用后的结果。

2. 抑郁情绪的表现

在情绪方面，抑郁情绪表现为悲伤、沮丧、低落；在行为方面，抑郁情绪表现为哭泣、动作缓慢、社交退缩、对日常活动失去兴趣，甚至出现自我伤害、自杀的行为；在认知方面，抑郁情绪表现为认为自己没有价值，得不到帮助，对事情持悲观看法，对未来充满绝望，对环境则有不满、厌恶的想法；在生理方面，抑郁情绪表现为胃口减小、睡眠困扰、疲倦、体重骤增或骤减等。

3. 抑郁情绪的调适

（1）寻找生活中快乐的亮点。

善于捕捉生活中的快乐，发现生活中那些令人愉快的因素，既有利于身心的健康，也有利于激发和进取精神，有信心迎接未来。在同样的客观情景下，人们感到快乐与否，与人们的主观观察和感受有着很大的关系。快乐离每个人都不远，但有人善于捕捉它，有人却任其从身边悄悄溜走。

（2）主动调节消极情绪。

保持良好的心态，海阔天空是为退，天高物远鸟始飞。

（3）认同自我。

丧失自我认同感就等于丧失了对生活的把握，这常常与迷惑以及丧失自信有关。所以，应该摆正自己的需求与偏好，不要自我攻击，因为自我攻击只能打击自己的信心。值得注意的是这时候的自我比以往任何时候都需要他人的赞同与接纳。

如果过分注重他人的评价，就会变得像木偶一般顺从他人。久而久之，会认为获得赞许的唯一办法就是牺牲自己的需求和意愿，从而越发顺从和讨好他人。

（4）寻求社会支持。

在遇到不开心的事情时，最好有一个温暖的家可以让自己感觉到支持的力量，有一群感情要好的朋友可以倾诉。在遇到问题时，大学生可以向亲人和朋友征求意见，这样就可以更勇敢地面对问题，而不会感到孤单寂寞。尽管他们未必可以帮忙解决问题，但至少会在了解情况后，给予鼓励和支持。

6.3.4 压抑情绪与调适

很多大学生常常感到自己的情感不能尽情倾诉，尤其是在面向未来社会的过渡和准备阶段，有很大的压力。据调查，约70%的大学生"时时感到一种压抑感"。

1. 压抑情绪产生的原因

产生情绪压抑的原因是多方面的：自我的冲突、人际关系的紧张、生活的枯燥、成绩的下降、失恋、情感丰富而无所寄托的孤独寂寞、对现实社会的困惑、才能无人知的空虚、竞争的压力等。这些都容易使大学生产生挫折感，诱发情绪困扰，若这种困扰无处宣泄，持续若干时间后即形成压抑。

2. 压抑情绪的表现

有压抑情绪的大学生的常见症状有：精神萎靡不振、缺乏朝气、缺少活力、成天唉声叹气、感觉活得太累；丧失广泛的兴趣，失去敏感的知觉和灵活的思维；与人交往缺乏热情，好发牢骚，对他人的喜怒哀乐缺少共鸣。长期、严重的压抑会诱发胃溃疡、高血压等疾病，往往还会导致心理异常，甚至厌弃人生而自杀。心理专家认为，适当的情感宣泄是防治压抑的有效途径。

3. 压抑情绪的调节

情绪的压抑主要是指负性情绪的过度内化，个体对负性不良情绪的反复体验，使得不良情绪问题堆积，没有找到合适的宣泄途径。调节压抑情绪首先要不良情绪转移。长时间的情绪压抑其实是种负性能量的堆积，因此，在情绪压抑时要学会情绪能量的转移。一是个体可以为自己设置一个目标，参加某个兴趣小组、等级考试或是进行体育锻炼等。二是尽可能地改变周围的环境。环境可以营造良好的心境，这种心境会带来积极情绪。三是要发泄自己压抑的情绪，如找朋友倾诉、进行体育运动等都是宣泄情绪的良好方法。如果通

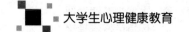

过上述方法仍无法调节压抑的情绪，应向专业心理医生进行求助。

案例分析

情绪问题案例分析

某女大学生刚上大学时，常感到不习惯，觉得自己压力很大，做什么事情总是没有精神，这种情况在期末时尤为突出。当同学们在用功复习时，这位女生却怎么也看不进去书，有时候她甚至有点痛恨别人读书。她和从前的同学联系，诉说自己现在的状况。同学们劝她说，大学和高中是不同的，不要管别人如何学习，只要有自己的学习方法，在原来的基础上提高自己就可以了。可是她发现还是控制不了自己的情绪。

该生经常一个人上课、自习、吃饭，觉得一个人很自在。她还有个问题就是当情绪不太好的时候就吃东西，常常是在这个食堂吃过，又跑到另一个食堂继续吃。

但是她发现这种发泄带来了更多的问题。首先是钱的问题，这个学期她买的东西越来越贵，次数越来越多，好像越贵才越刺激、越满足。但她的家境并不是很宽裕，于是女生觉得对不起父母，因而自责。但是越自责，就越想放纵自己。好像有两个自我在斗争，一个让自己恢复理智，另一个让自己放纵，而她总是屈服于后者。

再者是发胖的问题，这对一个女孩子而言是很敏感的问题，而且这位女生很注重自己的外表。她常常在晚上不睡觉吃东西，偷偷摸摸直到吃完为止。第二天清醒之后，又不想接受自己的样子，可是下一次又克制不住自己。

这位女生生活不规律、学习不规律、饮食不规律，对什么都没信心，对什么都没兴趣。她觉得对不起所有对她有期望的人——父母、同学、师长，包括她自己，可还是很难控制自己的情绪，觉得自己好像有两种人格在厮杀。她很害怕，却不知道该如何做。

分析：

这是一例以抑郁为主要特征的情绪问题，具体表现为：难以控制自己的情绪、兴趣减退、体重剧增、消极的自我观念、注意力不集中。通过面谈以及对该生以往生活经历的追踪，可以判定核心问题仍然是情绪问题，表现为通过吃缓解心理压力，尽管可以认识到问题，但却控制不住自己。通过积极心理辅导帮助该生分析问题的来源，进而改变导致抑郁的行为思维方法（包括改变人际交往中导致抑郁的行为），并采取积极行动，坚持正常的活动和交往，不断从实践中获得成功和喜悦，及时强化自己的积极情绪，该生已经基本能够控制自己的情绪，进行正常的学习生活。

情绪对人的影响是无处不在的，异常的情绪会使人身心健康受到损害，而良好的情绪能唤醒身心，有利于提高学习和工作效率。

6.3.5 管理好自己的情绪

1. 学会驾驭自己的情绪

大学生可以通过对情绪的自我调控，克服不良的情绪，培养健康的情绪，保持良好的情绪状态。情绪的发生及表现与人的认知直接相关。一个人对周围的事物或自己的行为、思想做出什么样的评价，就会导致相应的情绪反应。

学会情绪的自我调控还应该善于克制和宣泄情绪。在日常生活中，每个人都难免会遇到不良刺激而出现情绪反应，这就需要大学生对一些不良情绪加以克制，要善于制怒和适当忍让、回避，以避免不良情绪的爆发。尤其是当有不良情绪时，大学生要用理智告诫和提醒自己，或者接受他人劝解，转移注意力。当然，克制情绪并不是无限度地压抑自己的情绪反应，而要进行有效的情绪宣泄和释放，疏导负性情绪。如愤怒时，大学生可以进行体育锻炼，或作诗、作画、练习书法；悲伤时，可以找知心朋友倾诉，或大哭一场，释放能量，必要时还可寻求心理咨询的帮助。

大学生在提高自己修养的同时，还应注意培养幽默感。幽默本身就是一个人心态乐观的体现。幽默有助于个人适应新环境，它可以使窘迫、难堪的局面在笑语中消逝，可以使紧张的情绪变得轻松，可以使痛苦、烦恼、忧愁消失无踪。幽默感与人的生活态度密切相关，大学生应树立乐观的生活态度，用微笑迎接世界；幽默感还与人格的成熟水平有关，当代大学生人格正处于发展、完善、成熟的过程之中，可通过健全自己的人格来培养幽默感。学会情绪的自我调控，首先要从提高自己的修养入手，培养幽默感。只有具有良好修养的人，才懂得控制和调节情绪的意义，才能够有效地驾驭自己的情绪。

大学生还要培养自己宽阔的胸怀、豁达的心胸，面对现实，接受现实，正确地认识自己，多交朋友，对周围的人多一些理解与宽容。也可以通过音乐来调节自己的情绪，如听一些旋律优美、意境广阔、充满活力的音乐，以消除烦恼，保持愉快的心情。

阅读材料

快乐宣言

1. 为了今天，我要让自己适应一切，而不是试着调整一切来适应我。
2. 为了今天，我要做一个讨人喜欢的人，外表要尽量得体，说话谦和，动作优雅，对任何事不吹毛求疵，也不干涉或教训别人。
3. 为了今天，我要爱护我的身体。
4. 为了今天，我要保护我的心理。
5. 为了今天，我要用三件事来锻炼我的灵魂：我要为别人做一件好事，但不要让大家知道；我还要做两件我并不想做的事，只为了锻炼。
6. 为了今天，我要制订一个计划。
7. 为了今天，我要试着只考虑怎么度过今天，而不把一生的问题都在这一天解决。
8. 为了今天，我要去欣赏美的一切，去爱、去相信我爱的那些人会爱我。
9. 为了今天，我要为自己预留安静的半小时，轻松一番，在这半小时里，我要尽量使自己的生命更充满希望。
10. 为了今天，我要很快乐。

2. 建立积极的自我意象

从情绪经历来看，情绪表现和体验常常与人对自己的看法一致。很多人常常这样评价自己——"人家说我热情开朗""我是个天生的乐天派""我这个人老是容易发脾气""我总是担心害怕"等。因此，想要调节、改变自己的情绪活动，使自己成为有修养的人，必须建立积极的自我意象。那么，如何建立积极的自我意象呢？

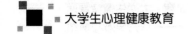

(1) 把注意力集中于成功的经历。

把注意力集中于成功的经历，从中悟出道理，是建立积极的自我意象的重要途径。积极的自我意象意味着对自己的积极评价，而积极评价来源于成功的经历。过去的情绪活动有过多少失意和失误并不重要，重要的是汲取并强化那些成功和积极的情绪经验。这样，就可以把自己的情绪活动导入良性循环的轨道上来。

(2) 从想象和装扮入手。

英国著名喜剧演员斯图尔特年轻时很羞怯，与人谈话时支支吾吾，甚至不敢向行人问路，为此，斯图尔特吃尽了苦头。后来他终于找到了办法：同陌生人谈话时，把自己就装扮成另一个人，用与这个人物身份一致的语调说话。这使他受益匪浅，难为情、拘谨、羞怯的毛病都不再出现。而且，朋友们很快注意到，他模仿别人特别像，并制造出令人愉悦的滑稽效果，斯图尔特也因此开始登上舞台。斯图尔特的实践验证了心理学中的一条重要的原理：扮演某一角色会帮助人们体验到他所希望体验的情绪。当一个人扮演成一位自己希望成为的人物时，就会有意无意地用相应的标准来要求自己，并按照相应的行为方式行事。当然，这种活动一开始是很困难的，不过只要坚持下去，就会逐渐心领神会并习以为常。

自我意象就是关于"我是什么样的人"的自我心像，是人们给自己画的一幅心理肖像，尽管这一肖像在大多数人的意识之中是模糊的，但它对人们心理活动的调控却是明显的。一个人把自己看成什么样的人，就会按什么人的方式行事；对自己有什么评价，就会不断地寻找各种事实来证实这种评价。人的所作所为、所感所想，常常是与其自我意象一致的。

3. 给不良情绪找个出口

(1) 提供一个正常的宣泄通道。

不良情绪要进行宣泄，不要无限度地压抑自己的情绪反应，而要疏导负性情绪。愤怒时，可以进行体育锻炼，或练习书法；悲伤时，可以找知心朋友倾诉，或大哭一场，释放能量。

(2) 用诉说代替抱怨。

大学生应将心中的压抑、担心、焦虑说出来，而不是一味地抱怨自己所受的伤害，诉说不需要责备，指明问题即可。

(3) 用行动带动情绪。

实实在在地做些事情可以让人从自己或他人那里获得正面的反馈，改变心情的不佳状态。"行为可以改变感受"，这是心理学家研究的一大发现。研究表明，忧郁者比非忧郁者更少从事令人愉悦的活动，当忧郁者懂得将更多令人开心的活动带入自己的生活时，他们的心情会变得更好。

心理实验

微笑实验

面部表情反馈学说认为，人的面部表情影响着人的情绪。在一项研究中，研究者让被试者（被试者指被研究的对象）评价一些卡通画的有趣程度。其中，一组被试者用牙咬着铅笔（横放），另一组被试者用嘴唇叼着铅笔。结果发现，用牙咬着铅笔的被试者比用嘴唇叼着铅笔的被试者更加觉得卡通画有趣。为什么呢？答案是：用牙咬着铅笔，面部就不得不形成微笑的样子,而用嘴唇叼着铅笔,面部则形成皱眉头的样子。这一结果证明了面部表情反馈学说的预测,被试者的情绪体验会受到自己面部表情的影响。

(4) 反向心理调节。

面对困境,人们常常情绪沮丧。如何从不良情绪中摆脱出来呢?一种方法就是,从相反的方向思考问题。心理学上把这种心理调节的过程称为反向心理调节法。这种方法常常能使人战胜沮丧,从不良情绪中解脱出来。

人生之路不可能一帆风顺,总会有困难、挫折和痛苦,叹息也好,焦急也罢都无助于问题的解决。那么,与其在那里唉声叹气、惶惶不安,还不如拿起心理调节的武器,从相反方向思考问题,使情绪由"阴"转"晴",摆脱烦恼。俄国作家契诃夫曾这样说:"要是火柴在你口袋里燃烧起来,你应该高兴,应该感谢上苍,多亏你的口袋不是火药库。要是你的手指扎了一根刺,那你应该高兴,多亏这根刺不是扎在眼睛里。以此类推……照我的劝告去做吧,你的生活就会欢乐无穷。"

(5) 转移注意力。

转移注意力就是从主观上努力把注意力从消极或不良的情绪状态转移到其他事物上去的一种方法。能对情绪产生强烈刺激的事情,通常都与自己的切身利益有关,要将其快速遗忘是很困难的。因此,单靠消极地躲避是于事无补的,更有效的办法就是进行积极地转移。科学研究表明,在发生情绪反应时,大脑中心有一个较强的兴奋灶,此时如果另外建立一个或几个新的兴奋灶,便可抵消或冲淡原来的中心优势。当情绪不好时,可通过转移注意力来平静自己的情绪,如外出散步、听听音乐、跳跳舞、打打球、找朋友聊天、读本轻松的书、看场电影等,总之,使自己的心思有所寄托。这样,由不愉快的事情所引起的不良情绪体验,就会在不知不觉中烟消云散。

小 结

概括地说,情绪和情感是人对客观事物是否满足自身需要而产生的态度体验。心境、激情和应激是三种基本的情绪状态。

大学生的情绪情感呈现出丰富性与复杂性、易感性与波动性、富于激情易冲动、自尊性与敏感性、阶段性与层次性、内隐性和外显性等特点。

大学生常见情绪障碍表现为愤怒、焦虑、忧虑、抑郁、嫉妒、懊悔。这不仅影响到大学生的身心健康,还影响到大学生的未来发展,因此需要积极地调节与治疗。

为了保持良好的情绪状态,我们可以采取以下方法:学会驾驭自己的情绪;建立积极的自我意象;给不良情绪找个出口。例如,提供一个正常的宣泄通道、用诉说代替抱怨、用行动带动情绪、转移注意力、反向心理调节。

思考与收获

通过本章的学习,我的思考是

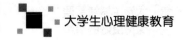

我的收获是_____
_____
_____。

心理测试

情绪稳定性测试

1. 上床以后，是否经常再起来一次，看看门窗是否关好、炉子是否关好等？
   A. 经常如此　　　　　B. 从不如此　　　　　C. 偶尔如此
2. 你对与你关系最密切的人是否满意？
   A. 不满意　　　　　　B. 非常满意　　　　　C. 基本满意
3. 看到自己最近一次拍摄的照片，你有何想法？
   A. 觉得不称心　　　　B. 觉得很好　　　　　C. 觉得可以
4. 你是否想到若干年后会有什么使自己极为不安的事？
   A. 经常想到　　　　　B. 从来没想过　　　　C. 偶尔想到
5. 你是否被朋友、同事、同学起过绰号或挖苦过？
   A. 这是常有的事　　　B. 从来没有　　　　　C. 偶尔有过
6. 你在半夜的时候，是否经常觉得有什么感到害怕的事？
   A. 经常　　　　　　　B. 从来没有　　　　　C. 极少有这种情况
7. 你是否经常因梦见什么可怕的事而惊醒？
   A. 经常　　　　　　　B. 没有　　　　　　　C. 极少
8. 你是否曾经有多次做同一个梦的情况？
   A. 有　　　　　　　　B. 没有　　　　　　　C. 记不清
9. 有没有一种食物使你吃后呕吐？
   A. 有　　　　　　　　B. 没有　　　　　　　C. 记不清
10. 除去看见的世界外，你心里有没有另外一种世界？
    A. 有　　　　　　　　B. 没有　　　　　　　C. 记不清
11. 你是否常常觉得你的家庭对你不好？
    A. 是　　　　　　　　B. 否　　　　　　　　C. 偶尔是
12. 你是否曾经觉得有一个人爱你或尊重你？
    A. 是　　　　　　　　B. 否　　　　　　　　C. 说不清
13. 你心里是否时常觉得你不是现在的父母所生？
    A. 时常　　　　　　　B. 没有　　　　　　　C. 偶尔有
14. 你是否觉得没有人十分了解你？
    A. 是　　　　　　　　B. 否　　　　　　　　C. 说不清
15. 你早晨起来的时候经常感觉？
    A. 秋雨霏霏或枯叶遍地　B. 秋高气爽或艳阳天　C. 不清楚
16. 你在高处的时候，是否觉得站不稳？

A. 是　　　　　　　　B. 否　　　　　　　　C. 有时是这样

17. 你平时是否觉得自己很强健？

A. 否　　　　　　　　B. 是　　　　　　　　C. 不清楚

18. 你是否一回家就立刻把房门关上？

A. 是　　　　　　　　B. 否　　　　　　　　C. 不清楚

19. 你坐在小房间里把门关上后，是否觉得心里不安？

A. 是　　　　　　　　B. 否　　　　　　　　C. 偶尔是

20. 当一件事需要你做决定时，你是否觉得很难？

A. 是　　　　　　　　B. 否　　　　　　　　C. 偶尔是

21. 你是否常常用抛硬币、玩纸牌、抽签之类的游戏来测凶吉？

A. 是　　　　　　　　B. 否　　　　　　　　C. 偶尔

22. 你是否常常因为碰到东西而跌倒？

A. 是　　　　　　　　B. 否　　　　　　　　C. 偶尔

23. 你是否需用一个多小时才能入睡，或醒得比你希望的早一个小时？

A. 经常这样　　　　　B. 从不这样　　　　　C. 偶尔这样

24. 你是否曾看到、听到或感觉到别人觉察不到的东西？

A. 经常这样　　　　　B. 从不这样　　　　　C. 偶尔这样

25. 你是否觉得自己有超越常人的能力？

A. 是　　　　　　　　B. 否　　　　　　　　C. 不清楚

26. 你是否曾经觉得因有人跟着你走而心里不安？

A. 是　　　　　　　　B. 否　　　　　　　　C. 不清楚

27. 你是否觉得有人在注意你的言行？

A. 是　　　　　　　　B. 否　　　　　　　　C. 不清楚

28. 当你一个人走夜路时，是否觉得前面潜藏着危险？

A. 是　　　　　　　　B. 否　　　　　　　　C. 偶尔

29. 你对别人自杀有什么想法？

A. 可以理解　　　　　B. 不可思议　　　　　C. 不清楚

以上各题的答案，选 A 得 2 分，选 B 得 0 分，选 C 得 1 分。请将得分统计一下，算出总分。得分越少，说明情绪越佳，反之越差。

总分 0~20 分，表明情绪稳定，自信心强，具有较强的美感、道德感和理智感。你有一定的社会活动能力，能理解周围人们的心情，顾全大局。你一定是个性情爽朗、受人欢迎的人。

总分 21~40 分，说明情绪基本稳定，但较为深沉，对事情的考虑过于冷静，处事淡漠消极，不善于发挥自己的个性。你的自信心受到压抑，办事热情忽高忽低，瞻前顾后，踌躇不前。

总分在 41 分以上，说明情绪极不稳定，日常烦恼太多，使自己的心情处于紧张和矛盾中。如果得分在 50 分以上，则是一种危险信号，务必请心理医生进一步诊断。

心理训练

自我放松训练

请将四肢放松,两眼闭上,头脑里不要再想其他事情(两遍)。

放松练习现在开始:

1. 请你将双手高高地举起,尽量举高。坚持一会儿,再坚持一会儿。好,放松,完全放松(两遍)。

2. 请你用力握紧双拳,坚持一会儿,再坚持一会儿。好,放松,完全放松(两遍)。

3. 请你将小臂弯曲并挤压在大臂上,使你感到紧张。坚持一会儿,再坚持一会儿。好,放松,完全放松(两遍)。

4. 请你将双肩向耳朵方向拱起,尽量拱起。坚持一会儿,再坚持一会儿。好,放松,完全放松(两遍)。

5. 请你用鼻子慢慢地深吸一口气,憋一会儿,再憋一会儿。好,慢慢地一点点儿把气呼出去(两遍)。

6. 请你两脚着地、与肩同宽,脚趾扒地,造成紧张感。坚持一会儿,再坚持一会儿。好,放松,完全放松(两遍)。

7. 请你转动你的眼球,听我的口令:左、下、右、上。反过来做一遍,右、下、左、上。

8. 请你把小腿尽量向前伸,坚持一会儿,再坚持一会儿。好,放松,完全放松(两遍)。

9. 请你收缩你的小腿肌肉,使之感到紧张。坚持一会儿,再坚持一会儿。好,放松,完全放松(两遍)。

10. 请你将头向后仰,尽量向后。坚持一会儿,再坚持一会儿。好,放松,完全放松(两遍)。

11. 请你收缩你的脑额,坚持一会儿,再坚持一会儿。好,放松,完全放松(两遍)。

好,放松练习到此结束。你感到轻松一些了吗?

第7章
大学生人际交往
——和谐的人际关系是心灵的桥梁

7.1 人际关系概述

与人交往和沟通，建立良好的人际关系，是每个人的基本社会需要，也是一个人健康成长的必备条件。当今社会，是一个合作与竞争的社会，可以说，人际交往能力已成为大学生的最重要的基本素质之一。因此，掌握人际交往的基本规律和技巧，提高人际交往能力，建立良好的人际关系，是大学生心理健康教育的重要内容。

7.1.1 什么是人际关系

在心理学上，人际关系是指人与人相互交往过程中，彼此间相互影响而形成的一种心理距离。人际关系反映了交往双方寻求满足其社会需要的心理状态。

人际关系的亲疏、友善与敌对等取决于人们的心理需要满足的程度。如果交往双方的社会心理需要都能获得满足，那么人与人之间就能保持一种亲近的、信赖的、友好的关系。如果因某种原因一方对另一方表示不友好、不尊重，使另一方产生焦虑和不安，就会增大彼此间的心理距离，使原来的亲密关系变成疏远关系，甚至有可能发展为敌对关系。

7.1.2 人际关系的类型

人际关系根据不同的划分标准可以分为不同的类型，如果根据人际关系形成基础的不同，可以划分为血缘人际关系、地缘人际关系、业缘人际关系等；根据人际关系心理联结的不同性质可以划分为以感情为基础的人际关系、以利害为基础的人际关系、缺乏任何基础的陌路关系。

阅读材料

神奇的"六度空间"

1967年，哈佛大学的社会心理学家米尔格兰姆（Stanley Milgram）设计了一个"连锁信"实验。他将一套连锁信件随机发送给居住在内布拉斯加州奥马哈的160个人,信中放了一个波士顿股票经纪人的名字,信中要求每位收信人将这套信寄给自己认为是比较接近那个股票经纪人的朋友。朋友收信后照此办理。最终,大部分信在经过五六个步骤后都抵达了该股票经纪人手中。"六度空间"的概念由此而来,米尔格兰姆也将它称为"六度分割"(Six Degrees of Separation)理论。简单来说,"六度分割"指在这个社会里,任何两个人之间想建立一种联系,最多需要六个人(不包括这两个人在内),无论这两个人是否认识,生活在地球上任何地方,他们之间只有六度分割。这个连锁实验,体现了一个似乎很普遍的客观规律:社会化的现代人类社会成员之间,都可能通过"六度空间"而联系起来,绝对没有联系的A与B是不存在的。这是一个典型、深刻而且普遍的自然现象。

社会网络其实并不高深,它的理论基础正是"六度分隔"。而社会性软件则是建立在真实的社会网络上的增值性软件和服务。有这么一个故事,几年前一家德国报纸接受了一项挑战,要帮法兰克福一家土耳其烤肉店的老板,找到他和他最喜欢的影星马龙·白兰度的关联,报社发现,这两个人经过不超过六个人的私交就可以建立人脉关系。原来烤肉店老板有个朋友住在加州,刚好这个朋友的同事是电影《这个男人有点色》的制作人的女儿的结拜姐妹的男朋友,而马龙·白兰度主演了这部片子。

7.1.3 人际交往的影响因素

在大学生群体中,人与人之间交往的程度或深度往往有很大的差别,有的一见如故;有的"老死不相往来";有的情同手足,形影不离;有的时冷时热,若即若离。这些差别主要与交往双方的个人吸引力有关。人际交往过程中的影响因素如图7-1所示。

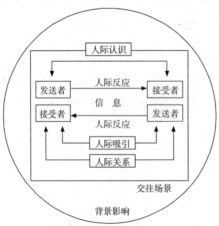

图7-1 人际交往过程中的影响因素

1. 时空的接近性

俗话说:近水楼台先得月。这说明时空距离是形成密切的人际关系的一个重要条件。

空间距离越接近的人,就越容易产生人际交往,如同班同学、同桌、同室的人,不仅容易交往,而且交往频率高。频繁地交往也容易使双方相互了解和相互支持。因接触机会多而相识,因相识而彼此吸引,因彼此吸引而容易形成共同的经验、共同的话题、共同的体会、共同的兴趣以及共同的利益,从而建立友谊。另外,时间上的接近,如同龄、同期入学、同期毕业等，也容易在感情上相互接近，相互吸引。

时空接近性是密切人际关系的重要条件，但也不是绝对的。有的时候，时空过于接近，交往过于频繁，反而容易造成摩擦和冲突，影响人际关系的巩固和发展。

2. 态度的相似性

成语"惺惺相惜"，指的是才智相近的人会彼此珍惜。人们倾向于喜欢在某方面或多方面与自己相似的人，包括思想、信念、价值观的一致或相似，兴趣、爱好的一致以及民族、年龄、学历、社会地位、职业、修养等方面的相似，这些都会让彼此间关系的融洽。

这种因为两人之间有很多相似点而彼此吸引的现象，说明了相似性是建立良好人际关系的基础。"物以类聚，人以群分"，言简意赅地表明了人际吸引中的相似性作用。

相似性有助于交往，原因主要有以下几个方面。

（1）各种相似的因素创造了较多的共同参与社会活动的机会，因而人们接触机会多，就更容易熟悉和互相喜欢。

（2）相似性可使交往双方在交往过程中得到相互肯定、相互激励；反之，如果双方态度差异大，则容易相互否定，增加彼此的心理压力，使双方交往不愉快，从而在心理上不愿意与对方继续交往。

（3）相似性因素可以使交往双方的意见容易沟通，减少误会、曲解和冲突，从而形成良好的人际关系。如果人与人之间有着共同的理想信念、人生观、价值观以及共同的爱好、兴趣等，在工作和生活中，就容易有共同语言，产生心理共鸣，感情也易于交流，相处也比较融洽。相反，如果人与人之间的态度不相似，彼此之间就没有共同语言，相处就比较困难。

3. 需要的互补性

需要和满足需要的期望是推动人们相互交往的根本原因，也是人际关系的动机和目的。良好人际关系的形成取决于交往双方彼此满足需要的方式和程度。有句成语"刚柔相济"，指的是两个性情极端不同的人却能和谐相处。像这种两人之间彼此吸引的原因，就称为互补性。人们重视虽与自己不同，但能与自己互补的朋友。因为彼此可以取长补短、各得其所。

互补因素在婚姻生活中更为突出，互补会有助于爱情的巩固。例如，一个支配型的男性容易娶一个依赖型的女性为妻，一个喜欢控制人的泼辣女性容易与一个被动型不愿做决定的沉默男性结为夫妇，而支配型的男性与支配型的女性则很难做一对平和的夫妻。

除了两性之间男刚女柔的自然互补之外，在个人兴趣、专业、特殊才能等方面，多数人都会有希望自己所缺由别人补足的心理倾向。

4. 外表与个性特征

爱美之心，人皆有之，人们常常把外貌有吸引力的人视为拥有较多优良人格特征的人，一个人的长相、穿着、仪表、体态，往往是构成人际吸引力的重要因素。个性本身更是引人注意与令人欣赏的重要条件。

（1）长相因素。人们总是倾向于结交长相有魅力并且心灵也美的人，并且人们更强调的是心灵美。

（2）性格因素。人们对乐观开朗、助人为乐、富于幽默感、有进取精神的人非常倾慕。因为与这种人相处,能给人带来欢乐。

心理学家安德森在1968年进行的一项研究中,将555个描绘个性品质的形容词列成表格,让大学生被试者按照喜欢程度由高到低排列。结果显示,大学生最喜爱的个性品质前10位是真诚、诚实、理解、忠诚、真实、可信、聪慧、可依赖、有头脑、体贴,最厌恶的品质前10位是古怪、不友好、敌意、饶舌、自私、狭隘、粗鲁、自负、贪婪、不真诚。

（3）能力因素。人们都比较喜欢聪明能干的人,觉得与能力强的人结交是一种幸福并感到自豪。为此,不少人常与有特殊才能的人结为良师益友。

但有研究发现,群体中最有能力的成员,往往不是最受喜爱的人。可以看出,才能与被人喜欢的程度,在一定限度内存在正比关系。如果别人超凡的才能超出一定范围,使自己可望而不可即的时候,其才能所造成的压力就成了主要的作用因素,人们就会感到一种压力,并倾向于逃避或拒绝与这个人交往。有研究显示,一个很有才华而又有小缺点或过错的人,反而使一般人更喜欢接近他,比那些有才华又完美无缺的人更具有吸引力。

5. 沟通能力与语言障碍

缺乏沟通能力或技巧、沟通不畅、沟通失效、语言障碍等都是影响建立良好人际关系的因素。例如,有人口齿不清,语言表达不准确,常常词不达意,别人不能确切理解其意或者容易引起误会；也有人说话的语调使用不当,很少用商量的语调,而习惯用命令式语调,因而引起对方反感；还有些人存在偏见或歧视,不能正确看待和认识他人,妄自尊大或沾沾自喜。这些因素都会妨碍建立良好的人际关系。

7.2 大学生人际交往特点

《诗经》有云:"伐木丁丁,鸟鸣嘤嘤,出自幽谷,迁于乔木,嘤其鸣矣,求其友声,相彼鸟矣,犹求友声,矧伊人矣,不求友生?"意思是说,连鸟都要寻找朋友和知音,何况人呢？

美国心理学家沙赫曾做过这样一个实验:他以每小时15美元的酬金聘请人到一个小房间去住。这个小房间与外界完全隔绝,没有报纸,没有电话,不准写信,也不让其他人进入。最后有五人应聘参加实验,实验结果是:一人在小房间里只待了两小时就出来了,三人待了两天,另一个待了八天。这个待了八天的人出来以后说:"如果再让我在里面待一分钟,我就要发疯了。"

心理学研究表明,人都有强烈的交往需要,大学生更是这样。他们远离家乡,远离亲人,异地求学,在日常的学习和生活中难免碰到一些不顺心的事,变得惆怅。因此,很需要找人倾诉、交流,从交谈中得到精神上的慰藉。人际交往是大学生生活的基本内容之一。大学生的人际关系主要包括个人与同学、教师等之间的关系。

7.2.1 大学生的人际关系

对于大学生而言,校园生活是大学生活的中心,在同学关系、师生关系等方面都呈现出某些特点。

1. 同学关系

同学是大学生人际交往的主要对象，同学关系是大学生人际关系的主要内容。大学校园里的同学关系总的来说是和谐、友好的，同学之间的关系有亲情化、家庭化的趋势，即在日常生活、学习中创造一种如同亲属一般和谐稳固的同学关系。

（1）同学关系亲情化。在大学校园里，常常可以看到三三两两的大学生结伴而行，有的女同学手挽着手，显得十分亲密。关系好的几个同学会一起逛街、逛公园、看电影。大学生十分重视同学之间的情谊，希望感受彼此之间相互帮助、相互照顾、相互倾诉的学友情谊。

（2）宿舍生活家庭化。有不少大学生在寝室里按年龄大小进行了排行，一个寝室的几个同学就像一个家庭的几个孩子一样，按大小排序。

（3）同学间称呼世俗化。大学同学中关系亲近的同学常用"哥们儿""姐们儿"相互称呼；在学生社团的活动中，为了让大家多参与、多配合，组织者常用"兄弟们多帮忙"之类的话来调动大家的积极性，这时同学之间的互相配合不仅仅是组织层面的，也是个人感情层面的；同学之间遇到内部矛盾时，大家可以用"大家都是朋友嘛"来化解。

2. 师生关系

教师与学生，是大学校园里两大基本群体。教师是大学生际交往的重要对象，师生关系是学生人际关系的重要内容。师生关系如何，直接影响到学生能不能健康地学习和成长，并在很大程度上决定了学校能不能对学生的身心造成符合社会要求的影响。

和谐的师生关系在教育过程中十分重要。学识渊博、多才多艺、工作能力强的教师易使学生接受他的观点；工作认真负责、关心并尊重学生、性格开朗、果断的教师往往能赢得学生的喜爱。对学生而言，则应正确对待教师教育过程中的缺点和不足。这样，师生之间才能互相尊重、互相理解，就能建立良好的师生关系。

在大学校园里，学生普遍尊敬教师。随着社会的发展，人们的很多观念都发生了变化，但学生中"尊师"的主流一直没有变。教师在建立新型师生关系中处于主动地位，他们对待学生的态度直接影响着师生关系发展的方向与速度。

师生关系是在教学过程中发生的，师生间的主要人际交往集中在"教"和"学"这两个相互渗透又相对独立的过程中。在教学中，教师的基础知识及对相关问题的研究处于优势地位，因此他们拥有学术权威；而学生则可能在新的思维方法、新的技术领域中更胜一筹。当代大学生对教师的依赖逐渐减少。据调查，只有遇到与学习有关的"功课问题""学业问题"，才有较多的学生去寻求教师的帮助，至于个人的心理问题、情绪问题、家庭问题、交友问题以及恋爱问题等，则很少有人会去找教师帮助。

3. 大学校园里的学生交际圈

在今天的大学校园里，大学生根据各自兴趣、爱好、性格的不同，结成一个个或松散或紧密的交际圈，可以分为学习型、娱乐型、社团型等几种类型。

（1）学习圈。在这个圈子里的同学，有一个共同的理想，就是学习。但真正为了学习学校开设的课程而形成学习圈的并不多，大多是为了考取某种证书、资格或者参加某种公共考试，如国家自学考试、研究生考试等，而形成的一个个学习圈。

（2）娱乐圈。在这个圈子里的学生，都爱好某种娱乐活动，如体育运动、文艺活动、休闲娱乐等。

（3）社团圈。学生社团是大学校园里一道亮丽的风景，是校园文化的重要组成部分。社团有学术类、理论类、实践类、文艺类、体育类，涉及文、理、工、音、体、美等各个方面。许多大学生通过社团走出校园，培养能力，增长才干。有的同学说："我是学理工的，通过社团活动，我的人际交往能力、公关能力、合作能力、表达能力等都有了很大的提高。"

4. 大学校园里的网络人际关系

网络人际交往是人们在网络空间里进行的一种新型人际互动方式，大学生作为"易感人群"，网络人际交往给他们的生活方式、价值观念带来的挑战和改变是前所未有的。据中国互联网络信息中心发布的统计报告，目前学生用户在中国的网络用户中占21%，是上网用户比例最大的一个群体。

7.2.2 大学生人际交往的特点

大学生的人际交往活动的特点主要表现在以下几个方面。

1. 主动追求开放式交往

在中学阶段，学生的注意力都集中在学习上，没有时间和精力进行较多的人际交往。进入大学后，由于学习模式转换，他们迫切需要走出家门，走进公共场合，结交更多的朋友，交流更多的信息，接受更多的新思想。在这种心理的作用下，大学生的人际交往呈现出前所未有的开放式交往趋势，表现在以下几方面。

（1）交往的范围扩大。过去的交往，对象多限于亲戚、邻居、成长伙伴、同宿舍或同班同学，现在的交往对象早已超越了家庭、宿舍、班级、学校，不再受地域的限制，范围不断扩展。例如，大学生交往的对象不仅包括大学同学，也包括在社交场合认识的其他人。同学之间的交往也不只局限于同班同学，已发展到同级、同系甚至是同校可接触的所有同学。不仅是同性之间的交往，异性交往也很平常。

（2）交往的频率提高。过去的交往通常是偶尔的相聚、互访。现在的交往，已发展为经常性的聊天、社团活动、举行聚会、体育活动、结伴出游以及其他一些集体活动。

（3）交往的方式多样。过去的交往通常是同学之间的互访、写信。现在大学生的交往已普遍使用现代化的通信设备，交往手段有了很大的发展。这也使得大学生的人际交往变得更方便、更快捷，交往距离更远，交往范围甚至可以扩展到世界范围。

2. 追求人际交往的独立性和选择性

（1）从交往的特征看，过去的人际交往主要是在师长的指导下，在高年级同学的协助下进行。随着独立意识的增强，大学生交往的对象、范围都有了选择，交往的自由度增大。此外，大学生交往心理由情绪型向理智型转化。过去的人际交往主要是受情绪不稳定的影响，表现为情绪型的特征；随着社会经验的丰富以及心智的成熟，大学生不但学会了调节情绪，而且交往活动不再被情绪左右，在交往中能理智地择友。

（2）从交往对象看，通常以寝室同学的人际交往为中心，社会工作和网络社交的人际交往占主导。大学生虽然主动追求开放式的人际交往，但由于时间、精力、生活环境、经济条件等方面的限制，交往的主要场所仍然在校园内，中心是寝室。

（3）交往的内容基本上围绕共同的话题，如学习、考试、娱乐、思想交流、情感沟通而展开。此外，大学生对异性之间的交往愿望强烈。由于处在青年中期，性生理的成熟，大学生活又提供了同异性同学交往的许多机会，使不少大学生对异性产生了兴趣。

尽管新兴社交方式正逐渐被大学生接受并渗入他们的生活中，但也有不少学生表示："网上交流再怎么也没有面对面交流那样让人感觉亲切和真实。"

3. 情感型交往与功利型交往并重

随着社会的发展变化，大学生在社交目的上也趋于"理性化"，选择什么样的人交朋友，并不纯粹是出于交流情感和志同道合，交往的动机已变得复杂。过去交往多是为了交流情感、寻找友谊、寻觅爱情，交往的目的相对单一，而现在随着社会的多样化，大学生人际交往的目的和内容也更加丰富多彩，交往涉及衣、食、住、行、学习、工作、娱乐等方面。可以说，大学生的人际交往在注重情感交流的同时，越来越注重与自身社会利益相关的务实性，呈现出情感型交往与功利型交往并重的趋势。

4. 从注重纵向交往转向扩大横向交往

进入大学后，大学生的生活空间大大扩展，从交往的方向看，从注重纵向交往转向扩大横向交往，从以往同班同学之间的交往扩大到同系、外系、外校的同学交往。

另外，从交往效果看，大学生对自己社交能力和人际关系环境评价不高，他们虽然从心理上积极主动地去与他人交往，并且很注意学习社交知识，但实际效果并不理想，与自己的预期要求还有较大差距。

7.3 大学生人际交往常见问题

美国心理学家奥尔特曼和泰勒（I. Attman & D. A. Taylor）认为和谐、融洽的人际关系，从交往及情感的由浅入深，需要经过四个阶段，包括定向、情感探索、感情交流和稳定交往。也有学者以图示的方式形象地描述了人际关系发展的过程，如图7-2所示。

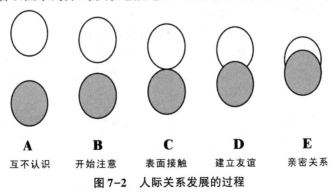

图7-2 人际关系发展的过程

7.3.1 人际交往的心理效应

人际交往不仅培养人的社会适应能力，而且也是大学生培养思维的广阔性和创造性中介方式，要增强人际交往意识，就必须了解交往的心理效应。

1. 首因效应

首因效应是人们初次见面时产生的印象，也称"第一印象"，其对人的认知具有强烈的影响。人们初次相遇，总是首先观察对方的衣着、相貌、举止及其他可察觉到的动作反应，然后根据观察到的印象对对方做出一个初步的评价。

虽然第一印象是在很短的时间内根据有限的、表面的观察资料得出来的，但由于它的新异性和双方鲜明的情绪色彩，却能在人的脑海中留下深刻的烙印。

如果某人初次见面时给人留下了良好的第一印象，这种印象就会左右人们以后对他的认识，使人们总是以肯定的眼光看待他，即使后来他发生了很大的变化，人们也很难改变这种印象，反之亦然，这就是第一印象的定势作用。

2. 晕轮效应

晕轮效应又叫"成见效应"，指在人际交往中，对某人的某一种特性特别欣赏或特别厌恶，从而影响了对他的其他品质的认识和评价。晕轮效应的产生是由于在人际交往中掌握有关对方信息资料不足的情况下做出总体判断的结果。例如，一个人对某人产生了良好印象后，便以偏概全，认为这个人一切都很好，好像是被一个积极的光环笼罩着，从而也把其他好的品质赋予他，反之亦然。

人们常说的"爱屋及乌""情人眼里出西施"就是晕轮效应。一些人视乌鸦为"不祥之物"，但因为爱屋里的人，就连屋檐上的乌鸦都一起爱上了。热恋着的人，是透过玫瑰色眼镜来看待一切的，在他们眼里，恋人的一切都是美好的。

晕轮效应往往会影响人们的相互交往。如在一个集体里，当对某人印象好时就觉得他处处顺眼，"爱屋及乌"，甚至他的缺点、错误也会觉得可爱；当你对某人印象不好时，就觉得他处处不顺眼，"憎人及物"，对其优点、成绩也视而不见。这种心理状态必然会影响人际关系的融洽与和谐。

3. 定势效应

定势效应是指在人的头脑中存在某些固定化认识，影响着对人的认知和评价。首因效应是指第一次接触中形成的印象，而定势效应则是指头脑中已有的某些观念。其中有的是个体自己形成的，有些则是社会上长期流传和沿袭下来的习惯看法、观念。

人们在交往中不仅会对个人形成印象，而且对群体也会形成印象，并且这种对群体的印象还会影响到群体中个人的认知，这也叫社会刻板印象，即人们对社会上某一类人所形成的概括而固定的看法，如果一个人属于某个职业、某个民族，就认为他一定具有这个职业或民族的特性。

一般来说，定势效应的产生是以过去有限的经验为基础，源于对人的群体归类。如在人们脑子里，女性总是柔弱的，男性总是强壮的，知识分子书生气，工人粗犷豪放，会计师都精打细算等。好就永远好，坏就是永远坏。这些都是对人抱有成见的刻板印象。

定势效应在人际交往中有利有弊。一方面，它会导致在认识别人的过程中存在某种程度的简化，有助于人们对他人有一个概括的了解；另一方面，倘若在非本质方面做出概括而忽视了人的个别差异，就会形成偏见，做出错误的判断。在人际交往中必须克服上述心理偏见，要辩证地、发展地、全面地、历史地观察了解一个人，提高对人、对事认识的广度和深度，从而提高交往的水平。

4. 投射效应

投射效应是指在人际交往中，认知者形成对别人的印象时总是假设他人与自己有相同的倾向、特征，亦即"由己推人"。

投射效应在大学生人际交往中表现形式是多种多样的。如有的大学生对别人有意见，总以为别人对他怀有敌意，甚至觉得对方的一举一动都带有挑衅色彩；有的同学喜欢背后议论别人，总以为别人也会时常在背后议论他；有的大学生自己对某件事感兴趣，也以为他人会感兴趣，在一起聊天时，口若悬河，高谈阔论，完全不顾及他人；有的同学在传递信息时随意打折扣，三言两语往往造成误会；有的大学生用自己的主观愿望或主观想象去投射他人，如有的男生或女生内心喜欢一个异性，希望对方也喜欢自己，进而把对方的一个眼神、一个笑脸、一个友好的表示甚至一句玩笑都看成是对自己的表白。

投射效应的实质就在于从主观出发简单地去认知他人，自我与非我不分，主观与客观不分，认知的主体与认知的对象不分，其结果导致认知的主观性、任意性。因此，在认知过程中应注意客观性，力求从客观实际出发，深入考查，摒弃主观臆断、妄想猜测，尽量减少人际交往中的误会和矛盾。

阅读材料

邻人偷斧

中国古代有一个关于丢斧子的故事，说某人丢了斧子，无端怀疑是邻居的孩子偷的。从这个假想的目标出发，他观察邻居儿子的言行举止、神情仪态，无一不像偷斧子的样子。思考的结果进一步巩固和强化了原先的假想目标，最终断定偷斧子的一定是邻居的儿子。可是，等找到斧子以后，再看邻居的儿子，竟然一点也不像窃斧者。

7.3.2 人际交往存在的问题

大学生都希望有丰富的人际交往，拥有令人感到友善和温暖的人际关系。但遗憾的是，许多大学生尽管有与人交往的欲望，却没有朋友；虽然处于人来人往、熙熙攘攘的世界中，却无法摆脱心灵的孤寂。人际交往的困惑已成为影响大学生心理行为的主要因素。大学生人际交往存在多种多样的问题，可以概括为以下六种类型。

1. 不敢交往

在人际交往中，人们都存在不同程度的恐惧心理，只是每个人的反应程度不同。由于害羞心理、自卑心理的作用，有一部分大学生在这方面反应特别强烈，他们在与人交往时显得特别紧张，心跳气喘、面红耳赤，两眼不敢正视对方。与人交谈时显得语无伦次、词不达意。尤其在人多的场合或在班集体活动中更是感到恐惧，不敢和人打交道，不敢表现自己。

阅读材料

人际交往问题案例分析（一）

【案例】

王某，男，19岁，工学院学生，来自农村。考入大学后，王某发现自己和同学相比非常"土气",内心产生了不如人的自卑感。因此,不敢和别人交往,怕别人不喜欢自己,交往时又敏感多疑,于是更不满意自己。为此,王某很苦恼。

王某主诉:我来自农村,自幼学习勤奋刻苦,成绩很好,好不容易考上大学,全家人、全村人都为我高兴。但是来到学校后,我发现自己什么都不是,不会说普通话,说家乡话别人有时候听不懂,甚至引得别人发笑;穿着、举止动作都显得土气;我没什么业余爱好和文艺才能,在举行文体活动时,自己总是独坐一隅,好尴尬;在宿舍聊天时,城市同学侃侃而谈,引经据典,风趣幽默,更显得自己孤陋寡闻,插不上话,有时好不容易发表一下看法,也常常惹得舍友笑话;我觉得自己处处不如人,现在我都不和舍友聊天了;上课也怕老师提问;碰到同学就紧张,不自然,同学肯定也认为我是一个怪物,其实我特别想和同学交往,但内心又很害怕,我觉得心里特别难受,我该怎么办?

【分析】

这是一个典型的因自卑导致的社交障碍的个案。王某的主要问题是对生活环境的变化以及在新集体中位置与角色的变化不适应,导致强烈的自卑感,使他对自己的自我评价失真,心理失衡,因此不能与同学正常地交往,人际关系不协调,反过来又加剧了心理的不平衡。对待王某这样的状况,可以进行以下几个方面的指导和矫正。

首先,充分认识自己,客观评价自己。我们引导王某正确地对待由于城乡生活环境的差异而存在的一些不如城市学生的方面,如知识面窄、没有文艺才能等,但又应看到自己勤奋刻苦、吃苦耐劳、生活自理能力强等长处,特别要看到自己在学习能力方面的优势,认识到自己并非一无是处,而是有自己的优势和优点,由此纠正自我意识偏差,提升自信。

其次,寻找差距、弥补不足,增强能力。让王某看到自己在哪些方面存在不足,并帮助其制订计划、明确目标,努力提高各方面的能力。坦然接受自己尽了最大努力而取得的成绩,肯定自己,扬长避短。

最后,积极暗示,主动交往。有一句名言这样说:"自信的人,做的时候多于想;自卑的人,想的时候多于做。"应该打消顾虑,少一些胡思乱想,多一些实际行动,积极与人相处,并且常常进行自我暗示:我行,一步一个脚印,定能够成功!所以,到人群中去,从现在做起,从小事做起,自卑心理就会随之远去。

2. 不愿交往

有的大学生在经历了"千军万马过独木桥"之后,发现自己不如在中学里那么出类拔萃,进而形成一种自卑心理,认为自己不如别人,怕别人瞧不起自己,遇事总是回避退让,整日郁郁寡欢,缺乏交往的愿望和兴趣。他们自我封闭、孤芳自赏或存有怪僻,但又特别敏感,心理承受力差,经不起任何刺激,独来独往,不愿抛头露面,不愿与人交往。

3. 不善交往

有的大学生因为不善于了解交往的一些知识、技巧,在交往的过程中显得过于生硬,不注意交往中的"第一印象",不注意沟通方式,在劝说他人、批评他人、拒绝他人时不讲究艺术,影响了进一步的交往。

4. 不易交往

有些大学生在人际交往中持有这样的观点：我不想占别人的便宜，别人也别想借我的光。在日常交往过程中不轻易相信别人、不轻易流露自己的真实思想，很难与人推心置腹，对人怀有很深的戒备心理。这样的人给人一种高深莫测、不易交往的印象，因而很难交到知心朋友。

5. 不利交往

有些大学生在与人交往的过程中，不注意交往的原则，开玩笑不注意场合，或语言粗鲁伤了对方的自尊心；或不懂得尊重对方的风俗习惯，或夸夸其谈。这些表现都有损自身形象的塑造，不利于大学生的人际交往。

6. 不懂交往

有些大学生不是不敢交往，也不是不愿交往，而是不懂交往。不懂得交往是不注意平时的交往积累，往往是自己有事求人时才去交往。这样的做法往往使对方感到很为难，甚至感到是被利用的，因此，这种交往也就很难继续下去。

7.4 人际交往原则及调节

了解大学生人际交往的基本理论，探讨大学生人际交往原则和技巧，建立大学生良好的人际关系，将会对大学生成功地进行人际交往提供有益的帮助。

7.4.1 人际交往的原则

1. 平等的原则

这是最基本的原则。社会中的人年龄悬殊，分工不同，经历各异，他们交往的原则和方式相对较复杂。但就大学生而言，其年龄、经历、文化水平等都大体相似，不论来自城市还是农村，也不论家庭出身如何，没有尊卑贵贱之别，大学生之间的人际交往应该是平等的。

无论何时何地、无论年级高低，任何大学生都要自觉做到平等待人，绝不能自视特殊，居高临下，傲视他人；否则就会脱离集体，成为孤家寡人，造成心理上的孤独感。

调查表明：那些优越感很强，喜欢显示个人特长或家庭背景的大学生多数人缘较差，即使能力很强，也无法发挥，因为不坚持交往平等原则的人，是不会被他人所欢迎和接纳的。

2. 尊重的原则

生活中每个人都有自己的人格尊严，并期望在各种场合得到他人的尊重，生活的实践告诉人们，只有尊重别人的人，才能获得别人的尊重。所以大学生首先必须学会尊重别人，包括尊重别人的人格、权利和劳动成果。古人云："敬人者，人恒敬之。"

> **阅读材料**
>
> 俄国著名作家屠格涅夫有一天走在街上，一个年迈体弱的乞丐向他伸出发抖的双手，作家找遍所有的衣袋，分文没有，感到惶恐不安，只好上前握住老乞丐那双脏手，深情地说道："对不起，我什么也没有，兄弟！"哪知，作家这一声"兄弟"，立刻使老乞丐为之动容，泪眼汪汪地说："哪儿的话，我已经很感谢了，这也是恩惠啊！"

这个故事说明，无论什么人，无论地位高低，渴求得到尊重的心情是一样的。所以大学生在人际交往中一定要学会尊重别人。

3. 真诚的原则

真诚待人通常被认为是人际交往中最有价值、最重要的原则。大学生在交往中，一定要恪守诚信的原则，坚持做到真诚坦率，表里如一，言行一致。古人云："以诚感人者，人亦诚而应。"

4. 宽容的原则

有一副对联这样写道：大腹能忍忍尽人间难忍之事，慈颜常笑笑尽天下可笑之人。人际交往中难免会遇到一些不愉快的人和事，要学会宽容，学会克制和忍耐。苏轼说得好："匹夫见辱，拔剑而起，挺身而斗，此不足为大勇也。天下有大勇者，猝然临之而不惊，无故加之而不怒，此其所挟持者甚大，而其志甚远也。"大学生在人际交往中，心胸一定要宽广，遇事要权衡利弊，切不可斤斤计较，苛求他人，固执己见，以营造宽松的交际环境。

5. 谦逊原则

谦逊是一种美德。谦虚好学者，人们总是乐于与之交往；反之，狂妄自负、目无他人，人们往往避而远之。在人际交往中，大学生一定要有豁达的胸怀，谦虚谨慎，戒骄戒躁，虚心学习他人之长，切勿狂妄自大，傲视他人，更不能不懂装懂，知错不改。

6. 理解原则

人们常说："金玉易得，知己难寻。"所谓知己，即是能够理解和关心自己的人。相互理解是人际沟通、促进交往的条件。理解不等于知道和了解。就人际交往而言，不仅要细心了解他人的处境、心理、特性、好恶、需求等，还要根据彼此的情况，主动调整或约束自己的行为，关心、帮助他人，多为他人着想，处处体谅别人。

"己欲立而立人，己欲达而达人""己所不欲，勿施于人"，说的就是这个道理。大学生在交往中，要善解人意，理解和关心他人。

> **阅读材料**
>
> ## 人缘型的大学生最受欢迎
>
> 根据我国心理学家黄希庭的研究，大学生班级的非正式人际关系类型可区分为人缘型、首领型、嫌弃型、孤立型。人缘型和嫌弃型的个性特征分别如表7-1和表7-2所示。

表 7-1 人缘型的个性品质

次序	个性品质
1	尊重他人、关心他人、对人一视同仁、富有同情心
2	热心班级集体活动、对工作非常负责任
3	稳重、耐心、忠厚老实
4	热情、开朗、喜欢交往、待人真诚
5	聪颖、善于思考、成绩优良、乐于助人
6	重视自己的独立性，有自制力，并且有谦逊的品德
7	有多方面的兴趣和爱好
8	有审美的眼光和幽默感
9	温文尔雅、举止端庄

表 7-2 嫌弃型的个性品质

次序	个性品质
1	以自我为中心，只关心自己，不为他人的处境和利益着想，有较强的嫉妒心
2	对班集体的工作或敷衍了事缺乏责任，或浮夸不诚实，或完全置身于集体之外
3	虚伪、固执、爱吹毛求疵
4	不尊重他人，支配欲强
5	对人冷漠、孤僻、不合群
6	有敌对、猜疑和报复的性格
7	行为古怪、喜怒无常、粗鲁、暴躁、神经质
8	狂妄自大、自命不凡
9	学习成绩好，但不肯帮助别人甚至小视他人
10	自我期望很高，小气，对人际关系过分敏感
11	势利眼，想方设法巴结领导而不听取群众意见
12	学习不努力、目无组织纪律、不求上进
13	兴趣贫乏
14	生活放荡

7.4.2 人际交往的技巧

人人都希望自己能有良好的人际关系，都希望拥有更多朋友。人际交往是人与人之间的心理互动过程，只要注意观察、体验，调整自己的认知结构，形成积极的、准确的人际交往观念，掌握一定的人际交往技巧和规律，就能够提高我们的交往素质。

1. 消除戒备，敞开心扉

有的大学生虽然很想和他人建立良好的人际关系，但是由于对交往存在错误的认知，认为"先同别人打招呼显得自己低人一等",或者"如果我先同他人打招呼,他人不理自己怎么办?"还有的学生认为,"害人之心不可有,防人之心不可无",把人与人之间的关系视为尔虞我诈,害怕在交往中遭到他人的算计,因此,在交往中处处小心谨慎,缺乏主动、热情。

其实,要赢得别人的信任,自己首先要向对方主动地发出友善的信息,要接纳他人,所谓"爱人者,人恒爱之;敬人者,人恒敬之"。要相信多数大学生交往动机是纯正的,交往行为是符合道德的,不要因为害怕自己在交往中遭到个别人的算计而把自己的心封闭起来。

2. 真诚地肯定对方

人类普遍存在着自尊的需要,美国哲学家威廉·詹姆斯说:"人类本质最殷切的需要是被肯定。"人类对肯定的渴望绝不亚于对食物和睡眠的需要。人们在交往中总是倾向于选择能肯定自己的人。特别是处于青春期的大学生,自尊心极强,因而在交往中首先必须肯定对方,尊重对方,努力发现对方的优点、长处、成绩,并真诚地、慷慨地赞美他人,这样就能成功地打开交往的大门。

3. 礼尚往来,学会回报

在人际交往中,若对方感受到了你的真诚与热情,你也会得到对方肯定评价的回报。美国社会心理学家霍曼斯提出,人与人之间的交往,本质上是一个社会交换的过程。但是这种交换与市场上买卖关系中发生的交换不完全一样。

生活中经常发现,互相帮助的人与人之间,交往总是比较密切,关系也总是比较亲密、持久。但是,人际交往中"回报"的内容是多方面的:有物质的,也有精神的;有直接的,也有间接的。

应注意的是,人际交往中的回报,并不存在一般等价物,在很多时候也不是同步、等量的。要注意给别人提供帮助切勿以别人相应的回报为条件,而对别人给予自己的帮助应懂得适时予以回报。

4. 重视建立良好的第一印象

初入校门的大学生,在和一些不熟悉的人交往时,首先要注意给对方留下良好的第一印象。

阅读材料

如何建立良好的第一印象

关于如何建立良好的第一印象,戴尔·卡耐基在《怎样赢得朋友和影响他人》一书中提出了六条途径。

(1) 真诚地对别人感兴趣。
(2) 保持轻松的微笑。
(3) 多提别人的名字。
(4) 做一个耐心的听者,鼓励别人谈他自己。
(5) 聊一些符合别人兴趣的话题。
(6) 以真诚的方式让别人感到他很重要。

5. 学会表达，善于聆听

语言交流是人际交往中最直接、最常用的方式。其中，口头交谈对良好的人际关系的建立最为关键。乐于交谈、善于表达、称呼得当、注意聆听，这些都可以使人们在良好的心理气氛下顺利交往。因此，要学会正确运用语言的艺术。

（1）准确表达。用清楚、简练、幽默、生动、通俗、流利的语言表达自己的思想和观点。在表达时切忌不理会对方的意见和反馈，只顾喋喋不休地发表自己的意见。交谈的话题内容和形式应适合对方的知识范围、经验，合乎对方的心理需要和兴趣。

（2）善于聆听。在交谈中要注意聆听。最好的方式是能站在对方的立场上，投入对方的情感中，集中精力了解对方谈话的内容，同时还应通过适当的提问、点头、对视等方法来表明自己对其谈话内容的兴趣。切忌在聆听中频频打岔或表现出不耐烦的情绪。

阅读材料

谁是最珍贵的小金人

很久以前，古埃及一个国王为了考验他的大臣们，让人打造了三个一模一样的小金人。上朝的时候，国王对群臣说："这三个小金人只有些许的不同，大家不能用秤，看看这三个小金人哪个最有价值。"大臣们围过来，左看右看，上看下看，每个小金人都金碧辉煌，难以分辨。最后，有一位马上就要退位的老大臣说他有办法，只见他胸有成竹地拿来三根稻草，先插入第一个小金人的耳朵里，稻草从另一边耳朵出来了。然后轮到第二个小金人，稻草从嘴巴里直接掉出来。而第三个小金人，稻草从耳朵放进去后，就掉进了肚子里，什么响动也没有，也不见从什么地方出来。老臣说："第三个金人最有价值！"国王赞许地点了点头。

这个故事告诉了我们倾听是一种很珍贵的品质，在人际交往中倾听是最佳的技巧。第三个小金人之所以被认为是最有价值是因为其能倾听。其实，人也同样，最有价值的人，不一定是最能说会道的人。善于倾听，消化在心，这才是一个有价值的人的素质。

7.4.3 人际关系的调节

交往是人们的一种需要，社会上的每一个人都不能脱离社会群体而独立生活。同样，一个大学生一旦离群索居，那么他的心理发展和行为方式就要受到严重影响。因此，大学生要调整自己的人际状态，构建和谐的人际关系。调整不良的人际关系可以从以下几个方面入手。

（1）正确认识自己，提高自我评价能力。要善于发现自己的长处、肯定自己的成绩，同时要正确看待别人，切不可把自己看得一无是处，把别人看得完美无缺。

（2）尽可能弥补自己的不足。一个人的身高、长相是很难改变的，但是能力、特长是可以通过努力获得的。比如，别人的篮球打得好、歌唱得好，而自己的身材、嗓子达不到，也不必灰心，可以选择练习书法、绘画、写作等，只要持之以恒，就一定能够有所成就。

（3）进行积极的自我暗示、自我鼓励。在交际场合绝不要消极地暗示自己：我不行，会失败！失败了怎么办？而要进行积极的心理暗示：我行，一定能成功！研究表明，经常进行积极的心理暗示对增加社交自信心很有帮助。

（4）及时从社交失败的阴影中解脱出来。人际交往难免有挫折和失败，重要的是总结经验、吸取教训，而不要总是沉溺在失败的回忆中，唉声叹气、自怨自责，而要拿得起、放得下，尽快忘掉失败的烦恼，振作精神，勇敢地投入新的社交活动。

（5）保持平常心。当别人确实在某一方面强于自己时，应该实事求是，要承认并努力赶上别人；当自己的目标和别人的目标一致，而别人在这方面已经超过自己时，可以改变目标，换一个方向去努力，也许会获得一样理想的结果。要知道在任何一个群体中，总有人比较优秀，也总有人相对落后一点，自己可以去努力、去争取。不要总是把目光盯在别人的优点和长处上，也不能总是把注意力放在少数优秀人物身上。

案例分析

嫉妒心理案例分析

1. 来访者基本情况

吴某，女，19岁，某学院二年级学生，班级学习委员。主诉与班长（女）关系总是处不好，特别烦她，所以在交往中显得很不自在，有时候真想辞掉这个学习委员不干了，省得整天抬头不见低头见的，心里很烦躁。

2. 主诉及咨询过程

新学期入学后，班级竞选班委，我当了学习委员，班长则由一个比我多了三票的女同学当选。一开始，我们合作还不错，我们俩都有一些文艺特长和业余爱好，可以说在大家心目中，我们都算得上是才女。但是慢慢我发现她好像处处在暗中和我较劲，总要故意压我一头。例如，我在和别人聊天时，她总要插一杠子，一会儿，别人就和她聊得火热，把我晾在一边；她还特别会和老师套近乎，所以她的总成绩并没我好，但是却得了一等奖学金，我反而得了二等奖；她性格比较外向也比较开放，所以平时和男同学交往很多，好多同学都很听她的，甚至管她叫"大姐"；穿衣服也比较时尚，简直不像一个女生。现在我心里特别讨厌她，有时候我想灭灭她的气势，故意与她对着干，甚至我有时候期望她得病，这样就不能耀武扬威。现在我就不能和她同在一个场合，她在场，我觉得什么事都做不好。但是同在一个班，又都是班委，经常见面，合作的机会很多，好像总甩不掉她。我这里气得不得了，她却好像没什么事儿一样，照样有说有笑。我到底该怎么办才好呢？

3. 分析诊断与指导

通过三次面对面的咨询了解，我们认为，来访者是由于嫉妒心理使自己心理失衡，导致人际交往出现问题。造成其交往障碍的嫉妒心理主要表现在：一是认知偏差或障碍，来访者不能客观地看待自己和他人，不能接纳自己和他人的不同，不能同时悦纳他人和欣赏他人，造成对他人的嫉妒猜疑，甚至是更危险的打击行为；二是由于来访者人格上的保守和以自我为中心，所以导致来访者一味苛求他人而忽视了自己的反思和成长，也使这种嫉妒之火越烧越旺。如果不加以引导的话，自己和他人都会被嫉妒之火灼伤。为此，我们对来访者进行了以下几个方面的辅导：

（1）我们运用非指导式的辅导，让来访者认识到造成自己心理失衡的原因是由于自己的嫉妒心理和自己固有的认知模式和个性，由此，我们一同深入探讨了嫉妒和认知障碍对人际交往及对自己和他人的影响。我们和来访者运用人际交往训练和"ABC理论"，使来访者认识到人际关系交往的原则及交往技能。

（2）必须不断完善自己，把嫉妒心理消灭在萌芽状态。嫉妒心理有一个发展过程，大多数由羡慕到叹息再到憎恨。少数人则由憎恨心理发展为攻击心理，甚至有了打击、陷害他人的行为。所以，我们必须承认别人取得比自己好的成绩一定有别人比我们强的地方，要正视自己与他人之间的差距，要靠完善自我、合理竞争来缩小差距，世间自有公道，付出才有回报。这样想问题，自然就不会有嫉妒他人的心理了。

（3）不强求自己去做力所不能及的事情，坦然地对待别人的长处。要培养自己豁达、宽广的胸怀，别人的长处要坦然对待，不尽如人意的事情不要耿耿于怀，要实事求是地确定自己的奋斗目标，保持心理的平衡。

小　结

在心理学上，人际关系是指人与人在相互交往过程中，彼此间相互影响而形成的一种心理距离。人际关系反映了交往双方寻求满足其社会需要的心理状态。

影响人际关系的因素主要有时空的接近性、态度的相似性、需要的互补性、外表与个性特征、沟通能力与语言障碍等。

大学生人际交往的特点呈现出前所未有的开放式交往趋势，还表现出追求人际交往的独立性和选择性，情感型交往与功利型交往并重，从注重纵向交往转向扩大横向交往等特征。

和谐、融洽的人际关系，从交往及情感的由浅入深，需要经过定向、情感探索、感情交流和稳定交往四个阶段。

人际交往的心理效应主要有首因效应、晕轮效应、定势效应、投射效应等。

大学生人际交往问题主要是社交自卑感、社交嫉妒感、社交猜疑心、社交报复心等，但只要认识规律、积极调节，还是能够改善的。

大学生人际交往的应遵循平等原则、尊重原则、真诚原则、宽容原则、谦逊原则和理解原则，这是建立和谐人际关系的重要前提。

大学生在人际交往的过程中，要消除戒备，敞开心扉，真诚地肯定对方，做到礼尚往来，学会回报，重视建立良好的第一印象。

思考与收获

通过本章的学习，我的思考是_____
_____
_____。

我的收获是_____
_____
_____。

心理测试

大学生人际关系的自我测评

请你根据自己的实际情况，认真考虑下列问题，从所给备选答案中选出最符合你的一项。

1. 每到一个新的场合，我对那里原来不认识的人，总是：
   A. 能很快记住他们的姓名，并成为朋友
   B. 尽管也想记住他们的姓名并成为朋友，但很难做到
   C. 喜欢一个人消磨时光，不大想结交朋友，因此不注意他们的姓名

2. 我打算结识人、交朋友的动机是：
   A. 朋友能使我生活愉快
   B. 朋友们喜欢我
   C. 能帮助我解决问题

3. 我和朋友交往时间持续的时间多是：
   A. 很久，时有来往
   B. 有长有短
   C. 根据情况变化，不断弃旧更新

4. 对曾在精神上、物质上帮助过我的朋友我总是：
   A. 感激在心，永世不忘，并时常向朋友提起此事
   B. 认为朋友之间互相帮助是应该的，不必客气
   C. 时过境迁，抛在脑后

5. 在我的生活中遇到困难或发生不幸时：
   A. 了解我情况的朋友，几乎都曾安慰帮助我
   B. 只是那些很知己的朋友来安慰、帮助我
   C. 几乎没有朋友登门

6. 我和那些气质性格生活方式不同的人相处的时候总是：
   A. 适应比较慢
   B. 几乎很难或不能适应
   C. 能很快地适应

7. 对于那些异性同学，我：
   A. 只是在非常必要的情况下才去接近他（她）们
   B. 几乎和他（她）们没有什么交往
   C. 能同他（她）们接近并正常交往

8. 我对朋友同学的劝告、批评总是：
   A. 能接受一部分
   B. 难以接受
   C. 很乐意接受

9. 对待朋友的生活、工作诸多方面，我喜欢：
   A. 只赞扬他（她）的优点

B. 只批评他（她）的缺点

C. 因为是朋友，所以既要赞扬他（她）的优点也要指出不足和缺点

10. 在我情绪不好或很忙的时候，朋友请求我帮他（她），我：

A. 找个借口推辞

B. 表现得不耐烦或断然拒绝

C. 表示有兴趣，尽力而为

11. 我在编织自己的人际关系网时，只希望编入：

A. 上司、有权势者

B. 诚实、心地善良者

C. 与自己社会地位相同或低于自己的人

12. 当我生活、学习等遇到困难的时候，我：

A. 向来不求助于人，即使无能为力也是如此

B. 很少求助于人，只是确实无能为力时，才请求朋友帮助

C. 事无巨细，我喜欢向朋友求助

13. 我结交朋友的途径通常是：

A. 通过朋友们介绍

B. 在各种场合接触中

C. 只是经过较长时间相处了解而结交

14. 如果我的朋友做了一件使我不愉快或者伤心的事，我：

A. 以牙还牙也回敬一下

B. 宽容，原谅

C. 敬而远之

15. 我对朋友的隐私总是：

A. 很感兴趣，时而热心传播

B. 从不关心此类事情，甚至都没有想过，即使了解也不告诉别人

C. 有时感兴趣，会传播

记分标准，如表7-3所示。

表7-3 记分标准

	A	B	C
1~5题	1	3	5
5~10题	3	5	1
11~15题	5	1	3

根据你所选的答案，将15个题的得分相加起来。如果总分在15~29分之间，说明你的人际关系很融洽，在交往中你是受欢迎的；如果总分在30~57分之间，说明你的人际关系一般，有相当数量的人不喜欢你，如果你想受人欢迎，仍需努力；如果总分在58~75分之间，说明你的人际关系不融洽，你的交往圈子太小，很有必要扩大你的交往范围。

心理训练

游戏"我说你画"

内容：请六位同学到讲台前，分三组，两人一组，分别编号A和B，每组的A面向黑板，不能回头看，给B出示该组图片，由B向A描述图片内容，A根据B的描述在黑板上画出该图片。

规则：A不许出声，也不能回头，只能听B传达信息，B在传达信息的过程中，不能打手势，做动作，只能用言语。下面的同学保持安静。比一比哪组同学画得快，画得最贴近原画。

感受与总结：人与人之间的交往是一个双向的过程，有时候你所表达的并不一定是别人理解的，你听到的未必是别人所表达的。

心理实验1

人际关系的时空接近性效应

美国心理学家费斯廷格等人以麻省理工学院宿舍的已婚大学生为实验对象，研究他们之间的友谊与住处远近的关系。在学年开始时，他们让各户搬到新的住宅，互不相识。经过一段时间以后，研究者调查每户新结交的三位最好朋友。结果发现，从互不相识到住入一段时间后结交为新朋友，几乎离不开四个接近性特征：一是邻居；二是同楼层的人；三是信箱靠近的人；四是走同一个楼道的人。由此看来，经常见面是友谊形成的一个重要因素。

心理实验2

人际关系的态度相似性效应

美国社会学家西奥多·纽科姆于1961年用现场实验法，对态度相似程度与吸引力的关系进行了研究。他以17个不相识的大学生为研究对象，向他们提供免费住宿16周。在住进宿舍前，研究者先给这些彼此不认识的被试者实施态度、价值观和个性特征等的测验，将态度、价值观和个性特征相似或不相似的大学生安排在一间房子里居住。然后，定期测验他们对一些事情的态度、看法，以及他们对同室室友的评价。结果发现，住宿初期，空间距离是决定彼此交往的主要因素；但到了后期，彼此间态度、价值观和个性特征的相似性超过了空间距离的重要性而成为人际关系的基础。在研究的最后阶段，他让这些大学生自由选择住同一房间，结果表明，相同意见和态度者均喜欢选择住入同一房间。为什么观点、态度、个性相似的人容易相互吸引呢？对此，社会比较理论解释为：人人都具有自我评价的倾向，而他人的认同是支持自己评价的有力依据，具有很高的酬偿和强化力量，因而产生很强的吸引和凝聚力。

心理实验3

人际关系需要互补性效应

心理学家对气质相同的人合作的效果和气质不同的人合作的效果进行了比较研究，结果发现：两个强气质的学生组成的学习小组常常对一些问题各执己见，争执不下而影响团结；两个弱气质的学生在一起，又常常缺乏主见，面面相觑，无可奈何；只有两个气质不同的学生组成的小组，最团结，学习效果也最显著。

心理实验4

长相因素效应

美国心理学家戴恩曾在1972年做过这样的实验：让一些女大学生分别去看容貌美丑不同的两个七岁女童的照片，照片下面写有完全相同的一段文字，说明照片上的女童曾有某些过失行为，然后要求大学生评价女童平时行为是否违规。结果发现：对容貌美的女童的评语偏向于有礼貌、肯合作，行为纵有过失，也是偶然的，可以原谅的；而对容貌丑的女童的评语，多推想她是一个相当严重的"问题儿童"。

心理实验5

人际交往的首因效应

一位心理学家曾做过这样一个实验：他让两个学生都做对30道题中的一半，但是让学生A做对的题目尽量出现在前15题，而让学生B做对的题目尽量出现在后15道题，然后让一些被试者对两个学生进行评价，两相比较，谁更聪明一些？结果发现，多数被试都认为学生A更聪明。这就是首因效应。

心理实验6

人际交往的晕轮效应

美国社会心理学家哈罗德·凯利曾做过一个实验。他告诉一个班的大学生有一位讲师要来为他们上课，要求他们听课结束后对该讲师做出评价。接着，他简要地介绍了这位讲师的情况。他把班里的学生分为两组，对第一组说这位教师是"相当温和的人"，对第二组学生说这位教师是"相当冷淡的人"。当这位讲师上课结束后，凯利要求学生们在一组"态度量表"上评价这个教师。虽然全班学生在同一时间听同一个人的课，但每一个学生的评价却明显地受到原先暗示的影响。听说该教师"相当温和"的学生更倾向于把他看成一个和蔼可亲、受欢迎的人，而听说该教师"冷淡"的学生则相反。并且第一组学生有56%在课堂讨论中积极与该教师接触，第二组学生只有32%投入班级讨论。在人际交往初期，人们往往会利用少量的资料信息对别人做出广泛的结论，出现晕轮效应。

心理实验7

定势效应

社会心理学家包达列夫曾做过一个实验揭示出定势效应在人际印象中的作用。他向两位大学生出示了同一个人的照片。在出示前，他向第一组大学生说：照片上的人是个十恶不赦的大坏蛋，而向另一组说照片上的是一位大科学家，然后分别让两组学生对照片上的人做看图描述。结果,第一组学生说:深陷的双眼表明内心阴险仇恨,突出的下巴表明沿着罪恶的道路走到底。第二组学生说:深陷的双目表明思想深邃,突出的下巴表明坚毅睿智。一张照片两种评述,可见定势效应对人们认知的影响。

第 8 章

大学生恋爱心理
——健康的爱情观

8.1 解读爱情

爱情是人类永恒的主题,大学生由于生理上的成熟,性心理的发展,自然而然地产生了对爱情的向往和关注。树立正确的恋爱观,对大学生的健康成长和成才是十分重要的。

8.1.1 什么是爱情

人类的精神生活中,从未有一个话题像爱情一样历久不衰,也从未有一个话题像爱情那样动人心弦。爱情是人类特有的精神心理活动,是包含了生理、心理和社会诸多因素的复杂现象,具有直觉性、冲动性、专注性、执着性、排他性、隐曲性和相容性等特性。

罗伯特·斯腾伯格的爱情理论是目前关于爱情的研究中最完整的理论,他提出"爱的三角形"理论,认为爱情有三个基本元素:亲密、激情和承诺,各属于三个不同的维度。

1. 亲密

亲密(Intimacy)是一种亲近的、联结的、心与心交流的感情经验,属于情感维度。该维度除了爱与欲之外,可能还夹杂着酸甜苦辣的爱情滋味。

2. 激情

激情(Passion)属于动机维度。该维度是爱情行为背后的动机,对人类而言虽未必全是由于生理上的需求,但绝不能否认性动机或性驱力以及相应的诱因,如异性之间看重身体、容貌特征等。

人类的爱情是有意识的,这一点表现为预见、认识和按一定目的调整自己的行动,而且表现为幻想和渴望获得个人幸福。爱情自古以来既能产生令人激动的回忆,又能让人热切地期待。

3. 承诺

承诺(Commitment)包括短期的决定去爱一个人和长期的承诺去维持爱的关系,属于认知维度。爱情中的认知作用对情感和动机维度而言，是一种控制因素。如果将动机与情感分别看作是电流与火花，认知就是开关或调节器。它斟酌爱情之火的热度并予以适度的调节。

这三个基本元素有不同的特性：承诺的稳定性高，激情的稳定性低；激情的短期效果强，而承诺和亲密则具有长期的效果。

8.1.2 大学生恋爱心理

恋爱是一个过程，它萌生于两心相悦之时，两个感情激荡的心灵撞击在一起，产生了彼此相互吸引的状态。它不仅是男女双方互相倾慕和培植爱情的过程，而且还是一个情感升级及体验欢愉的心理过程。这个过程大致可分为以下五个阶段。

1. 感受阶段

感受阶段是男女大学生在交往中，产生了对具有吸引力和魅力的异性感兴趣的阶段。在这个阶段，他们或者一见倾心，迅速地诱发出火热情感，或者由于羞怯或迟疑等原因而不曾吐露自己的心声。异性的外表在这一阶段起到十分重要的作用，它能够激起感官快乐。一些学生可能就凭着这短暂的感受一下子跌入"情网"，导致盲目恋爱，因为这是一种原始的感受，所以在这个阶段极易见异思迁。

2. 注意阶段

当接触到某个异性而在心理上激起波澜时，或感到与某个异性彼此之间有莫大的吸引力时，往往有一种接触和亲近对方的强烈向往。这时，就会自觉地将注意力集中指向这位异性所从事的一切活动、兴趣爱好以及家庭背景等，进而考虑能否和他（她）接近，如何表露真情，并设计一些相会的情景。

3. 求爱阶段

求爱阶段是重要而且困难的阶段。这阶段求爱者心理负担非常重，各种担忧不断涌现，这个阶段容易出现求爱挫折，产生心理障碍。

因此，学习求爱的技巧，提高求爱的成功率，是男女学生应对这阶段心理困扰的关键。而要提高求爱的成功率，关键在于把握三点：一是正确地判断对方对你的印象和态度；二是选择合适的求爱方式；三是把握好求爱的时机。

4. 恋爱阶段

一方表白与另一方接受，双方的恋爱关系就确定了。求爱成功之后，"爱情之舟"就驶入了恋爱的海洋，两个异性之间就开始了共同的情感交流活动。

在这个阶段，成熟起来的大学生能正确看待爱情和学业的关系，同时会考虑爱情的前途和未来。但也有少数心理不够成熟的大学生，不能自由地驾驭自己的感情，恋爱的盲目性较大，影响学习和发展，造成了不良的后果。

5. 成功或分手

确立爱情后，有的男女青年可能日后结婚；有的则可能经历另一个过程，即分手。分手原因很多，有可能是外部条件造成的，也有可能是主观因素造成的。恋爱时间越长或恋爱关系越深，分手时造成的打击就越大。只有当失恋所带来的伤痛真正愈合后，它才会随着时间的流逝而成为回忆。

8.2 大学生恋爱心理及常见问题

8.2.1 大学生恋爱中的问题

1. 单恋

单恋也称单相思，是指一方对另一方一厢情愿的倾慕、思念和喜爱。

有的单恋，对方并不知道，自己也无意或无法让对方知道。这种单恋多是幻想型的，如有的青年学生对影视明星的暗恋，它多发生在性格内向、情感丰富而又缺乏恋爱体验的人身上。他们对所恋对象抱着高不可攀的畏惧心理，把对方想得神圣非凡、完美无缺，可望而不可即，因此，只能将爱恋之情深藏于心，形成一种痛苦的自我折磨，造成心理失调。

还有一种单恋，是被恋对象知道你喜欢他（她），而他（她）却根本不喜欢你，可是在他（她）拒绝你以后，你却仍然痴情不改。这种单恋，不但对方知道，而且单恋者周围的人也有所觉察。因此，单恋者不但痛苦不能自拔，而且自尊心也容易受到伤害。

2. 多角恋

所谓多角恋，是指同时与两个或两个以上对象建立并保持恋爱关系。在这种多角恋中，通常把被多方追求的对象称为"主角"，而将追求同一对象的人称为"副角"。

多角恋一般分为两类，一类是隐蔽式的多角恋，即多角恋中的主角同时与几个副角相恋，而几个副角之间并不知道，主角有意隐瞒真相，在几个副角之间周旋，这种多角恋带有很强的欺骗性。另一类是公开式的多角恋，就是主角同时与几个副角保持恋爱关系，而几个副角之间彼此知晓，并展开竞争、角逐。

调查表明，在大学生群体中，多角恋容易发生在下列大学生身上：一是外表形象好的大学生，例如高大魁梧、英俊伟岸的男生，身材窈窕、外貌出众的女生，往往是众多人追求的对象；二是才华出众的大学生，例如学习成绩特别优异的多才多艺的大学生、各种社团或组织的干部等，这些人通常被众星捧月，容易受到异性的青睐；三是家庭条件优越的大学生，例如书香世家以及家庭经济条件比较好的大学生等。

多角恋，无论哪种形式，出于何种考虑，都是畸形的、不道德的，也是危险的。因为，爱情具有排他性，多角恋中的主角最终只能选择一个副角保持长期恋爱关系，那种"鱼与熊掌兼得"的想法根本不可能实现，必然给其他几个副角带来痛苦，最终也会给自己带来无法弥补的痛苦。

陶行知先生说过："爱之酒，甜而苦，两人喝，是甘露。三人喝，是酸醋。随便喝，要中毒。"多角恋中的主角需要耗费大量时间和精力，不仅影响学习和人际关系，而且严重影响自身的身心健康，最终不仅贻害别人，也贻害自己，处理得不好，还容易引起纷争。

3. 网恋

网恋是现在探讨大学生恋爱的小说和影视等作品中曝光率非常高的一个词。但要给网恋下个明确的定义却不是一件非常容易的事情。一般来说，网恋就是专指那些在虚拟的网络世界以恋爱为目的，在网络虚拟世界以恋人的身份共同生活、共同经营一段爱情甚至是婚姻的一种恋爱关系。

网络最大的特点就是虚拟性、隐蔽性和时空无限性，一旦从网络走向现实，面对双方"现实的自我"时，就会遭遇希望越大失望就越大的尴尬。网恋的"见光死"概率非常高。

不仅如此，网恋也是一件费时、费钱、费心的事情，同时也给那些怀有不良动机上网的社会闲杂人员或犯罪分子提供了可乘之机。一旦网恋"见光死"，可能心里的失落和懊恼比现实的失恋还要折磨人。

8.2.2 大学生失恋的心理调适

失恋表现为失恋者体验到悲伤、忧郁、失望等消极情绪及心理痛苦和压力。恋爱的过程是两个人相互了解和选择的过程，当一方提出中断恋爱关系时，另一方就会失恋。男女初涉爱河，就深信双方的爱是"命中注定"。当爱情破灭时，要及时做出调整，"执迷不悟"是非常有害甚至危险的。

当然，绝大多数"初恋"不成功的男女，在经过一段情绪波动后，能够振奋起来，投入到正常的学习与生活中，这就是所谓的"精神升华"。

世界上有恋爱就会有失恋。失恋后应及时找朋友或亲人倾诉，或找专业人员咨询。此外，还可以自己做以下调整。

1. 时间疗养法

一般来说，失恋要经过一段"黑暗"的危险期，这个危险期有长有短，因人而异。在这个危险期内，首先就要"冷处理"，当对方提出分手时，不要冲动、焦急，而要宽容、大度、冷静，相信随着时间推移，会慢慢走出危险期，痛苦也会随之减轻。

2. 自我疗养法

面对失恋的打击，不同的人反应不同。因为每个人看待问题的方式不同，失恋后最重要的是要排除一些不合理的推论，最常见的是"以偏概全"，如"世上没有真正的爱情"或"我很失败"。此刻要用自我疗养法，不妨想想在恋爱时的不愉快的事，多想想对方的缺点。

3. 宽容疗养法

恋爱是双方的自由选择，自己有选择的权利，对方也有选择的权利。恋爱双方处于开放式的交往过程中，本身带有不稳定性，失恋者对伤害自己的人会产生仇恨，这也是失恋者不能从痛苦中走出的重要原因。但仇恨和报复并不能挽回已经失去的爱情，只能使自己的心态更加失衡，而宽容能让人释怀。尊重对方的决定，并祝对方幸福，当试着宽容对方时，自己的心灵也会得到滋润。

4. 转移注意力法

在失恋的日子里，做一些提升自我的事，将痛苦升华为力量。当不断提升自我时，就会站在新的起点，重新审视失恋和痛苦，到时就会觉得没有什么是承受不了的。

阅读材料

歌德与《少年维特之烦恼》

歌德是世界著名的文学巨匠，他的成功从某种意义上讲，是失恋挫折的升华所产生的结果。23岁的歌德在维兹拉参加舞会时认识了19岁的夏绿蒂，便一见钟情地爱上了她。他们一起跳舞，一起游戏，他太爱她了。但后来他才知道，夏绿蒂原来是他好友凯士特南的未婚妻。歌德痛苦至极，这已是他第五次失恋，这次失恋几乎使他到了拔剑自杀的地步。然而，他却没有这样做，他带着极大的痛苦离开了维兹拉，以满腔激情写下了《少年维特之烦恼》，一举成名，轰动了整个欧洲。

5. 环境转移法

失恋后最好不要一个人总是待在房间里思来想去，这样会越发悲伤、苦闷，不能自拔。当然，大学生失恋后很难彻底转移环境，与能触动痛苦回忆的景、物、人隔离，但适当外出旅游，调整交往范围是可以做到的。

案例分析

其实你不懂我的心

1. 来访者的基本情况

高某，男，20岁，某大学管理专业三年级本科生。生长在城市，家里的经济状况较好，父母经商，有一个读高中的弟弟。高某自幼喜欢运动，学习成绩优秀，父母对他的管教不是特别严厉，更多是任由他自由发展。他的性格外向，人脉很广，他很看重朋友，也很讲义气，为人处世大大咧咧、不拘小节。

2. 主诉

半年前我认识了现在的女朋友，我们俩关系发展很顺利，但最近我们在一起常吵架，她提出分手，我觉得难以接受。怎么能这么草率，这么突然，说分手就分手，如同儿戏一般呢。这两天她都不见我，也不接我电话，发短信也不回。我都快急死了，其实我很在乎她，我要怎么做，才能让她回心转意？

以前在一起的时候，有时她见到我的某个朋友不喜欢，就会批评两句，我则为朋友辩解，然后就会吵起来；有时她说我不关心她，而我觉得自己对她很好，经常帮她洗衣服，我的东西也随便她用。即便这样，她却还常埋怨我对她不好；我这人朋友很多，经常有朋友请我帮忙，我也有求必应，也有一些女性朋友请我帮忙，她看见或知道后，总要对我"审问"一番，最后不可避免地演变成吵嘴。唉！真不知道她到底要我怎么做？

3. 分析、诊断和建议

高某和她女朋友的问题出在：(1) 两个人的人生观、价值观存在差异，女朋友感觉到高某最看重朋友、最在乎朋友，而自己在高某的心中不重要。女朋友不喜欢高某的某些朋友，这是很正常的事，许多恋人都会碰到这样的问题，女朋友当着高某的面批评他的朋友，一方面说明女朋友直率的性格特点，另一方面也说明女朋友缺乏良好的沟通技巧，会伤害男友的自尊。而高某在此时可以先站在女朋友的一边，说说自己朋友的缺点，让女朋友得到心理上的认同，此时高某可以话锋一转，谈谈朋友的优点，让女朋友对其有一个全面的认识、了解，从而改变不良的第一印象。（2）两人对"好"的理解不同。对高某来说，帮女友洗衣服，进行物质上的帮助，就是"对你好"，而忽视精神层面的需求。女友却并不认同，认为"好"更多是一种精神层面的相互理解、关怀、帮助、共同发展。爱情往往会在缺少精神内容和情感内容时贬值。如果精神层面没有结合，就算再热烈的爱情也注定要消失。而高某错误地认为，爱情一旦拥有，就永远拥有，不用再努力探寻进入对方的精神世界，慢慢地任由单调乏味的生活扼杀了爱情。（3）高某和其他女同学的正常交往使其女友产生了忌妒、猜疑的心理。忌妒是爱情的一个组成部分，当忌妒心无法再被激起时，爱情之火也就熄灭了。因为意识到可能失掉亲爱的人而感到潜在的忧虑，希望亲密关系永远存在，它表示男女双方关系深厚。只要不表现为互不信任、暗中监视、跟踪、侮辱就不会破坏双方的关系，处理女友的忌妒、猜疑心理，高某可以坦然、大度地解释，并在适当时候带女友去见自己的女同学，而高某的女朋友则应该多和高某沟通、交流，多了解、理解高某，以免产生不必要的误解。

通过以上分析，高某明白了自己恋爱的问题出在哪里，以前他总是埋怨女朋友，现在他要努力去改变自己的不足之处，来赢回女朋友的心。三个月以后，碰到高某时，他说现在和女朋友相处得很好。

8.3 培养健康恋爱观

8.3.1 提升爱与被爱的能力

在现实生活中，要拥有爱的能力，掌握爱的艺术，不仅要学习和掌握爱的理论，更要理论与实践相结合。

1. 敢于说出爱

一个人心中有了爱，要敢于表达、善于表达，这是一种爱的能力。一个人，如果感受到对方的爱，并做出接受、谢绝或再观察的选择，这也是一种爱的能力。缺乏这种能力的人，通常心理并不成熟。

2. 敢于接受爱

大学生要具有迎接爱的能力，有健康的恋爱价值观，知道自己喜欢什么、适合什么。当别人向你表达爱时，能及时准确地对爱的信息做出判断并做出选择。

3. 敢于拒绝

自己不愿意接受爱时应有勇气加以拒绝。拒绝爱要注意以下两个方面。

（1）在并不希望得到的爱情到来时，要果断地、勇敢地说"不"，因为爱情不能勉强。千万不要优柔寡断或屈服于对方的穷追不舍，发展下去对双方都是不利的。

（2）要掌握恰当的拒绝方式，虽然每个人都有拒绝爱的权力，但珍惜每一份真挚的感情是对他人的尊重，也是对一个人道德情操的检验。不顾情面，处理方法简单轻率，甚至恶语相加，使对方的感情和自尊心受到伤害，这些做法并不妥当。

4. 要有发展爱的能力

发展爱的能力，培养无私的品格，培养善于处理矛盾的能力，有效化解和消除恋爱中的矛盾纠纷，为恋人负责，创造出幸福美满的爱情。爱情是甜蜜的，爱情犹如一朵娇嫩的鲜花，需要精心地培养，任何一方有权利与另一方享受爱情，同时也承担着维护和发展另一方爱情的义务，任何一方都要为对方负责，避免伤害对方的感情。

8.3.2 树立健康的爱情价值观

现代大学校园中，大学生恋爱是很普遍的现象。虽然爱情可以让人陶醉沉迷，让人更好地学习、生活，但另一方面，不成熟的恋爱也会给恋爱双方带来负面影响。所以，树立正确的恋爱观已是刻不容缓的事情。

1. 提倡志同道合的爱情

在恋人的选择上最重要的条件应该是志同道合，在意识形态、事业理想和生活方式与经历等方面大体一致，应该是理想、事业和爱情的有机结合。一般情况下，异性感情的发展是沿着陌生朋友—熟人朋友—好朋友—知己—恋人这一线索发展的。

2. 摆正爱情与学业的关系

大学生要把学业放在首位，摆正爱情与学业的关系，不能把宝贵的时间都用于恋爱而放松了学习。

3. 懂得爱情是理解、责任和奉献

理解对方是为个人和对方营造一种轻松的氛围，相互信任是自信的表现。责任和奉献则意味着个人道德的修养，是获得崇高的爱情的基础。

4. 要真诚、幽默、互相尊重

恋爱时要诚实、礼貌、谨慎、风趣，坦白地向对方说明自己各方面的情况，使对方有一个全面的了解与认识。用隐瞒和欺骗的手段去博取对方的爱情终究是要失败的。一经建立恋爱关系，不要三心二意，要尊重对方的人格和感情。

8.3.3 发展健康的恋爱行为

1. 恋爱言谈要文雅、诚恳

交谈中要诚恳坦率，不要为显示自己而装腔作势、矫揉造作，否则会使人厌恶，不利于感情的培养。

2. 恋爱行为要大方

恋爱中的男女要从开始时的羞涩发展为自然大方的交往，不要畏畏缩缩，可以适当地带有一些亲密的举动。

3. 亲昵动作要高雅

粗俗鲁莽的亲昵动作会有损爱情的纯洁与尊严，不利于恋爱的健康发展，会造成不良影响。

4. 恋爱过程中要平等相待、相敬如宾

不要拿自身的优点和对方的不足进行对比，戏弄压低对方，抬高自己；不要想方设法考验对方或"摆架子"，这些都会影响双方感情的发展，因为每个人都是有自尊心的。

8.3.4 提高恋爱挫折承受能力

大学生的恋爱受多种因素的制约，因而在追求爱情的过程中不可避免地遇到各种挫折。单相思、爱情错觉、失恋等恋爱心理挫折对大学生的心理承受能力是一种考验。如果承受能力较强，就能较好地应付挫折，反之就有可能造成不良后果。所以，提高恋爱挫折承受能力对大学生的心理健康是很重要的。

当爱情受挫后，要用理智来驾驭感情。通过理智地分析，总结经验教训，寻找解决问题的方法和途径，在新的追求中确认和实现自己的价值，从而提高自己的心理承受能力和认识水平。不能因失恋荒废所有；要做到失恋后不失志、不失德。恋爱双方都是平等自愿的，任何一方不能强求。那种不成情人便是仇人的报复、嫉妒心理，是导致错误行为的根源，一旦造成恶果，必然害人又害己。失恋后可通过适当的情绪调节、宣泄和转移来减轻痛苦。对失恋的应对方式反映了一个人的心理成熟水平和恋爱观。如果一个人能够理智地从失恋中解脱，往往会变得更加成熟。

案 例 分 析

在追求事业的过程中赢得爱情

【案例】

某大学生Z，在大三那年，她的同班同学又是同乡的S向其表露了爱慕之心，且恳切之情与日俱增。Z虽对S的学业和为人都较钦佩，但又感到S不是自己"理想"中的"他"，因此也就控制着与S之间的感情发展。

毕业前一个月情况发生了变化。当时团中央鼓励大学生支援西部，S和Z各自都主动申请前去支援西部，院系领导老师考察后认为S较为优秀，批准其前去西部，而因为名额有限Z未能被批准，Z内心焦急万分，她对S其实已经产生了感情。毕业时，Z找了一份在J城市的工作，Z与S分隔两地。

毕业三个月后，Z在来信中诉说她的矛盾与苦恼：家中父母得知S已去另一城市，坚决不同意她再同S发展感情，并急于就近为她介绍男朋友，而S又频频来信，信中情意绵绵。Z不知道自己现在应该怎么办，因而向原来学校负责学生工作的老师写信求助，那位老师给Z回了一封长信，鼓励她勇敢地按自己心中所想的去做，并告诉她要能理解做父母的心情，他们主要是怕女儿将来生活受苦。但只要她自己感到能和S这样的人在一起生活，再艰苦也是幸福的，那么，父母也会同意的。Z把自己的想法和决定告诉了父母。父母见女儿同S的感情已深，也就同意了。

一年后，S支援西部工作的期限已满，工作成绩显著且受到团中央的表彰，并经努力通过了硕士研究生的入学考试。又过两年后，Z与S如愿结婚。同年，Z又在S的鼓励之下通过了硕士研究生的入学考试。

【分析】

从Z和S的恋爱经历中，可以看到他们没有因为自己的情感而放弃心中的理想，影响工作、学业的进程,也没有因分隔两地便轻易放弃彼此的感情,而是在追求各自的事业和学业的过程中赢得了爱情。他们较好地处理了爱情与学业、事业的关系,Z 和 S 追求事业、珍惜爱情的理念,值得大学生学习和思考。

8.4 大学生性心理的发展和性心理特点

性生理的发育为性心理的发展提供了生物学基础,大学生已进入了性生理成熟和性心理趋向成熟的阶段,因此处于青年中期的男女大学生的性意识开始觉醒。正确认识和对待人生的这个时期,对大学生生理和心理的健康成长是至关重要的。

8.4.1 大学生的性生理特征

性征是区别人体性别的特征。

1. 第一性征

男女生殖器官的差异称为"第一性征",也叫"主性征"。女性的第一性征是卵巢、子宫和阴道。一般来说,女性性器官发育相对较早,月经规律来潮是女性性成熟的标志。男性的第一性征是睾丸、前列腺、阴茎和精囊,男性性成熟的标志是出现精子。处于青年中期的男女大学生,这些性器官的发育已经成熟。

2. 第二性征

第二性征又叫"副性征",是男女在外观和形体上的差异,它包括生理变化、声音变化、皮肤变化以及阴毛、鬓须、腋毛和体毛的变化。女性的第二性征有:胸部隆起,阴毛、腋毛的生长,声音变得细而柔韧,音调较高,皮肤细腻、有光泽,皮下脂肪聚集增多,体形均匀,肩窄臀宽。男性的第二性征有:阴毛、腋毛、胡须的产生生长,颈部喉结开始突出,说话声音变得粗而低沉。

3. 第三性征

男女两性在心理方面所表现的主要差异称为"第三性征"。美国心理学家麦考比和杰克林合编的《性别差异心理学》一书评述了 50 多种前人认为男女有别的心理特点。他们根据 1966—1973 年的大量研究,认为男女确实存在的心理差异实际上只有以下四项。

- 男性的视觉、平衡觉能力较强。
- 男性的数学能力较强。
- 男性更为好斗。
- 女性的语言表达能力较强。

我国学者分别对 200 名男、女青年调查后,得出如下结论。

- 男性特点:独立性强,不依赖他人;具有攻击性;不易受他人影响;能果断做出决定;很少表露感情;支配欲强;不易激动;很有活力;喜好竞争;感情不易被伤害;爱冒险;不爱修饰外貌。

● 女性特点：文静；爱整洁；爱表达温柔的感情；爱了解他人的感情；非常虔诚；注意自己的外貌；有极强的安全保护需要；喜欢艺术和文学；爱讲话。

8.4.2 大学生的性心理特点

大学生在校年龄一般在18～23岁之间，其生理发育已基本成熟，对性的渴望日趋强烈，在行为上也必然有所体现。

1. 大学生性心理的发展阶段

促使大学生性意识较迅速发展的主因莫过于身体的急剧变化和第二性征的出现，继而引起的对性、对异性的关注。通用的性心理发展分为如下几个时期。

（1）异性疏远期。

从青春期开始，男女生对两性的一系列差别就会敏感。男女界线分明，如低年级初中生的"课桌三八线"现象。羞涩、不安与反感常常萦绕在青少年心头，在彼此交往中已出现某种"隔阂"。

（2）异性接近期。

由于性的渐趋成熟，青春期男女由开始由对异性的疏远，发展到对异性的好奇并产生相互接近的渴望。但是这时期对异性的好感仅是一种对性的懵懂的认知，一方面感到困惑和不安，另一方面又渴望接近异性。青年初期，青年男女情窦初开，异性之间的疏远在逐渐缩小，产生了渴望彼此接近的情感需要。男女青年开始关注异性对自己的态度，为博得异性的好感而表现自己。他（她）们常常以欣赏的心情和友好的态度，来对待异性的言谈和行为。

（3）异性向往期。

这一时期，青年男女往往以各种主动的方式对异性表示好感，希望得到对方的积极反应。女性会着意装扮，她们总觉得异性注视着自己，言谈举止显得紧张、腼腆；男性常常有意在异性面前显示自己的风度、才华和能力。

这一时期的青年男女，性机能已经成熟，但正确的道德观和恋爱观一般尚未形成，如果人为地遏制或反对他们正常的异性交往，不仅容易造成逆反心理，甚至诱发他们追求异性的神秘感和狂热性，进而过早地产生恋爱意识，进入恋爱角色，卷进恋爱旋涡。

这一时期有两个重要特点：一是感情隐秘，异性间接触时感情交流是隐晦的、含蓄的，常常以试探的方式进行，缺乏真正地感情交流；二是对象广泛，不是针对特定的异性，而呈现出不确定性。

（4）两性恋爱期。

两性恋爱期是指男女性意识发展成熟后出现的异性相爱行为。这一时期的异性交往具有以下四个特点。第一，爱情具有浓烈的、理想的、超然于现实的浪漫色彩。第二，特定的恋爱对象，即男女青年按各自心目中的标准寻找自己特定的恋爱对象，喜欢与自己选择的异性单独在一起，出现不热衷参加集体活动的"离群"现象。第三，感情趋向明朗化，即试图通过约会等方式一诉衷肠，交流内心感情，但表达方式往往出现欲言又止、语无伦次、窘态百出、词不达意等情况。第四，产生了占有欲，即对爱恋对象产生精神性、情绪性的占有欲，不希望自己爱恋的异性和其他同学、朋友接触，产生"嫉妒心理"。

从大学生性心理由对异性的抵触、困惑到向往、恋爱的动态变化和发展过程中可知，随着年龄的增长，心理上表现地对异性的渴望和求偶倾向亦随之增长。

2. 大学生性心理的特点

大学生性心理特征概括起来有如下几点。

（1）性焦虑。

包括对与自己性别相关的形体特征的焦虑，对自己的心理行为是否与性角色相吻合的忧虑，对自己性功能是否正常的焦虑。大学生应该树立健康的审美观，同时接受自身现实，不怨天尤人，注意扬长避短。如果对自身的性生理、性心理有疑惑，应及时寻求咨询和帮助，不可独自敏感多疑，无事生非。

（2）性别的差异性。

性别不同，造成大学生的性心理亦有所差异。

在感情流露上，男性往往表现得较为外显和热烈，女性则往往表现得比较含蓄和深沉。

在内心体验上，男性更多的是感到新奇、喜悦和神秘，而女性则是茫然和不安，常常会感到不知所措、惊慌、羞涩、喜悦、惧怕，以至于神思恍惚，神情迷惘。

在表达方式上，男性一般比较主动，有意识地在自己爱慕的异性面前表现自己，常常寻找机会向对方暗示甚至直接表白自己的爱慕之情。女性则往往显得被动、羞涩和腼腆，她们一般不会主动向对方表露心迹，更不愿意向对方直接表白自己的爱慕之情，至多是用言语或目光暗示对方，促使对方了解自己的内心所爱，使对方主动大胆地追求自己。

此外，男性的性冲动易被性视觉刺激唤起，而女生则易在听觉、触觉刺激下引起性兴奋。

（3）动荡性和压抑性。

大学阶段拥有人的一生中最旺盛的性能量，体内突然增加的性激素的刺激，会引发强烈的生理感应和心理体验。尤其是外界各种渠道的性刺激，更易诱发性需求和性冲动，从而出现动荡不安的情况。

然而，这种欲望被理智限制和约束着，于是在需求和满足之间出现了尖锐的冲突和矛盾。不少大学生的心理还不成熟，尚未形成稳固的、正确的性价值观和恋爱观，自控能力较弱。性的生物性与社会性的冲突使许多大学生产生了性压抑。

（4）强烈性和文饰性。

大学生正处于"心理断乳期"，心理封闭是其显著特点。他们既寻求自我独立又感到孤独无依；既渴求在新的集体中得到帮助和安慰，又紧紧地封锁自己的心灵。一方面，大学生需要友谊，渴望理解，寻求归属感和爱，希望与自己所爱的人分担痛苦、共享快乐；另一方面，又自我闭锁，他们虽然十分重视自己在异性心目中的形象、评价，但表面上却无动于衷，不屑一顾或故意回避。他们表面上好像讨厌那种亲昵的动作，但实际上却十分希望亲身体验。掩饰自己强烈的渴望导致许多人不愿轻易敞开自己的心扉，这种心理上的矛盾，使大学生产生了种种心理冲突和苦恼。

（5）本能性和朦胧性。

大学生的性心理缺乏深刻的社会内容，尤其是低年级大学生，基本上还是生理急剧变化带来的本能作用，他们不了解性的基本常识，对性有浓厚的神秘感，只是本能的感知了解。大学生往往怀着好奇心来秘密探求性知识，对异性有着浓厚的兴趣、好感和爱慕。然而，这种生理变化带来的性意识的觉醒和萌动，还披着一层朦胧的面纱，在此基础上，在朦胧纷乱的心理变化中，性意识逐渐强烈和成熟起来。

8.5 大学生性心理问题及调适

8.5.1 大学生性意识困扰

在大学期间，性意识活动常见的有性幻想、性饥渴、性梦及性好奇等。

1. **性幻想**

性幻想通常表现为在某特定因素诱导下，"自编""自导""自演"与异性交往内容有关的联想。性幻想可导致生理上的兴奋、性器官的充血，也可偶尔出现性高潮。性幻想是性冲动的发泄形式之一，属于正常的心理、生理现象。

2. **性饥渴**

性饥渴就是对性有着强烈的渴望和要求，并希望得到满足。大学生正处于求学阶段，学校的纪律和环境决定了这种要求难以得到正常满足，因此，很多大学生产生性压抑感，并为此痛苦和烦恼。

3. **性梦**

性梦通常是指进入青春期以后在梦中出现与性内容有关的梦境，一般认为与性激素达到一定水平和睡眠中性器官受到内外刺激及潜意识的性本能活动有关。性梦伴有男性遗精、女性性兴奋等，均属正常反应。

4. **性好奇**

性好奇通常是指联想到对方或与自身有关的性意念、裸体表象、性感部位及体验到自身性冲动等，或在读到与性有关的书刊时，产生对性的臆想、对自身生理性反应的感受，以及联想到对自己有吸引力的异性等。

人的性意识活动是从性启蒙开始的，其意识内容渐趋于丰富，活动频度增加，并在青年期达到高峰。有研究表明，性意识作为一种困扰，会引起66.66%的男生和71.7%的女生出现不同程度的心理冲突，表现为焦虑、烦躁、厌恶及内心不安、恐惧、自责等。少部分困扰严重的同学出现失眠、注意力不集中、情绪抑郁、不愿与同学（尤其是异性）交往，并常陷入焦虑、矛盾、困惑和苦闷之中，从而影响其学习、生活等，甚至会干扰自身的正常发展。

被性意识困扰的大学生应多学习性生理、性心理的有关知识，了解青春期性意识的发展规律，树立科学与健康的性意识观念。通过学习有利于消除对性意识观念的罪恶感、自卑感，增强自信心。

8.5.2 大学生性行为困扰

与性内容直接关联的行为称为"性行为"，由性行为引起的对当事人心理上造成消极影响但又未构成较重伤害体验的现象称为性行为的心理困扰。

1. 边缘性性行为

边缘性性行为是指异性间的拥抱、接吻和爱抚行为。对此，绝大多数大学生都能正确对待，不会由此带来很重的心理负担，但是也有少数大学生，尤其是女大学生，在发生边缘性性行为以后，导致沉重的心理负担，有的甚至出现心理疾病。出现这种情况的主要原因有以下几点：一是在没有心理准备的情况下发生此类行为，产生自责和罪恶感；二是在两性之间感情尚未深入发展到一定程度时发生，感到勉强、不真实，有耻辱感和自身不洁感；三是对恋爱阶段就发生这类行为感到不够高尚、低级、下流；四是对恋爱的成功和彼此关系能否持久产生疑虑，有后悔心理。

热恋中的大学生发生接吻、拥抱和爱抚行为是正常的，也是难以避免的，只要注意场合和分寸，就不必为此感到羞愧和自责，更不要把这种行为同流氓行为混为一谈。但是在恋爱中要注意把握分寸，不能过于轻率，否则就会给自己带来心理负担。

2. 自慰行为

自慰是指用手或替代物等刺激、摩擦性器官以引起性快感的行为。大学生中自慰行为的总发生率相当高，有少部分学生在幼年期就出现了自慰行为。有些大学生因为自慰行为而陷入苦恼、矛盾之中。一方面，难敌自慰快感的诱惑；另一方面，则在自慰后产生恐惧、内疚、罪恶感和自责等负面情绪。

自慰本身是无害的，它是人类正常的生理行为。实验研究证实，自慰与性交所引起的生理反应并无区别，自慰并不会导致早泄、阳痿、神经衰弱等病症。所以，真正造成危害的是对自慰的错误认识。对于自慰行为，大学生应该有正确认识。

随着性生理的发育成熟，青春期必然会产生性冲动和性要求。彻底戒除自慰是不现实的，对待自慰应顺其自然，适当克制，切不可以过度自慰。

阅读材料

性困扰案例分析

某男，21岁，大学三年级学生。平时性格比较内向，不善与人交往，没有和哪一个女孩子特别亲近。然而不久前做了一个梦，梦中居然和别人发生了性关系。梦醒后他愧疚不已，无颜面对他人。后来又做了一个梦，梦中和同班的女团支书发生了关系。该生认为自己道德败坏，下流无耻，担心团支书因此受到伤害，以至于不敢面对她，只要她在教室，他就看不下去书，强烈的罪恶感使他心神不宁，不能安心学习。他担心自己会变成性犯罪分子，有时还怀疑自己是不是得了精神病，为什么会如此不正常。心理的负荷使他不敢入睡，生怕"重温旧梦"，讲又讲不出口，忘更忘不掉，万般苦闷中他走进咨询室。

1. 原因分析

使这位大学生苦恼不已的梦叫作"性梦"。这位大学生之所以不能自拔的原因是荒诞怪异的梦使他产生了强烈的内疚心理，以至于怀疑自己，害怕睡觉。人之所以会做性梦，是生理和心理综合活动的结果。梦中的情景，都与梦者平时经验和思想活动有关。在性梦中出现的不合常规的性行为与性对象既不表明性梦者人格特征，也不表明其伦理道德修养水平。因而性梦之后完全没有必要自责。

2. 解决方法

（1）采用认知领悟疗法，减轻其心理负担和内疚，并对他的性梦做个性分析。

从他的情况看，青春期后产生了对异性的亲近感，而社会规范又使人们必然约束性欲，生理欲望受到心理自律的压抑后，往往会以性梦的方式得以实现。性梦仅仅是梦而已，并不是现实的，既不受梦者的控制，也不会伤害所涉及的人，更谈不到人格与道德败坏。

（2）培养兴趣爱好，使自己的生命能量得到积极合理地宣泄。平时行动多注意以下方面。

第一，保持正常的异性交往。

第二，积极参加文体活动和社会实践活动。

第三，多阅读有关生理和心理的书籍，提高这方面的知识水平，增强认识和判断能力。

第四，积极扩大人际交往范围。

小 结

斯腾伯格的爱情理论是目前对爱情研究得最完整的理论，他提出"爱的三角形"理论，认为爱情有三个基本元素：亲密、激情、承诺，分别属于情感维度、动机维度、认知维度。

恋爱是一个过程，大致可分为感受阶段、注意阶段、求爱阶段、恋爱阶段。

单恋、多角恋、网恋是大学生恋爱中常见的问题。

失恋是指恋爱过程中断，在客观上表现为相爱的双方分离，在主观上表现为失恋者体验到悲伤、忧郁、失望等消极情绪及心理痛苦和压力。可以借助时间疗养法、自我疗养法、宽容疗养法、转移注意力法、环境转移法进行调整。

大学生在恋爱中要不断提升爱与被爱的能力，树立健康的爱情观，发展健康的恋爱行为，提高恋爱挫折承受能力。

健康的爱情观要提倡志同道合的爱情，要摆正爱情与学业的关系，懂得爱情是一种相互理解，是一份责任和奉献，要真诚、幽默、互相尊重。

性征就是区别人的性别的特征。男女生殖器官的差异称为"第一性征"，也叫"主性征"。第二性征又叫"副性征"，是男女在外观和形体上的差异，包括生理变化、声音变化、皮肤变化以及体毛变化。男女两性在心理方面所表现的主要差异称为第三性征。

通用的性心理发展分期为：①异性疏远期；②异性接近期；③异性向往期；④两性恋爱期。

大学生性心理特征概括起来有如下几点：①性焦虑；②性别的差异性；③动荡性和压抑性；④强烈性和文饰性；⑤本能性和朦胧性。

大学生的性意识困扰主要有性幻想、性饥渴、性梦、性好奇。

思考与收获

通过本章的学习，我的思考是_____
_____
_____。

我的收获是_____
_____
_____。

心理测试1

大学生恋爱观测试

此测试共分16个问题，每个问题都有4个答案，你可以在最符合自己心理状态的答案上打上记号，然后根据后面的评分方法，算出自己的得分，从而大致判断自己的恋爱观是否符合时代和社会的要求。

一、试题部分：

1. 你对爱情的幻想是：
   A. 具有令人神往的浪漫色彩　　　B. 能满足自己的情欲
   C. 使人振奋向上　　　　　　　　D. 没想过

2. 你希望和你恋人的结识是这样开始的：
   A. 在工作和学习中逐渐产生感情　B. 从小青梅竹马
   C. 一见钟情　　　　　　　　　　D. 随便

3. 如果你是男性，你希望未来妻子是（如果你是女性，你希望自己成为）：
   A. 善于理家　　　　　　　　　　B. 别人都称赞她的美貌
   C. 顺从你的意见　　　　　　　　D. 能在多方面帮助自己

4. 如果你是女性，你希望未来丈夫是（如果你是男性，你希望自己成为）：
   A. 有钱或有地位　　　　　　　　B. 为人正直，有上进心
   C. 不嗜烟酒，体贴自己　　　　　D. 英俊、有风度

5. 你认为巩固爱情的最好途径是：
   A. 满足对方的物质要求　　　　　B. 用甜言蜜语讨好对方
   C. 对恋人言听计从　　　　　　　D. 努力使自己变得更完美

6. 在下列爱情格言中你最喜欢的是：
   A. 生命诚可贵，爱情价更高　　　B. 爱情的意义在于帮助对方提高
   C. 有福共享，有难同当　　　　　D. 爱情可以使我牺牲一切

7. 你希望恋人与你在兴趣爱好上：
   A. 完全一致　　　　　　　　　　B. 虽不一致，但能互相照应
   C. 服从自己的兴趣　　　　　　　D. 没想过

8. 你对恋爱中的意外挫折是这样看的：
   A. 最好不要出现　　　　　　　　B. 自认倒霉
   C. 想办法分手　　　　　　　　　D. 把它作为对爱情的考验

9. 当你发现恋人的缺点时：
A. 无所谓　　　　　　　　　　B. 嫌弃对方
C. 内心十分痛苦　　　　　　　D. 帮助对方改进

10. 你对家庭的向往是：
A. 能与爱人天天在一起　　　　B. 人生有个归宿
C. 能享受天伦之乐　　　　　　D. 激励对生活的追求

11. 自己有一位异性朋友时，你会：
A. 告诉恋人，并在对方同意下才继续同异性朋友交往
B. 让对方知道，但不允许对方干涉自己
C. 不告诉对方，因为这是自己的权利
D. 可以告诉，也可以不告诉，要看恋人的态度

12. 看到一位比恋人条件更好的异性对自己有好感时，你会：
A. 讨好对方　　　　　　　　　B. 保持友谊
C. 十分冷淡　　　　　　　　　D. 听之任之

13. 当你迟迟找不到理想的恋人时，你会：
A. 反省自己的择恋标准是否切合实际　B. 一如既往
C. 心灰意懒，对婚姻问题感到绝望　　D. 随便找一个算了

14. 当你所爱的人不爱你时，你会：
A. 愉快地同对方分手　　　　　B. 毁坏对方的名誉
C. 千方百计缠住对方　　　　　D. 不知所措

15. 你的恋人对你变心时，你会：
A. 采取"你不仁，我不义"的报复措施　B. 到处诉说对方的不是
C. 只当自己看走了眼　　　　　　　　D. 从中吸取教训

16. 你认为理想的婚礼是：
A. 能留下美好而有意义的回忆　B. 很排场，为别人所羡慕
C. 亲朋满座，热闹非凡　　　　D. 双方父母满意

二、参考表 9-1 进行评分：

表 9-1　评价表

选项	题号															
	1	2	3	4	5	6	7	8	9	10	11	12	13	14	15	16
A	2	3	2	0	1	2	2	1	1	2	3	0	3	3	0	3
B	1	2	1	3	0	3	3	2	0	1	2	3	1	1	1	0
C	3	1	1	2	2	2	1	0	0	1	2	3	1	1	1	0
D	0	1	3	1	3	1	0	3	3	3	1	1	1	1	3	1

如果总得分在 40 分以上，说明你的恋爱观是基本正确的；32 分以上时还可以；如果总得分在 32 分以下，就说明你的恋爱观不够正确，应该注意改进。如果这 16 个问题中有一半左右不知怎么回答，则表示你的恋爱观还游离不定。

心理测试2

性别差异态度测试

对于性别差异，你的潜意识如何？

一、试题部分

1. 男女之间唯一的真正差别是男子比女子：
   A. 更有理智　　　　　　　　　　B. 更有事业心
   C. 更有主动性　　　　　　　　　D. 更强有力

2. 一对夫妇只生一个孩子，那么你想要：
   A. 男孩　　　　　　　　　　　　B. 男女都行，无所谓
   C. 女孩　　　　　　　　　　　　D. 不要孩子

3. 对于男子来说，他生活中最重要的是：
   A. 较高的收入　　　　　　　　　B. 有兴趣的工作
   C. 他的孩子　　　　　　　　　　D. 他的妻子

4. 对于妇女来说，她生活中最重要的是：
   A. 她的丈夫　　　　　　　　　　B. 她的孩子
   C. 有兴趣的工作　　　　　　　　D. 较高的收入

5. 你喜欢在谁的手下工作：
   A. 男子　　　　　　　　　　　　B. 不论男女只要是和气的上司
   C. 不论男女只要是有权力的上司　D. 女子

6. 男女真正平等只有在下面情形下才能实现：
   A. 男女幸福地生活在一起　　　　B. 男女同工同酬
   C. 在平等的基础上在军队服役　　D. 使用同样的休息和工作房间

7. 在一些传统上属于男子就业的行业中，你认为如果女子就业，最好从事哪个行业？
   A. 理发员　　　　　　　　　　　B. 厨师
   C. 建筑技工　　　　　　　　　　D. 汽车技工

★以下问题只由女性回答。

8. 你有过这样的经历或想法吗？
   A. 同男子一起演戏　　　　　　　B. 看比赛时希望一名男子获胜
   C. 喜欢在比赛中战胜男子　　　　D. 在同男子约会时替他付钱

9. 你愿意出去工作赚钱来养活你的丈夫吗？以便让他：
   A. 继续上大学读研究生
   B. 让他有时间从事文学创作
   C. 让他在家里照看孩子
   D. 让他在家从事家务劳动和招待你的同事

★以下问题只由男性回答。

10. 你最喜欢看哪一类电视和电影：
    A. 表现男性伟大人物的故事片　　B. 表现英俊青年事业和婚姻的故事片
    C. 妇女主演的轻松愉快的喜剧片　D. 表现妇女的故事片

11. 你曾做过这样的事或有过这样的想法?

A. 希望女人闭上嘴听你的

B. 在运动比赛中输给女子感到比输给男子更丢人

C. 知道女子会战胜你还要同她比赛

D. 在同女子约会的时候为她付钱

12. 你愿意让你妻子工作赚钱来供给你:

A. 读大学和研究生　　　　　　　B. 从事文学创作

C. 在家看孩子　　　　　　　　　D. 做家务劳动和招待她的同事

二、计分标准

1~7 题:

A. 4 分; B. 3 分; C. 2 分; D. 1 分。

8~11 题:

A. "肯定"得 4 分,"否定"减 4 分;

B. "肯定"得 3 分,"否定"减 3 分;

C. "肯定"减 1 分,"否定"加 1 分;

D. "肯定"减 2 分,"否定"加 2 分。

三、评析

31~40 分:表明你是大男子主义者。

21~30 分:说明你是一个思想传统、比较保守的人。

11~20 分:你的思想比较开通。

0~10 分:表示你是一个激进的女权主义者。

第9章

大学生职业生涯规划
——描绘职业生涯的彩虹

大学生常常憧憬绚丽多彩的未来，向往美好灿烂的生活。然而，随着高校扩招，大学生就业竞争日益激烈，就业难现象已成为社会关注的焦点。一方面学校和老师要对学生就业给予有效的指导和帮助，另一方面，在校大学生也必须对自己的未来有一个科学的规划，明确自己的职业方向，并为此努力工作，才能更好地展现能力，获得成功。

9.1 生涯规划的概述

职业生涯在人的生命历程当中占有极为重要的地位，职业生涯是否成功直接影响人生价值能否得到充分的体现。因此，做好职业生涯的规划，对每个人来说都是十分重要的，它关乎个人的前途与命运。

9.1.1 什么是生涯规划

职业生涯规划是极其重要的生涯规划，指人对一生中所承担职务的相继历程的预期与计划，这个计划包括职业和组织的生产性贡献、成就期望及个人的学习与成长目标。

简单来说，职业生涯规划就是个人打算从事哪个行业，找一份什么样的工作，想取得怎样的成就，想过什么样的生活，以及如何通过学习与工作达到目标。具体地说，职业生涯规划是以心理开发、智力开发、技能开发、伦理开发、生理开发等人的潜能开发为基础，以工作内容的确定和变化、工作业绩的评价、工资待遇、职称或职务的变动为标志，以满足需求为目标的工作经历和内心经历。

职业生涯又可以分为内职业生涯和外职业生涯。内职业生涯是指从事一项职业时所具备的知识、观念、能力、心理素质、内心感受等因素的组合及其变化过程。外职业生涯是指从事职业时的工作单位、地点、内容、职务、环境、待遇等因素的组合及其变化过程。

阅读材料

职业生涯规划的金三角

美国伊利诺伊大学教授斯温（Swain）指出职业生涯规划的"金三角"（见图9-1）：第一，对自我的探索；第二，对教育与职业资料的探索；第三，对环境资源的评估与掌握。

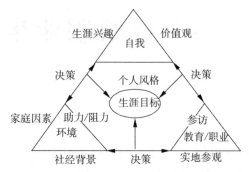

图9-1 职业生涯规划的"金三角"

其中，对自我的认识包含了解个人所追求的生活形态，了解自己的兴趣、能力、价值观、性格等；对教育与职业资料的探索包括对教育和职业信息的了解、对工作世界的认识等；对环境资源的掌握包括父母、家人、师长、朋友的期许和协助，社会资源的助力或阻力等。

不难看出，上面提到的概念不是一个静态的概念，在整个职业生涯的不同阶段，所有影响因素都是不断发展变化的，职业生涯规划正是从一个平衡点走向另一个平衡点的过程。而在这个过程中，经过各方面因素的平衡，来选择适合个人特点的专业、职业及具体的工作岗位，确定特定的职业期望，并形成相应的职业行为；在以后的生涯道路中，如果个人并没有得到预期的结果，则会调整原来的设想，改变行为方式或期望值。因此，职业生涯规划是一个开放的、动态的系统工程。

9.1.2 关于生涯发展的几个概念

生涯发展作为社会科学研究的一个领域，有一套特定的术语。为了有效解决生涯问题、进行决策制定，有必要了解一些生涯规划的术语，如生涯（Career）、行业（Vocation）、就业（Employment）、工作（Job）、职业（Occupation）和产业（Industry）等，需特别注意，因为在生涯发展领域，它们的意义不同于新闻媒体或日常交谈中的传统意义。以下是生涯研究领域中几个最重要的定义，来源于《职业指导季刊》中苏珊·希尔斯（1982）的一篇文章。

1. 生涯发展（Career Development）

生涯发展是指那些共同塑造人们生涯的经济、社会、心理、社会阶层、心理健康以及机遇等因素的总和。

生涯发展是一个很大的概念，受资金、团队关系、社会阶层、心理健康、个性、教育水平、经历、身体能量和特质以及机遇的影响。所有这些个人内部和外部的因素结合起来，影响人们职业生涯道路的展开方式。这些因素中的任何一个都无法单独决定一个人的生涯，但以复杂的方式结合起来后即可塑造人的生涯。

2. **生涯**（Career）

生涯是指个人通过从事工作所创造出的一种有目的的、延续不断的生活模式。该定义由美国国家生涯发展协会（National Career Development Association）提出，是生涯发展领域中使用最为广泛的一个定义。该定义将焦点从"寻找适合于我的生涯"转向"发展属于我自己的生涯"。对于某些人来说，生涯规划的重点转向人们自身是件好事情，而对于另一些人来说，承担职业生涯发展的责任却令他们感到恐惧。

3. **职业**（Occupation）

职业是指不同行业和组织中存在的一组类似的职位。不论是一门手艺还是某种专业，职业都独立于个人而存在于某个行业或机构中。

4. **职位**（Position）

职位是指组织中个人从事的一组任务；它是由重复发生或持续进行的任务构成的一个工作单元。职位形成于组织划分出某个知识领域或一套技术任务之时，这些任务的完成将使整个组织运转得更好。一个人可能一生中会在许多不同的工作岗位上工作，即使是在同一个机构或同一个职业里。

5. **工作**（Job）

工作是指由具备某些相似特征的人从事的带薪职位。一份工作可能包含一个或一组相似的带薪职位。人们一生中可能从事许多不同的工作。工作由人来完成，以任务、结果和组织为中心。"工作"与"职位"的不同在于：人们失去或得到工作；组织失去或得到职位。

9.1.3 关于生涯规划的理论

心理学家、社会学家、经济学家和教育学家尝试着进一步了解人们进行生涯选择和生涯问题解决的过程和方式。他们所累积的知识可视为一门学科或一套知识体系。

弗兰克·帕森斯被视为结构取向的理论家。他专注于每种职业选择或生涯选择，试图考察与个人以及职业选择有关的所有因素。帕森斯强调在生涯决策制定中需要掌握有关个人以及各种选项的高质量信息。他认为一个人如果缺乏对自身或职业和工作的了解，或是推理能力不足，就可能会做出糟糕的选择。帕森斯将高质量的自我评估、职业或就业信息，再加上专业的咨询者，作为帮助人们解决生涯问题的关键。

约翰·霍兰德发展了一种被称为"类型学"的理论，该理论是关于人格类型和与之相匹配的环境类型的理论。自20世纪50年代以来，该理论使得职业生涯领域发展出最为广泛使用的工具和材料。霍兰德的理论不断产生关于人们如何选择职业的大量研究。他编制的"霍兰德职业兴趣量表"自1970年问世以来，至今已被翻译成25种语言。霍兰德的理论也能用于研究各种社会环境、工作环境，包括职业、职位、组织、学校和人际关系等。

唐纳德·舒伯是最为重要的"过程取向"理论家之一。他从20世纪50年代开始提出了关于生涯发展的新思路。他指出职业选择部分基于个人的自我概念，即个人通过职业选择来寻求自我概念的实现。舒伯提出了生活（生涯）彩虹理论，他认为"九种生活角色"是人们理解生涯概念的良好途径。每个人在其一生中的不同时期扮演着一个或多个角色。此外，对于每个人来说，每个生活角色的强度随时间而变化，各种生活角色的结合及强度构成了每个人的生涯基础。有些角色是从生物和遗传的角度来定义的，有些则是个人的选择。这九种角色分别是：①孩子（儿子或女儿）；②学生；③休闲者；④公民；⑤工作者；⑥退休者；⑦配偶或伴侣；⑧持家者；⑨父母或祖父母。显然，生涯规划不仅仅是选择一个大学专业、一种职业或一个工作地点，还包含着对个体自身及其在生活中所扮演的所有角色的剖析。

9.1.4 为什么要进行职业生涯规划

职业生涯规划的目的在于详细估量内外环境的优势与限制，帮助个人真正了解自己，在"衡外情，量己力"的情形下规划出合理且可行的职业生涯发展方向，以实现个人目标。

对于新入学的大学生而言，职业生涯规划具有重要意义。人生刚开启一段新的征程，如何打造自己的未来就成为大学生常常挂在嘴边的话题。随着计划经济体制向市场经济体制的转轨，"国家统包统配"的毕业分配制度已经改变，取而代之的是企业与求职者之间的"供需见面""双向选择"的毕业生就业制度。同时，越来越多的大学生选择攻读硕士、博士研究生，提高了大学生择业的自主权，也从侧面导致大学生面临的就业压力相应增加。无论是考研还是就业，都需要大学生从大学一年级就开始认清自己，明确自己的发展方向及目标，并在大学四年内不断挑战自我、超越自我，挖掘自身潜力，切实提高综合素质，为走上社会打下坚实的基础。

9.2 大学生能力概述及发展目标

人的素质是多方面的，主要包括政治素质、思想道德素质、科学文化素质、身体心理素质、能力素质等。能力素质是指人在认识世界和改造世界的过程中所表现出来的一种能动性，是人们运用知识和智力认识事物和处理问题的一种能力。能力素质是核心素质，是培养、提高其他素质的关键。

9.2.1 什么是能力

能力，通常指完成一定活动的技能和技术，包括完成一定活动的具体方式以及顺利完成一定活动所需的心理特征。

大学生的能力，是指在大学学习阶段，在一定科学理论和文化知识指导下，大学生完成学业、奠定成才基础活动所具备的一种个性心理特征和实际技能。

能力不同于知识和技能，三者各有区别。能力是一种个性心理特征，是个体身上固定的概括性的东西。知识、技能虽然也有一定的概括性，但两种概括性的性质不同。一般说来，知识是对客观现实的反映，是对相应经验的概括，只能迁移到与之相似的场合中去。技能是由于反复练习而得以巩固的行为方式，是对相应行为和活动的相应心理过程的概括。而在反映客观现实过程中所获得的观察能力、记忆能力以及合作、综合能力，一旦成为个人的特点时，即可迁移到不同场合中去，作用范围非常之广。由于两者概括化的性质不同，因此迁移的程度也不同，前者迁移的范围较窄，后者迁移的范围较广。

能力、知识与技能之间虽然有所区别，但又是相互联系、相互转化的。能力，是掌握知识和技能的必要前提，没有起码的感受能力、记忆能力，就无法接受感性知识；没有一定的比较、抽象和概括能力，就难以领会理性知识。因此，一个人能力的高低，在很大程度上取决于知识水平的高低。但是，知识并不等于能力，只有不断积累知识，把知识应用于实践，才能将知识转化为能力。知识素质，是人的知识系统中量与质的综合表现，而能力素质才是正确认识世界和改造世界的本领。同时，能力的高低也会影响一个人学习和掌握知识、技能的快慢、深浅、难易和巩固提高的程度。

正确地认识能力与知识、技能的关系，才能更好地胜任将知识转化为能力的工作。如何促进知识向能力转化，很重要的一点就是树立自觉转化的观念，坚持学与用的统一、知识与能力的统一，自觉把所学到的书本知识转化为自己的认识能力和实际工作能力。

9.2.2 能力的分类

根据能力在大学生学习等活动中的具体表现形式，可将其分为以下不同的类型，如表9-1所示。

表9-1 能力的不同分类标准及类型

分类标准	能力类型
按能力的表现方式	一般能力
	特殊能力
按能力的特性	心理能力
	应用能力
按能力的聚合方式	个体能力
	群体能力
按能力的功能倾向	再现性能力
	创造性能力
按能力的显现方式	现实能力
	潜在能力

1. 按能力的表现方式

按能力的表现方式不同，可把能力划分为一般能力和特殊能力。一般能力是指每一个大学生在学习等各种活动中所必须具备的一些素质能力或基础能力，如体力、意识能力、认识能力、听课能力、阅读能力等。特殊能力是指大学生在某些专业学习中表现出来的能力，适用范围较窄，只在某一专业中发挥作用，如物理专业学生的实验能力、生物专业学生的解剖能力、社会学专业学生的社会调查能力等。

2. 按能力的特性

按能力的特性不同，可把能力划分为心理能力和应用能力。心理能力一般包括大学生

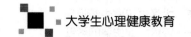

个人具备的心理素质及其特征,如记忆能力、思维判断能力等。应用能力是指大学生的实际能力,是心理能力外化的综合体现,如表达能力、写作能力、创造能力等。

3. 按能力的聚合方式

按能力的聚合方式不同,可把能力划分为个体能力和群体能力。个体能力是指能力在单个学生身上的表现方式及学生的个体行为能力特征。群体能力是指能力在学生群体中的表现形式及学生群体的综合行为能力特征。

4. 按能力的功能倾向

按能力的功能倾向不同,可把能力划分为再现性能力和创造性能力。再现性能力是指学生在学习等活动中,能够迅速掌握知识、善于借鉴前人的经验并能根据现有知识和经验提供的理论、原理和科学方法,正确地分析和解决活动中的问题的能力。创造性能力是指学生在学习等活动中,能够尽快迁移和转换知识,"想人之未所想,见人之未所见",具有提出新思想、新方案、新措施的能力。

5. 按能力的显现方式

按能力的显现方式不同,可把能力划分为现实能力和潜在能力。现实能力是指在学生学习等活动中,学生直接表现出来的一种实践能力。潜在能力是指在学生学习等活动中,学生间接表现出来的一种能力发展趋势。

9.2.3 培养、提高能力的方法

1. 发掘自己的优势能力

美国管理大师德鲁克曾说,大部分美国人都不知道他们的优势能力何在。如果你问他们,他们就会呆呆地看着你,或答非所问地大谈自己的具体知识。这个现象不仅在美国,在其他国家也很普遍,很多人都不曾考虑自己的优势能力是什么。美国盖洛普公司认为,在外部条件给定的情况下,是否成功的关键在于能否准确识别并全力发挥个体的优势。

发现了自己的优势能力,还要善于运用。人最大的成长空间在于其最强的优势领域。要多花点时间把自己的优势发挥到极致,而不要花很多的时间去弥补劣势。很多同学在找工作时,总是放大自己的劣势,看不到自己的优势。

其实从统计学的角度来看,十全十美或一无是处的同学都很少,大部分人只是在某一方面比较突出。在找工作时要尽量突出自己的优势,假如学习成绩不好,则可以突出参加多项社会活动。无论是简历制作,还是面试,都要尽量从社会活动中挖掘自己的优势。如果一个人缺乏空间想象能力,却从事建筑设计,对数字不敏感,却在当会计,那么他不但很难取得好成绩,甚至工作也会很吃力。

许多心理学家都发现,长久的兴趣是一个人事业取得成功的关键。这里的重点就在于"长久"二字。每个人都有些一时的兴趣,但长久的兴趣往往来源于自己的优势能力。当一个人做某件事能够体会到成就感,并能较松地做好时,那么他就会更有兴趣做这件事,形成良性循环。

2. 了解自己的独特能力

大学生要认识自己的优势能力,同时发掘自己的独特能力。只有当一个人清楚了解自己的独特价值是什么的时候，才更愿意在这方面投入更多精力，并逐渐发挥最大的潜力，进而将这种成就感扩大到其他能力的培养上。了解自己的独特价值是建立自信，并做好其他事情的重要因素，认清并挖掘自己的独特能力比弥补自己的能力不足更重要。

阅读材料

清楚自己的价值

在一项心理学研究中，研究人员询问人们价值和承诺与工作之间有何关联。当团队的价值观不明确，而且个人也不清楚自己的价值时，平均承诺得分只有4.9分（评分标准从1分到7分）；当个人清楚自己的价值，但团队的价值观不明确时，平均承诺得分为6.12分；当个人和团队价值观都明确时，平均得分最高，为6.26分。这个研究结果显示，清楚自己的价值比清楚组织的价值更加重要。

3. 开发自己潜在的能力

人还有许多潜在的能力。心理学家认为，大部分人只发挥了自己所拥有的5%~10%的能力。尝试有一定困难的工作与活动，把潜能激发出来，那么成就会大大超过预期。一位英语教师在长期接触中国和美国中学生的过程中发现，美国孩子有的是梦想，而中国孩子有的是实际的目标。人既需要成为梦想者，也需要成为实践者。梦想与实践相结合，有助于发现自己没有意识到的能力。

阅读材料

李开复的潜力

李开复在苹果公司工作的时候，有一天老板突然问他："你什么时候可以接替我的工作？"李开复非常吃惊，表示自己缺乏管理经验和能力。但老板却说，经验和能力是可以培养和积累的，而且希望他在两年之后能够做到。有了这样的提示和鼓励，李开复开始有意识地加强这些方面的学习和实践。果然，两年之后他真的接替了老板的工作，成了苹果公司的管理者之一。

4. 态度决定命运

观念，观决定念。观是看，念是想，看到的内容决定了想到的内容。换句话说，信息的输出源于信息的输入。因此，大学生需要做的，就是尽力抓住机会，去开阔眼界，即扩大信息输入的"量"，进而讲究输入的"质"。有了这样的基础，才有可能改善能力"输出"的问题。

在大学期间，如果想让自己具有以后工作中所需要的各种能力，但又不能确定哪些是需要具备的能力，那么，可以去做一件具体而有效的事——职业生涯人物访谈，访谈未来你希望从事的工作领域内的不同层次的人，去了解这一工作领域需要具备的能力。如果想以后从事心理方面的工作，而且比较希望在高校工作，就可以去访谈高校从事心理教学的教师、任职于心理咨询中心的工作人员，了解他们在工作中需要具备的能力和素质，对比自身情况，进而了解如何培养相关的能力。

[阅读材料]

哈佛的跟踪调查

一群意气风发的天之骄子刚刚从美国哈佛大学毕业,他们即将开始步入社会。他们的智力、学历、环境条件都相差无几。在临出校门之前,哈佛对他们进行了一次关于人生目标的调查。调查结果显示:27%的人没有目标;60%的人目标模糊;10%的人有清晰但比较短期的目标;3%的人有清晰且长远的目标。

转眼25年后,哈佛再次对这群学生进行了跟踪调查。结果是这样的:3%的人25年间朝着一个方向不懈努力,几乎都成为社会各界的成功人士,其中不乏行业领袖、社会精英。

10%的人的短期目标不断地实现,成为各个领域中的专业人士,大都属于在社会的中上层。

60%的人,他们安稳地生活与工作,没有什么特别成绩,几乎都生活在社会的中下层。

剩下27%的人,他们的生活没有目标,过得很不如意,并且常常抱怨他人、抱怨社会。

其实,他们之间成功与否的重要差别之一在于:25年前,他们中的一些人清楚地知道自己的人生目标,而另一些人却不清楚或不是很清楚。

5. 理论联系实际

能力的获得来源于两方面:学习与实践,能力的获得应该在这两者之间反复转换。比如大学毕业工作一两年后,根据工作所需,有目标地参加学习或培训,然后再工作,这样将会飞速提升。"唯学历论"和"唯实践论"都是静止而孤立地看待问题。知识"脱节"则意味着两边的努力都化为乌有,知识还是知识,可知识无用武之地就显得很可悲了。

[案例分析]

第一次来咨询室时,莹莹身体蜷缩着,眼睛看着地面,把书包紧紧地抱在胸前。通过咨询,工作人员了解到她是个很好强的女孩,学习成绩很好。但由于妈妈的个性很强势,所以莹莹有心事从不告诉妈妈,逐渐形成了自我压抑的行为模式。妈妈把她的生活照顾得很周到,抑制了她独立能力的发展。莹莹特别不满意自己不具备当众说话、组织、管理的能力。因为从上学以来,只担任过学习委员,从未涉及管理或组织方面能力的工作。所以,在大一刚入学时,她就自荐当上了班长,这对她来说是非常不容易的。事情发展得并不顺利,在担任班长的那段时间里,莹莹屡屡受挫。由于没有过类似的经验,大学的班级又比较松散,莹莹所做的工作通常都没有多少同学响应,她每一次站在讲台上时,都会体验到"失败"的感觉。慢慢地,莹莹开始怀疑自己,甚至连原本很有信心的学习也开始担心。当她寻求咨询时,已出现较为严重的考试焦虑了。

在咨询中,首先对于她自荐的行动给予了肯定,充分体会她做这个决定的不易,肯定了她的勇气、魄力和内心的力量,同时也看到了她急于改变自我、弥补自身能力不足的决心。随后,引导她挖掘自己独特的优势。开始她一条都想不出来,在反复引导下,她说老师都认为她做事很细心、踏实，同学也觉得她很值得信赖，并且她从小喜欢画画，作品还获过奖。但她认为这些能力都是微不足道的，作为班长应该是很会"管"人、也很有号召力的。咨询师反馈她说，其实班长需要威信，也就是不仅需要"威"，更需要"信"，这个"信"包含着诚信、信任，其实她所具备的细心、让人信赖的能力正是作为班长所需要的素质。听后，她若有所思地点点头。"不过，"咨询师说，"目前你最重要的不是去弥补你有所不足的组织、管理、当众讲话的能力，而是充分发现你的独特价值。当一个人对自己独特的能力充分了解并相信时，她才敢于面对自己的不足。"咨询结束后，莹莹主动向老师辞去班长的职务，计划先从自己擅长的事情做起，重新培养自己的自信，然后逐渐培养自己所欠缺的能力。现在的莹莹已是学校书画社团的部长了，更重要的是她了解了自己独特的能力，并将其发挥到了极致。在自信的基础上，她也正在慢慢培养着自己其他方面的能力。

9.3 大学生生涯规划的制定

面对严峻的就业形势，大学生应加强对自身的认识与了解，有必要按照职业生涯规划理论，确定自己能胜任的工作，即优势所在，找出自己感兴趣的领域，明确进入社会的起点及提供辅助支持、后续支援的方式。

大学生需要明确自我人生目标，即给自我人生定位。自我定位，规划人生，就是明确"我能做什么""社会可以提供给我什么机会""我选择做什么"等问题，使理想可操作化。

阅读材料

未选择的路

[美] 罗伯特·弗罗斯特

黄色的树林里分出两条路，
可惜我不能同时去涉足，
我在那路口久久伫立，
我向着一条路极目望去，
直到它消失在丛林深处。
但我却选了另外一条路，
它荒草萋萋，十分幽寂，
显得更诱人、更美丽，
虽然在这两条小路上，
都很少留下旅人的足迹，
虽然那天清晨落叶满地，
两条路都未经脚印污染。
呵，留下一条路等改日再见！

但我知道路径延绵无尽头,
恐怕我难以再回返。
也许多少年后在某个地方,
我将轻声叹息把往事回顾,
一片树林里分出两条路,
而我选了人迹更少的一条,
因此走出了这迥异的旅途。

在人生的旅途中,我们时常须在两条道路、两种思想或两种行动中做出选择,不同的选择将决定不同的人生方向。我们知道只能选择一条路,却舍不下另一条路,我们虽然做出了选择但心中仍旧踌躇:这条路是正确的吗?弗罗斯特没有告诉我们答案,没人能拍着胸脯保证这是一个你绝对不会后悔的选择,因为这是你自己的路,你必须用自己的双脚去走过、去验证。重要的是我们应该考怎样走好这条路。

9.3.1 我能做什么

大学生要明确自己的才能大小,看清自己的优势和劣势,就需要进行自我剖析。自我分析的目的在于深入了解自身。根据过去的经验,选择、推断以后可能的工作方向与机遇,从而解决"我能做什么"的问题。

1. 你的优势:你所拥有的能力与潜力所在

寻找职业方向,往往要从自己的优势出发,以己之长立足社会。在一定程度上,专业决定学生的职业方向,因而大学生应尽自己的努力学好每门专业课程,这是生涯规划的条件之一。

大学生已有的人生经历和经验有哪些?如在上学期间担任学生干部,曾经为某知名组织工作过,取得的成功及经验的积累,获得过的奖励等。经历是个人最宝贵的财产,往往可以从侧面反映出一个人的才能、潜力状况,因而备受招聘组织的重视。同时这也是简历的亮点所在,绝对忽视不得。对应聘者来说,经历往往要比知识更为重要。判断一个人的才能,只有在实践的时候才会真正发现其优势与不足。

大学生可能做过很多事情,但最成功的是什么?为何成功,是偶然还是必然?是否是自己能力所为?通过对最成功事例的分析,可以发现自我优势的一面,譬如沉稳、果断、智慧超群,以此作为深层次挖掘自我能力的动力之源,形成职业规划的有力支撑。

2. 你的弱势:目前的不足或能力的欠缺

大学生对自身所欠缺的方面应持正确态度:认真对待、善于发现并努力克服和提高。"金无足赤,人无完人",由于自我经历的不足、环境的局限,大学生无法避免一些经验上的欠缺。欠缺并不可怕,可怕的是自己还没有认识到或认识到却一味地不懂装懂。

此外,经常听取父母、老师、朋友、同学对自己的看法,了解他们对自己的优势和不足的评价,征求他们对自己在选择职业方面的意见是十分有益的。有的人只爱听好话,对批评意见、逆耳之言过于敏感,这都不利于正确认识自己。他人的评价往往比自我评价更具有客观性和真实性,可以从别人的评价中认识和发现自己的优势和劣势。

大学生还应该从其他方面来评估自己。具体内容主要是：兴趣爱好、性格特征、气质特征、能力水平、社会交往。在自我评价的时候，还要善于在与同伴的比较中认识和发现自己的优势和劣势。"不识庐山真面目，只缘身在此山中"，自我认识难免有局限性，大学生可以把同伴作为大学生的"参照物"，这样，就可以从中认识和发现自己的优势和劣势。

9.3.2 社会能提供什么

1. 组织分析

这应是个人着重分析的部分，因为组织将是你实现个人抱负的舞台。特别是现代组织越来越强调组织文化的建设，对员工的适境生存能力要求越来越高。因而，大学生应将组织的各个方面进行详细了解，在知己知彼的基础上，融入组织才是最佳的选择。

2. 人际关系分析

个人处于社会环境中，不可避免地要与各种人打交道，因而分析人际关系状况显得尤为重要。人际关系分析应着眼于：个人职业发展过程中将交往的人，以及这些人对自身发展所起的重要作用。如工作中会遇到什么样的上下级、同事及竞争者，他们对自己会有什么样的影响，如何相处、对待等。

3. 社会分析

社会在进步、在变革，即将步入社会的大学生应该善于把握社会发展的趋势。这就需要大学生进行社会大环境的分析：当前社会、政治、经济发展趋势；社会热点职业门类分布及需求状况；所学专业在社会上的需求形势；自己所选择职业在目前与未来社会中的地位情况；社会发展对自身发展的影响；自己所选择的单位在未来行业发展中的变化情况，在本行业中的地位及发展趋势等。对这些趋势问题的认识，有助于把握职业社会需求，使自己的职业选择紧跟时代脚步。

9.3.3 我选择做什么

通过以上自我分析，大学生应明确自己该选择的职业方向，即解决"我选择做什么"的问题，这是个人职业生涯规划的核心与前提。职业生涯目标的确定，是个人理想的具体化和可操作化。职业方向直接决定着一个人的职业发展，选错了行业，可能会毁掉自己本该有所作为的人生。选择职业，就是根据前面所介绍的职业选择理论，将自己的特点与社会能够提供的机会和岗位进行匹配，选择适合自己的职业，并确定自己的职业目标。

职业目标的选择并无定式可言，关键是要依据自身实际，适合于自身发展。值得注意的是，伴随现代科技与社会的进步，个人要随时注意修订职业目标，尽量使自己职业的选择与社会的需求相适应。在选择了目标职业，还要考虑将来如何开展自己的职业生活，不断地完善自我，使匹配达到最佳。

案 例 分 析

择业案例分析

【案例】

路某，男，22岁，来访时面容憔悴，愁容不展，精神状态十分不好。自述原因是年后的几次求职都以失败告终，眼看就要大学毕业了，这段时间一直在为找工作的事忙活，然而，两个多月来参加了七八场招聘会，求职简历送出了一堆，也去了几家单位参加了面试，但最后的结局都是石沉大海，到目前工作还是没有着落。面临毕业，觉得学业和经济的压力都非常大，感觉"我的脾气越来越坏，内心极其焦虑，这样下去不好"，故前来求助。

【分析】

案例的情况是大学生求职中较为普遍的问题。随着就业制度改革的不断深化，大学生拥有了更多的择业自主权和择业的机会。但新型的就业办法也在不少毕业生的心中引起强烈的冲击，给大学生的心理造成了一定影响，从而导致各种各样心理误区与心理障碍的产生，这对大学生顺利择业是十分不利的。要摒弃这种心理误区，以下两点可供借鉴。

（1）正确的自我认知。正确认识自我，适度设计自我并追求与社会相适应的价值，养成良好的自我意识，对大学生择业有重要的意义。身为毕业生，并不代表自己是一个完美无缺的人。毕业生要冷静地做自我分析，清楚自身的优势与特长、劣势与不足，对自己有一个全面、客观、正确的评价。只有自我认知正确，才可以避免求职的盲目性；只有通过自我认知，才能避免因个人自负清高而导致的就业失败；只有实事求是地对待自己，才能避免心理冲突，减缓择业受挫和焦虑带来的痛苦。及时调整期望值，不是降低职业理想，而是在迈出择业的第一步时，不要过于追求职业声望，不要对职业条件要求太高。在职业理想的引导下，立足现实社会的需要，抵制功利主义、享乐主义的影响，充分展现发展事业、服务社会、奉献社会的精神面貌，在现实可能的条件下积极就业，在实践中开拓事业，增长才干。

（2）保持达观的择业心态。择业心理是与个人思想、品质、修养分不开的。大学生应加强自我修养，使自己乐观大度，宽容悦纳，不尽如人意之事不耿耿于怀，自己力所不能及的事也不一味强求。找一个好工作是每个毕业生的共同愿望，但在择业的过程中，不能一步到位属正常现象，毕业生不要因此而沮丧。只要能保持谦虚平和的心态，不急不躁，不图虚荣，能退而求其次，毕业生还是有很多就业机会可以选择的。有些工作岗位哪怕是暂时的，只要能够脚踏实地，就能在工作中积累经验，为以后的选择和发展创造条件。同时，在择业受挫后，能正视现实，敢于自我解剖，找出差距，主动完善自我，也是很值得提倡的积极心态。

9.4 时间管理

时间是生活的组成元素之一，对有些人来说，时间是朋友，它带来机遇、快乐和满足；对另一些人来说，时间则是敌人，它带来焦虑、厌倦和困惑。无论我们以何种方式生活，都应该学会安排时间。

9.4.1 时间管理概述

关于时间管理倾向的心理结构，有的学者认为是由短期计划、时间态度和长期计划这三个因素构成的（Britton&Tesser，1991）。2001年，我国学者黄希庭和张志杰提出了一个适合我国青少年的时间管理倾向的三维理论模型，包括时间价值感、时间监控观和时间效能感三个维度。时间价值感是指个体对时间的功能和价值所持的稳定的态度和观念，这种观念通常充满情感，从而驱使人朝着一定的目标行动，对个体在一定程度上驾驭时间具有动力或导向作用，时间价值感是时间管理的基础。时间监控观是个体利用和运筹时间的能力和观念，体现在一系列外显的活动中，如计划安排、目标设置、时间分配等。时间效能感是指个体对自己在一定程度上驾驭时间的信念和预期，反映了个体关于时间管理的信息以及对时间管理行为能力的估计。因此，时间价值感、时间监控观和时间效能感分别是价值观、自我监控和自我效能在个体运用上的心理和行为特征，即时间维度上的人格特征。

所谓时间管理，是为了提高时间的利用率和有效性，而对时间进行合理的计划和控制、有效安排与运用的管理过程。由于时间所具有的独特性，时间管理的研究对象并不是时间，而是与时间密切相关的"自我管理"。

大学生如不对时间管理进行合理规划与安排，就不会按照自己制订的目标发展。大学生应尽早地进行职业生涯规划，以时间为单位，确定不同时期的奋斗目标，有目标地进行时间管理，一步步地按计划采取有效行动，才有可能取得成功。

9.4.2 大学生时间管理中存在的问题

在时间管理上，人们常常会犯一些错误，从而浪费了这一宝贵的资源。为此里斯（Rice，1992）提出了时间管理的七条"禁忌"。

1. 迷惑

当人们抱怨浪费的时间太多但又不知时间都浪费在哪里时，就可以肯定他们不知道自己该做什么。如果不知道自己要做什么，时间管理就失去了意义。没有为后期的事情做计划，是时间管理中的一大错误。

2. 犹豫不决

犹豫不决意味着一个人对某一任务不是一次完成，而是要花许多时间。犹豫不决的后果不只局限在影响个人效率的范围内，还会影响团队的效率。

3. 精力分散

精力分散是企图做超出需要的甚至超出可能的过多的事情，往往造成人无法集中精力，对最简单的工作也缺乏动机，且引起个体精神和体力的疲劳。

4. 拖沓

拖沓是"偷窃时间的贼"，是时间管理中最主要的"罪人"。常见的拖沓包括拖沓不愉快的事情，拖沓困难的事情，以及拖沓需要做难以决定的事情。对大学生来说，拖沓是较差的学习习惯和较弱的时间管理。

5. 逃避

个体可以找到许多逃避工作的方法，比如延长休息时间、找人闲聊、发呆或沉溺于网络世界等。

6. 中断

计划被打断是让人烦恼的消耗时间的事情之一。研究发现，一般的管理者平均每八分钟被打断一次。在宿舍学习的同学也常遭遇类似的问题。中断对复杂的工作伤害最大。复杂的工作往往需要一段时间来找到节奏，而中断则需要附加的时间来重新定位和再启动。

7. 完美主义

不少人为自己确定的目标并不现实。克制"完美主义"的关键是对需要和过分追求加以区分。

大学生在四年的大学生活中，学习专业知识、参加社团活动、考取各种资格证书等是其必须完成的事情。在时间管理方面，大学生常常出现以下几个方面的问题。

1. 时间分配不合理

多数学生上课时间与日常生活时间安排的不够紧凑，课余时间充裕但安排不科学，上网、聊天、聚会等娱乐时间过长。

2. 时间安排不均衡

在学期和年级的不同阶段，时间安排不均衡，学期初期用于学习的时间比例小，期末考试前用于学习的时间比例较多。

3. 忽视职业生涯规划

在校大学生普遍缺乏职业生涯规划意识，没有真正理解职业生涯规划，有的将其等同于选择，有的理解为不停地考证，缺乏行之有效的人生目标和学习计划，学习处于盲目和被动状态。

4. 缺乏时间管理方法

许多学生没有掌握有效的时间管理方法，缺乏良好的学习和生活习惯。如果大学生在校期间没有好好地珍惜和管理自己的可支配时间，掌握大学生应有的关键能力，在选择职业时，可能错失合适的就业机会。

9.4.3 时间管理方法

大学生在校期间只有掌握了高效的时间管理方法，管理好自己的学习和生活时间（特别是由个人支配的课外时间），才能使学习效率大为提升，使学习变得更为轻松，生活变得更为充实。利用在校时间尽可能多地培养综合职业能力，提升就业核心能力，是大学生迈向成功人生的第一步。大学生在校期间的时间管理应从以下几个方面进行。

1. 确定优先权

"你必须知道应该先做什么后做什么"，解决困惑的最好方法是设置目标并定期对这些目标进行重新评估。第一，目标应该是明确的和可达成的。有梦想是好的，但不现实的梦想常常只能产生失落和挫败感。第二，确定各个目标的优先权。第三，可以考虑将目标设置为三种：长期、中期和短期。长期目标应该回答这样的问题："在五年中我想达到什么目标，我需要做什么可以达到这个目标？"中期目标应该回答的问题是"明年这个时间我要达到什么目标？"短期目标应该有更为明确的日期，甚至每天都应列出一个"要做的事情"的清单。最后，定期对目标进行检查和评估。

2. 做好学业规划

大学生可以将自己的专业、志向、兴趣作为人生规划的方向和动力，再根据自己的性格特点和能力进行自我评估和生涯机会评估，找出自身的不足之处，明确职业方向，做出改进和完善计划。最好从大一开始就树立正确的人生价值观，主动设计人生规划，积极规划大学期间的学业。

3. 制订学习目标

大学生应先根据自己的职业生涯规划确定具体的学习目标，再将目标分解到每个学年，再在学年的学习目标中找出一个核心目标，依照目标排列重要程度，设定详细的计划，并按照计划执行。目标要量化，要有挑战性，由大到小，由高到低；时间分配要合理，长短结合，由远到近，要有实现目标的时限。

4. 掌握几种有效的时间管理的方法

（1）记事本和日程表。记录自己的时间，找到时间消耗的地方，减少无效工作时间。把事情按轻重缓急进行分类，确定优先顺序。

（2）"二八定律"法。意大利经济学家和社会学家帕瑞托指出，20%的目标具有80%的价值，而剩余80%的目标只有20%的价值。为了有效管理时间，应该根据价值来投入时间，换句话说，就是要将时间投入到有较大意义的目标中。可以列出一个月要完成的事情清单，把多数时间分配给其中最重要的两三项，对其他任务则可以较少注意。

5. 培养良好的学习和生活习惯

管理、利用时间的良好习惯是步向成功的钥匙。大学生在校期间应养成一些良好的生活方式和学习习惯。（1）第一次就做好。开始就把它做到完美，要有时间成本的概念。（2）专心致志。每天设定一个不被干扰的时间，"关掉手机、拔掉网线"，消除所有可能分心的事专心地学习。（3）马上行动。"当日事，当日毕"，在书桌前面贴上"马上行动"四个大字，迫使自己马上行动、杜绝拖延。（4）整理和条理。尽可能将复杂的事情简单化，简单的事情条理化。养成东西从哪里拿往哪里放的好习惯，把同类、同时使用的东西放在一起，把文件夹和整理箱贴上标签。（5）快速节奏感。快速地行动、思考和处理学习和生活中的琐事，尽量不浪费时间。（6）善用零碎的时间。合理利用等车、排队等时间做一些背单词等有意义的事。培养良好的时间管理习惯不是一朝一夕的事，关键在于认真制订一份好的计划，积极行动并及时总结、修正，才能不断地进步和提高。

另外，大学生在进行时间管理的过程中还需要注意劳逸结合，保持充沛的体力和精力，维持积极的心态和良好的人际关系，用最短的时间学习和借鉴成功者的经验等，都会取得事半功倍的效果。

小 结

职业生涯规划是极其重要的规划，指人对一生中所承担职务的相继历程的预期与计划，这个计划包括职业和组织的生产性贡献、成就期望，及个人的学习与成长目标。

职业生涯又可以分为内职业生涯和外职业生涯。内职业生涯是指从事一项职业所需具备的知识、观念、能力、心理素质、内心感受等因素的组合及其变化过程。外职业生涯是指所从事职业的工作单位、地点、内容、职务、环境、待遇等因素的组合及其变化过程。

职业生涯规划的目的就是，详细估量内、外环境的优势与限制，帮助个人真正了解自己，在"衡外情，量己力"的情形下规划出合理且可行的职业生涯发展方向，以实现个人目标。

职业生涯规划主要有以下几个步骤：①明确工作的志向与生活的目的；②自我评估；③职业生涯机会的评估；④职业的选择以及确定职业生涯路线和目标；⑤制订行动计划与措施；⑥评估与修订。

通常职业生涯路线的选择须考虑以下三个问题：我想往哪一路线发展？我能往哪一路线发展？我可以往哪一路线发展？

职业生涯目标的确定，以自己的最佳才能、最大兴趣、最有利的环境等信息为依据。通常目标可分为短期目标（一般为1~2年，短期目标又可分为日目标、周目标、月目标、年目标）、中期目标（一般为3~5年）、长期目标（一般为5~10年）和人生目标。

为了更好地适应社会，大学生应做好以下心理准备：准确认识职业意义；充分了解并积极适应社会；树立正确的自我意识；实现社会角色的转换；发展职业技能和品质；树立主动积极的竞争意识；应对国际化趋势。

在对大学生职业选择进行辅导时，主要帮助学生认清三个问题：即我能做什么、社会能提供什么、我选择什么。

时间管理，是为了提高时间的利用率和有效性，对时间进行合理计划与控制、有效安排与运用的管理过程。由于时间所具有的独特性，时间管理的研究对象并不是时间，而是与时间密切相关的"自我管理"。

里斯提出的时间管理的七条"禁忌"是：迷惑、犹豫不决、精力分散、拖沓、逃避、中断和完美主义。

大学生常见的时间管理问题有：时间分配不合理、时间分配不均衡、忽视职业生涯规划和缺少时间管理方法。

大学生的时间管理应从以下方面进行：确定优先权、做好学业规划、制订学习目标、掌握几种有效的时间管理的方法、培养良好的生活和学习习惯等。

思考与收获

通过本章的学习，我的思考是＿＿。

我的收获是＿＿。

心理测试

职业兴趣测试

工种的细化，使得人们在就业时的选择愈加多样，在做出选择时，不仅要考虑个人的能力、性格，还要考虑自己的兴趣特点。

下面的测试是关于职业兴趣的测验。请你仔细阅读下面的问题，对于每项活动，如果你回答是肯定的话，则在"是"一栏中打"√"。最后把"是"一栏的回答次数相加，填入"总计次数"的"是"一栏中。

第一组   是   否
1. 你想学会使用钳子、扳手、钢锯等器具或是学会使用工具制作工艺品、装饰品或衣服吗？   （ ）   （ ）
2. 你对收音机、缝纫机、钟表、电线开关等一类器具的构造和性能感兴趣吗？
                                                                                          （ ）   （ ）
3. 你想动手做小型的模型（诸如滑翔机、汽车、轮船、建筑模型等）吗？
                                                                                          （ ）   （ ）
4. 你喜欢在校办工厂参加劳动吗？   （ ）   （ ）
5. 你喜欢自己动手修理收音机、自行车、缝纫机、电线开关、钟表一类的器具吗？
                                                                                          （ ）   （ ）
6. 你喜欢中学开设的劳动技术课吗？   （ ）   （ ）
第一组总计次数   （ ）   （ ）

第二组   是   否
1. 你喜欢学校组织的各种社会服务活动吗？   （ ）   （ ）
2. 你喜欢给别人买东西吗？   （ ）   （ ）
3. 你喜欢接触不同类型的人吗？   （ ）   （ ）
4. 你喜欢与人谈论各种问题吗？   （ ）   （ ）
5. 你热衷于参加集体活动吗？   （ ）   （ ）
6. 你喜欢与人交往吗？   （ ）   （ ）
第二组总计次数   （ ）   （ ）

第三组   是   否
1. 你喜欢处理统计数据吗？   （ ）   （ ）
2. 你愿意做班级的收发工作吗？   （ ）   （ ）
3. 你善于查对细节（如发现别人不易察觉的文字或数字错误）吗？   （ ）   （ ）
4. 你愿意长时间做单调的计算、账目、表格类的工作吗？   （ ）   （ ）
5. 你喜欢做事井井有条（如整理书刊报纸、杂志等），并善于做琐碎的事吗？
                                                                                          （ ）   （ ）
6. 你能细致而不厌其烦地校对长篇材料吗？   （ ）   （ ）
第三组总计次数   （ ）   （ ）

第四组   是   否
1. 如果学校组织地理考察小组，你会积极报名参加吗？   （ ）   （ ）
2. 你喜欢搜集矿物，积累矿物方面的知识吗？   （ ）   （ ）
3. 你在外出旅行中，喜欢观察地形地貌吗？   （ ）   （ ）

4. 你喜欢地理吗？　　　　　　　　　　　　　　　　　　　（　）　　（　）
5. 你喜欢阅读地质勘探方面的文艺作品或科普读物吗？　　（　）　　（　）
6. 你希望学校组织地形测查小组吗？　　　　　　　　　　（　）　　（　）
第四组总计次数　　　　　　　　　　　　　　　　　　　　（　）　　（　）

第五组　　　　　　　　　　　　　　　　　　　　　　　　　是　　　　否
1. 你很喜欢做化学实验吗？　　　　　　　　　　　　　　（　）　　（　）
2. 你喜欢通过实验培育农作物新品种吗？　　　　　　　　（　）　　（　）
3. 你喜欢观察花、农作物的生长变化吗？　　　　　　　　（　）　　（　）
4. 你喜欢搜集植物或生物标本吗？　　　　　　　　　　　（　）　　（　）
5. 你喜欢参加学校的生物小组或化学小组吗？　　　　　　（　）　　（　）
6. 你喜欢饲养并精心照料小动物吗？　　　　　　　　　　（　）　　（　）
第五组总计次数　　　　　　　　　　　　　　　　　　　　（　）　　（　）

第六组　　　　　　　　　　　　　　　　　　　　　　　　　是　　　　否
1. 你喜欢倾听别人的难处并乐于帮助别人解决困难吗？　　（　）　　（　）
2. 你喜欢讨论教育问题吗？　　　　　　　　　　　　　　（　）　　（　）
3. 你喜欢阅读有关医生生活或教师生活方面的文章吗？　　（　）　　（　）
4. 你想了解关于疾病的起因、治疗和病人护理方面的知识吗？（　）　　（　）
5. 在日常生活中，你乐于给别人提供各种帮助吗？　　　　（　）　　（　）
6. 你愿意为残疾人服务吗？　　　　　　　　　　　　　　（　）　　（　）
第六组总计次数　　　　　　　　　　　　　　　　　　　　（　）　　（　）

第七组　　　　　　　　　　　　　　　　　　　　　　　　　是　　　　否
1. 你喜欢主持班级集体活动吗？　　　　　　　　　　　　（　）　　（　）
2. 你喜欢接近领导和教师，又能团结同学吗？　　　　　　（　）　　（　）
3. 你喜欢在人多时当众发表自己的观点和意见吗？　　　　（　）　　（　）
4. 如果老师不在时，你能主动维持班级的学习秩序吗？　　（　）　　（　）
5. 你具有强烈的工作责任感和工作魄力吗？　　　　　　　（　）　　（　）
6. 你喜欢并善于担任班级或学生会的干部吗？　　　　　　（　）　　（　）
第七组总计次数　　　　　　　　　　　　　　　　　　　　（　）　　（　）

第八组　　　　　　　　　　　　　　　　　　　　　　　　　是　　　　否
1. 你特别爱读文学著作中对人内心世界的细致的描写吗？　（　）　　（　）
2. 你喜欢听人们谈论他们的活动和想法吗？　　　　　　　（　）　　（　）
3. 你喜欢观察和研究人的心理和行为吗？　　　　　　　　（　）　　（　）
4. 你善于理解别人的观点和思想方法吗？　　　　　　　　（　）　　（　）
5. 你喜欢阅读有关领导人物、科学家等名人传记吗？　　　（　）　　（　）
6. 你喜欢在日记中分析自己生活中的事件，并详细阐述自己当时的心情吗？
　　　　　　　　　　　　　　　　　　　　　　　　　　　（　）　　（　）
第八组总计次数　　　　　　　　　　　　　　　　　　　　（　）　　（　）

第九组　　　　　　　　　　　　　　　　　　　　　　是　　　　否
1. 你喜欢参观技术展览会或收听（收看）有关技术新消息的节目吗？（　）　（　）
2. 你喜欢阅读科技杂志（诸如《我们爱科学》《科学画报》《科学科学动态》）吗？
　　　　　　　　　　　　　　　　　　　　　　　　　　　（　）　（　）
3. 你喜欢使用科学精密仪器和电子仪器的工作吗？　　　　（　）　（　）
4. 你喜欢复杂的绘画和设计工作吗？　　　　　　　　　　（　）　（　）
5. 你特别喜欢上物理课吗？　　　　　　　　　　　　　　（　）　（　）
6. 你喜欢介绍牛顿、爱因斯坦、普朗克、薛定谔等科学家的文章和书籍吗？
　　　　　　　　　　　　　　　　　　　　　　　　　　　（　）　（　）
第九组总计次数　　　　　　　　　　　　　　　　　　　　（　）　（　）

第十组　　　　　　　　　　　　　　　　　　　　　　　　是　　　　否
1. 你对美术、舞蹈、戏剧、写作等活动很感兴趣吗？　　　（　）　（　）
2. 你喜欢做一些需要机智和聪明的习题吗？　　　　　　　（　）　（　）
3. 你很想设计一种新的发型或服装吗？　　　　　　　　　（　）　（　）
4. 你喜欢绘画和欣赏吗？　　　　　　　　　　　　　　　（　）　（　）
5. 你喜欢一些需要想象力和创造力的课外活动吗？　　　　（　）　（　）
6. 你喜欢设计房间，并善于布置得别具一格吗？　　　　　（　）　（　）
第十组总计次数　　　　　　　　　　　　　　　　　　　　（　）　（　）

第十一组　　　　　　　　　　　　　　　　　　　　　　　是　　　　否
1. 你很羡慕机械类工程师的工作吗？　　　　　　　　　　（　）　（　）
2. 你喜欢操作机器吗？　　　　　　　　　　　　　　　　（　）　（　）
3. 你喜欢长途汽车司机的工作吗？　　　　　　　　　　　（　）　（　）
4. 你喜欢参观和研究新的机器设备吗？　　　　　　　　　（　）　（　）
5. 你喜欢了解机器的构造和工作性能吗？　　　　　　　　（　）　（　）
6. 你很想了解海员和飞行员的生活和工作情况吗？　　　　（　）　（　）
第十一组总计次数　　　　　　　　　　　　　　　　　　　（　）　（　）

第十二组　　　　　　　　　　　　　　　　　　　　　　　是　　　　否
1. 你喜欢烹饪或纺织等一类的活动吗？　　　　　　　　　（　）　（　）
2. 你喜欢做很快就能看到产品的工作吗？　　　　　　　　（　）　（　）
3. 你喜欢帮助家人料理家务吗？　　　　　　　　　　　　（　）　（　）
4. 你喜欢做别人能看到效果的工作吗？　　　　　　　　　（　）　（　）
5. 你喜欢做非常具体的工作吗？　　　　　　　　　　　　（　）　（　）
6. 你喜欢种花和在果园里劳动吗？　　　　　　　　　　　（　）　（　）
第十二组总计次数　　　　　　　　　　　　　　　　　　　（　）　（　）

根据每组问题回答"是"的总次数，填入表9-2。每组"是"的次数越高的，则相应的兴趣类型与你的兴趣更为一致。

表 9-2　职业兴趣与特点

"是"的次数	相应的职业兴趣	特　点
第一组（　）	喜欢与工具打交道	这类人喜欢使用工具、器具进行劳动的活动，而不喜欢从事与人打交道的职业。相应的职业如修理工、建筑工、木匠、裁缝等
第二组（　）	喜欢与人接触	这类人喜欢与他人接触的工作，他们喜欢销售、采访、传递信息一类的活动。相应的职业如记者、营业员、邮递员、推销员等
第三组（　）	喜欢从事文字符号类工作	这类人喜欢与文字、数字、表格等打交道的工作。相应的职业如会计、出纳、校对员、打字员、档案管理员、图书管理员等
第四组（　）	喜欢地理地质类职业	这类人喜欢在野外工作，如地形考察、地质勘探等活动。相应的职业如勘探工、钻井工、地质勘探人员
第五组（　）	喜欢生物、化学和农业类职业	这类人喜欢实验性的工作。相应的职业如农技员、化验员、饲养员等
第六组（　）	喜欢从事社会福利和助人工作	这类人乐意帮助别人，他们试图改善他人的状况，喜欢独自与人接触。相应的职业诸如医生、律师、护士、咨询人员
第七组（　）	喜欢行政和管理的工作	这类人喜欢管理人员的工作，爱好做别人的思想工作，他们在各行业中起重要的作用。相应的职业如辅导员、行政人员等
第八组（　）	喜欢研究人的行为	这类人喜欢谈论涉及人的主题，他们爱研究人的行为举止和心理状态。相应的职业如心理学工作者，哲学、人文科学、人类学研究者
第九组（　）	喜欢从事科学技术事业	这类人喜欢科学、技术、机械、工程类活动。相应的职业如建筑师、工程技术人员
第十组（　）	喜欢从事想象的创造性的工作	这类人喜欢需要有想象力和创造力的工作，爱创造新的式样和概念。相应的职业如演员、作家、创作人员、设计人员、画家等
第十一组（　）	喜欢做操作机器的技术工作	这类人喜欢运用一定的技术，操纵各种机器，制造产品或完成其他任务。相应的职业如驾驶员、飞行员、海员、机床工
第十二组（　）	喜欢从事具体的工作	这类人喜欢制作能看得见、摸得着的产品；希望很快看到自己的成果，他们从完成的产品中得到自我满足。相应的职业如厨师、园林工、农民、理发师等

> 心理训练

生涯规划训练

目的：探讨自己的生涯规划是否清晰明确，是否具有可行性。

操作：下面提供给学生的是一张生涯规划表（见表9-3）。表格中，先示范性地给出一些关于生涯规划的目标项，学生可以根据自己的具体情况在空格中进行补充，越具体、越明确、越量化越好。

值得注意的是，表格必须从左至右填写，还要留意表格中每个目标之间的逻辑关系。而且，环境在变化，你也在成长，因此，这张表格也需要不断地进行修正。

表9-3 生涯规划表

序号	目标项	当年	一年	三年	五年	十年	梦想
1	学业						
2	学历						
3	职位						
4	薪水						
5	奖项						
6	社交圈						
7	业务范围						
8	活动区域						
9	社会名声						
10	住房						
11	交通						
12							
13							
14							
15							
16							
17							
18							
19							
20							

第 10 章

大学生生命教育与心理危机应对
——热爱生命

在人才竞争激烈的当今社会，对处在就业竞争中的大学生来说，开展生命教育尤为重要。本章介绍了大学生生命教育、大学生心理危机的易感因素和高发人群，提出对大学生进行危机干预和创伤治疗的详细措施。

10.1 大学生生命教育

开展大学生生命教育的目的，就是对大学生进行生命与健康、生命与安全、生命与成长、生命与价值和生命与关怀的教育，帮助和引导学生正确处理个人、社会和自然之间的关系，使学生学习并掌握生存的技能，认识、感悟生命的意义和价值，引导学生对自身、对他人和对其他生命的尊重、敬畏与热爱之情，提升大学生对生命价值与人生态度的深刻认识。

10.1.1 生命教育发展概述

人们对生命问题的关注有着相当长的历史，并且积累了深厚的思想资源。早在古希腊时期，毕达哥拉斯主张要重视人的生命，他认为在人世间，唯有生命可贵，而且一切生命都是平等的、尊贵的，也是神圣的。文艺复兴时期，人文主义教育者提出要把人从宗教和神学的统治下解放出来，把人当作生命体看待，尊重人性。而今天，在存在主义者看来，人的生命的意义和价值在于对现实生活中人的本真生命的关注和呵护，在于摆脱人身上的束缚，在于使自己过一种真诚的生活。

在我国，儒家代表人物孔子指出"天地之性，人为贵。"尊重生命、敬畏生命是儒家学说的基本思想，儒家文化是围绕人而展开的，儒学即人学。道教、佛教等都主张尊重人的生命。蔡元培、陶行知等教育家都提出了尊重个体生命自由发展的主张，蔡元培主张通过自由个性的教育，培养"完整的人格"。

生命教育的研究源于人们对死亡的思考，1959 年，心理学家赫尔曼的《死亡的意义》

一书出版,引起学术界及社会大众对死亡问题的关注和研究兴趣。第一位倡导生命教育的是美国科学家杰·唐纳·华特士,他于1968年在美国加州创建"阿南达"学校,开始倡导和践行生命教育思想;1979年在澳洲成立"生命教育中心",明确提出"生命教育"概念。1990年,英国政府把生命教育课程规定为跨领域课程。2002年8月开始,生命教育被英国政府纳入国家和学校的正规教育课程。

10.1.2　生命教育的内涵

生命首先是一个自然的、物质的存在,是人存在的物质基础,脱离了生命,就没有人的存在。人首先需要肉身,这是最基本的,但人又不只有肉身,还有思想,正如马克思所说:"人能够有意识地支配自己的生命活动。"生命是一个精神性存在,这样的精神既包含着真理,又包含着激情、直觉、意志、信念,是认知与情感、理性与非理性的统一。马克思强调说:"人的本质是一切社会关系的总和。"人是社会的人,社会是人的存在形式,因此人的生命是社会生命。

所谓生命教育,就是引导学生正确认识人的价值、人的生命,理解生命与生活的真正意义。广义的生命教育是一种全面培养的教育,从肯定、珍惜个人自我生命价值,到他人、社会乃至自然、宇宙的价值,并涉及生死尊严、信仰问题的探讨,包括生死观教育、人生哲学教育、情绪辅导教育、创造思考教育、终身学习教育、生活伦理教育、两性教育、公民道德教育、环境教育等多方面。狭义的生命教育是一种人生观的教育,教育学生认识生命、尊重生命、热爱生命,进而珍惜生命。我国目前主要从后者的意义上诠释生命教育。

10.1.3　大学生生命教育的主要内容

1. 生存信念教育

生存信念是人生的基本信念,是人的一种重要的精神活动,给人们的实际生活以价值向上的信念引导,是一个人生存下去的根据和动力。生存教育的开始要引导大学生追求人生的终极价值——人生的幸福,要确认生存信念教育在学生思想教育中的重要地位。

2. 生命价值教育

生命价值是一种特殊的价值,是人的生活实践对于社会和个人所具有的意义和作用,生命价值包含了自我价值和社会价值两方面。自我价值表现为个体存在的意义、个体需求的满足和社会对个体的尊重和满足;社会价值则表现为个体对社会需求的满足和对社会进步的贡献。生命价值教育就是要协助学生了解人生的意义、目的、价值,进而珍惜生命,尊重自己、他人、环境及自然,过有意义的人生,并使自我功能充分发展,为他人和社会有所贡献。

3. 生命发展教育

人的生命是一个不断发展的过程,这种发展既包括生理的发展也包括心理的发展,生命发展教育是遵循生命发展的规律进行的教育。生命发展教育的实质是挖掘人的内在潜能,充分调动人的积极性和主动性,不断提高个人的生命价值,拓展生命的宽度。生命发展教育,旨在通过有目的、有计划、有组织地进行生存能力培养和生命价值升华,最终使生命质量充分展现，凸显生命价值。

10.1.4 大学生生命教育的意义

大学生生命教育是保证大学生健康成长的客观要求和现实需要，帮助大学生了解生命的来之不易，激发大学生对自己生命的热爱，以正确的态度看待人生问题，懂得珍惜生命，以积极的态度迎接生活。

1. 促进大学生健康成长

大学时期是个体人生重要的转折时期，这个时期青春蓬勃又显得极为脆弱。开展生命教育，可以让大学生深刻理解生命的内涵。作为一名大学生，不仅仅追求"活着"，更要追求"有意义地活着"。生命的意义在于让自己有限的生命创造出无限的价值，促使学生尽早规划自己的人生，懂得一个人的成长不仅包括身体生理的健康，也包括人格的健全，实现自我各方面的协调发展。生命教育，可以让学生理解生命与人生的依存关系，进而感受生命之重，懂得生命之义，发展自我，完善自我，提升自我。

2. 帮助学生正确面对压力与挫折

近年来大学生的心理问题普遍存在，有的已经严重影响其学习与生活。北京市6所高等院校统计了过去10年间造成大学生退学、休学、中断学习的原因，其中，心理因素高居首位。从大学生面临的现实问题来看，其心理应激源主要在于学习、就业、交往以及经济负担等。生命教育帮助大学生掌握一定的生理和心理知识，了解关于生命的知识，提高他们对生命的感悟和深层认识。面对挫折与应对挫折，是人生成长的重要组成部分，部分大学生之所以感到迷茫，是因为没有体验到挫折的真正意义，对人生缺乏精神层面的正确认知。

3. 帮助学生正确接纳自我

开展生命教育，让大学生认识自我、探索自我、了解自我。许多大学生在进入大学这个新环境中，面对多元化的评价标准，一些在竞争中处于弱势的学生，容易进行不恰当的比较，看不到自己的优点，产生自卑感，不能够正确地评价自我。开展生命教育，让大学生认识到自己生命的独特性与特殊性。面对优势，不骄傲，不自大；面对缺陷，不埋怨，不自卑。培养学生良好的自我意识，引导其正确地面对客观现实，正确地认识自我、评价自我、悦纳自我，并不断努力，积极塑造更加完善的自我。

10.2 危机与创伤概述

提起"创伤"，人们眼前浮现出的大多是血淋淋的伤口，然而，藏而不露的"心伤"，才是生命旅途上的巨大暗礁。它常常在生命旅途上与人们不期而遇，给人们的心灵带来撕心裂肺的伤痛，这时一双温暖而有力的手——及时、科学的心理创伤咨询和治疗显得尤为重要。

10.2.1 什么是危机与创伤

1. 心理危机

心理危机是指由于突然遭受严重的灾难、重大的生活事件或精神压力，使生活状况发生显著的变化，尤其是出现了用现有的生活条件和经验难以克服的困难，致使当事人陷于痛苦和不安的状态。

心理危机可分为以下几种类型。

（1）发展危机。

发展危机可界定为"一个内在形成的情境，它可能源自生理或心理的变化，再加上个体发展、生物性转变与角色变迁等因素"。因此，正常生理与心理发展中所出现的某些现象，也能引发危机反应。如青少年时期的发展危机、中年危机（包括生涯转变）、退休、老化和死亡等。

（2）情境危机。

情境危机主要指在生活情境中，由于个体某些方面的基本需求不能得到满足而引发的危机。如心爱的人离去或死亡；身体完整性的丧失；可能会遭遇上述丧失状况的威胁性或危险性；个人能力范围之外的挑战（如在未做好妥善准备情况下的突然升迁）。情境危机的出现，是因为发生了个体不能预知或控制不了的不寻常或意外事件，如车祸、绑架、强暴、失业以及突然生病死亡等。情境危机是随机发生的、事出突然的、令人震惊的、致使情绪变动剧烈的。

（3）存在性危机。

存在性危机是指伴随着重要人生问题出现的冲突和焦虑。大学生群体存在性危机主要涉及由人生存在性问题而产生的心理危机。

2. 心理创伤

威胁到个人的身体、生命或精神的完整性，带来超乎寻常痛苦的人生遭遇、引起个人社会地位或者社会关系网络发生急剧的威胁性改变、引起灾难性反应的事件称之为"创伤性事件"。心理创伤也叫精神创伤，就是由外界因素造成的心理的损害。

创伤性事件分为四类。

（1）自然灾难。自然灾难主要有洪涝灾害、飓风、森林火灾、雪崩、山体滑坡、地震等。

（2）意外灾难。意外灾难主要有地面交通事故、空难、海难、火灾或煤气爆炸、环境灾难（如核灾难）等。

（3）人为灾难。人为灾难主要是由暴力、犯罪和恐怖主义引起的家庭暴力、抢劫、枪击、爆炸、强奸、被拐卖、性侵犯、性虐待、拷打、战争、恐怖活动等。

（4）其他的重要生活事件。其他的重要生活事件如重要丧失（如失业、离婚、死亡等）、不公正待遇、医疗事故、经历他人死亡过程等。

10.2.2 大学生常见危机与创伤

大学生的心理危机是指大学生个体或群体面临大于其承受能力范围的压力时，所产生的一种心理失衡的状态。大学生心理危机一旦产生并出现结果，就会对个体、他人（包括亲人、师生甚至社会）产生强烈破坏性的影响。

1. 躯体疾病导致的心理危机

大学生患急性疾病时容易出现以下心理反应：（1）焦虑，轻者感到紧张、忧虑、不安，重者甚至感到大祸临头；（2）恐惧，轻者感到担心、疑虑，重者惊恐不安；（3）抑郁，可致使情绪低落、悲观绝望、言语减少、不愿与人交往，严重者甚至出现自杀念头或者行为。

大学生患慢性疾病时容易出现的心理反应：（1）抑郁，性格内向的当事人尤其容易产生这类心理反应；（2）性格改变，如总是责怪、埋怨、挑剔，对躯体方面的微小变化非常敏感。

2. 失恋导致的心理危机

失恋可引起严重的痛苦和愤懑情绪，有的可能出现自杀行为，或把爱变成恨，出现攻击行为，攻击恋爱对象或所谓的"第三者"。

3. 亲人死亡导致的哀伤反应

哀伤是人们对于失落所产生的一种正常而自然的情绪反应。哀伤的反应是复杂的，有时候不仅仅会有单纯的哀伤反应，还会涉及其他更多的认知、行为与情绪的反应。有些哀伤反应是正常的，但是有些哀伤反应却会出现延迟、压抑、过度强烈或持续过久等现象，变成未完成的、慢性化的哀伤，影响生命的质量与人际关系。

与死者关系越是密切的人，产生的哀伤反应也就越是严重。亲人如果是猝死或意外死亡，如突然死于交通事故或自然灾害，引起的哀伤反应最为严重。

（1）急性反应。

急性反应是指在听到噩耗之后陷于极度痛苦的反应。严重者情感麻木或者昏厥，也可能出现呼吸困难、窒息感或处于极度激动状态。

（2）哀伤反应。

哀伤反应是指当事人在居丧期间出现焦虑、抑郁，或自己认为对死者生前关心不足而感到自责或有罪，脑子里常浮现死者形象或出现幻觉，难以开展日常活动，甚至于不能料理日常生活，常伴有疲乏、失眠、食欲降低和其他胃肠道症状。严重的抑郁者可能产生自杀企图或行为。

（3）病理性居丧反应。

如果哀伤或抑郁的情绪持续数月以上，有明显的激动或迟钝性的抑郁，自杀企图持续存在，幻觉、妄想、情感淡漠、惊恐发作、活动过多而无哀伤情感，行为草率或不负责任等，则为病理性居丧反应。

4. 重要考试失败导致的危机

重要考试失败导致的危机是指对个体本身具有重要意义的考试失败而引起痛苦的情感体验，通常表现为退缩、不愿与人接触等。

10.2.3 大学生心理危机易感因素

大学生心理危机主要与其本身的年龄阶段和所处的环境有紧密的关系，研究者认为大学生的心理危机源自个体内部和环境两方面。

1. **个体内部的影响**

（1）源于内部的危机。

源于内部的危机实质是美国心理学家埃里克森指出的"自我同一性"危机。在埃里克森看来，自我认同危机是一种严重的心理冲突，个体常会模糊自身存在的状态，一切变得不确定，无法将已获得的认识与对自我的评价协调起来。大学生寻找和确立自我的过程中，常常由于理想自我与现实自我的矛盾产生心理危机，这在大学生群体中普遍存在，其根本原因就是不能正确地评价自己与他人，容易产生强烈的挫折感，由过分的自尊转变为过分的自卑甚至自暴自弃。

（2）个性缺陷。

人格是个体较为稳定的心理特征，如相对稳定的世界观、人生观、价值观和一个人的气质、性格等，都体现于人格特征之中。因此，当面对压力时，如何理解和处理事件，都会受到人格特征的影响。有研究表明，个性外向的大学生面对压力时，常能以较灵活和理性的态度对待现实，不仅善于依靠自己的努力去克服困难，而且善于利用外部的力量来帮助自己应对挫折；而性格内向的大学生遇到困难和挫折时，易表现出不思进取、无动于衷和缺乏人际交流的心理状态。轻生的人中，性格有缺陷的人占比较大。这些人往往心理承受能力差，性格偏执，易冲动或怯懦退缩，一旦面临危机就会手足无措，找不到正确的解决办法，更有一些自闭孤僻的人不愿意与人交流，从而使自己因无法获得外界帮助，丧失了接受干预的机会，进而产生不理智的过激反应，对自己或他人的生命造成伤害。

（3）生理和心理矛盾。

大学生生理和心理的发展正处在特殊时期，对人生和社会问题的认识飘忽不定：有时正确而深刻，有时错误且肤浅；有时客观而全面，有时主观并偏激。在大学生的意识之中，也常有自相矛盾的情况：独立性与依赖性交织，情绪与理智并存，强烈的求知欲和相对较差的识别力博弈，理想与现实脱节等。大学生的心理状态不稳定，如果受到外界因素的干扰和影响，很容易产生心理危机。

（4）个体应对策略不当。

应对策略是个人面对应激事件和压力时所采取的行为方式。面对危机，心理健康的人常常能够正视危机，冷静解决。而有心理缺陷的人却常因认知偏颇、情绪失控、意志丧失而造成极为严重的后果。

2. **环境的影响**

有研究者指出，现代社会转型加速，科技迅猛发展，社会竞争压力加大，不少大学生常常陷入剧烈的心理冲突之中。伴随着科技的发展，社会对人才的智能要求越来越高，在优胜劣汰的激烈竞争中，一些同学整天忧心忡忡，表现出严重的危机感。

近年来就业形势严峻，大学生为增加就业机会参加各种形式的等级考试和资格考试，使得部分大学生长期处于身心疲惫的状态，从而引发心理危机。就业、生存、发展三座"大山"同时压在大学生身上，无形中加剧了大学生的心理压力与精神压力，一旦失败，会带来严重的心理挫折感。

高校并轨招生以来，学费带给贫困地区学生沉重的经济压力，从而产生心理负担，由此出现了贫困生心理危机问题。

3. 社会支持系统的缺乏

发展个体社会支持系统应该是危机干预策略的重要内容和发展的必然趋势。大量研究结果表明：在相同社会压力情境下，那些受到来自朋友或家庭较高的心理或物质支持的人，比受到较少支持的人身心更为健康。

大学里，五湖四海的同学汇聚在一起，由于各自的生活习惯、兴趣、性格不同，不可避免地带来摩擦冲突和情感的损伤。性格孤僻内向，不愿与他人交流的学生容易孤独和抑郁。久而久之，这样的自卑抑郁的性格经不起生活中的挫折，容易产生严重的心理危机。

4. 性生理的成熟与性心理的不完善

大学生已经进入青年中期，性生理已经基本成熟，性意识不断增强，有性冲动的需求，对异性的友谊和爱情产生渴望。但由于性心理不完善和不成熟，生活经验欠缺，对青春期性冲动和性要求理解不当，大学生常会产生紧张、恐惧、羞涩甚至不正当的行为，还有的同学因失恋、单相思等问题的困扰产生苦闷、惆怅、失望、悔恨与愤怒的情绪，给身心带来严重的影响。

当前大学生谈恋爱的现象已经越来越普遍了，但是大学生的身心发展还不成熟，由于缺乏经验，不能正确处理复杂的感情纠葛，一旦失恋有些大学生就会产生情感危机和由情感引起的心理危机。

5. 早期家庭教育不良

心理专家认为，一个人在少儿时期形成的认知结构将会影响其一生。然而目前一些家庭的错误教育观念成为导致孩子心理问题的因素。一些大学生的心理障碍在中小学时期便已成形，大学心理教育是当务之急。因此，提高大学生心理健康的水平，重新整合大学生的认知结构，构建现代化的人格和价值观念，加强对大学生的心理健康教育显得更加重要。

10.2.4　大学生常见的危机反应

危机发生后，个体会在躯体、认知、情绪和行为等方面发生种种变化。从过程来看，个体在经历危机后可能会出现以下一系列的反应。

1. 震惊

危机发生后，当事人表现出周期性或持续性的颤抖、长期的心烦意乱或不断否认、极端不安和精神恍惚、混乱。

2. 责难

不断地责怪自己或责怪他人，反复假想如果当初做什么或不做什么，事情的结局就会不一样。当事人此时会伴随极其强烈的内疚感，往往认为事情的发生是由于自己的错误引发的，不断地自责。

3. 焦虑

危机中的个体可能因为害怕、恐怖、忧虑而不知所措，其情绪可能会突然发作或者衰变，经常坐立不安，并且借助于抽烟、喝酒、吃东西、打电话等行为来减轻焦虑，并伴随着出汗、头痛、心悸、胸痛、战栗、过度换气等生理症状。如果经历危机的个体不断地思索、幻想和诉说，反复体验创伤，一般正常的问题就会被夸大，其实事情并没有设想得那么严重。

4. 抑郁

人们在面临危机时往往表现得很抑郁，特别是在极端的情况下，会极度地悲伤、痛心和绝望。在这种情况下的个体表现得很无助，会认为面对如此情景，无论采用什么方法和手段都无济于事，无论怎样做都无法摆脱这种情况。

5. 逃避和专注

危机当事人可能会装作若无其事，假装适应的反应，这是所有的心理危机反应中最敏感的。有些人好像成功地应对了创伤和压力，但事实上他们只是故作轻松。假装适应的反应是一种自由抑制、自我克制等综合支撑起来的防御方法，但实际上这种防御是相当脆弱的。假装适应的个体很少主动寻求帮助。

6. 情绪休克

个体被所经历的创伤事件弄得不知所措，感到茫然和麻木，时常有种"这并没有真正发生在我身上"的感受。他们也经常表现出眼神呆滞，说话恍恍惚惚，难以集中注意力，走路僵硬，并且很容易受到暗示的影响。一些个体由于突发事件而引起的压力反应是对他人的攻击，总觉得能够发泄心中的怒火和重新获得自尊的唯一途径就是毁灭那个他们认为伤害了自己的人；有些个体则是自我毁灭式的，例如酗酒、飙车、狂欢。

7. 寻求改变

危机中的个体虽然对事件的不确定感到难受，处理问题的能力受到了限制，但他想获得别人的帮助，寻求途径摆脱困境，只不过常常采用一些不当的方式来处理问题。

10.3 危机干预与创伤治疗

10.3.1 什么是危机干预

危机伴随着人一生的发展，谁也不能避免危机。危机是一种认识，当个体觉察到外界环境或某一具体事件存在着威胁，仅仅依靠个体自身的资源和应对方式无法解决困难时，就产生了危机。一般来说，危机具有两面性，包含着危险和机遇两层含义。如果危机严重威胁到一个人的日常生活和家庭的其他成员，而个体又无法找到合适的解决办法，就有可能导致个体的精神崩溃甚至自杀，这种危机是危险的；但是如果一个人能够及时得到适当有效的治疗性干预，往往不仅会防止危机的进一步发展，而且可以帮助个体学到新的应对技巧，从而使个体的心理恢复平衡。

危机干预是随时对经历个人危机、处于困境（或遭受挫折）、将要发生危险（如自杀）的人提供帮助和支持，使之恢复心理平衡，达到危机前行为水平的短期治疗过程。可以理解为当当事人无法通过自身因素调整心理问题时，就应该采用外部手段干预的方式，对当事人进行治疗,以防止不良后果的产生。

10.3.2 大学生心理危机的预防

大学生心理危机干预是根据心理危机干预的理论,找出影响大学生心理危机的因素,提出对策,确定步骤,恢复个体认知、情感和行为方面的功能,最终使大学生心理危机得到及时有效的缓解,变"危"为"机"。

大学生心理危机应以预防为主。预防是前提,是基础,也是关键。只有把预防工作做实做好,才能有效地降低心理危机及恶性事件的发生。与狭义危机干预相比,预防是一项更为主动、积极,也是更有意义的工作。防范、预警、干预是学校做好大学生心理危机预防与干预的三条基本的途径,其中防范和预警属于预防的两个基本环节。

1. 防范心理危机

要提高广大学生预防和应对心理危机的能力,就要学会利用各种教育形式,使学生了解心理危机的基本常识,学会辨认心理危机,增强危机中求助和助人的意识与能力;帮助学生完善心理品质、提高面对挫折的能力;指导学生认识并学习应对现实生活中可能遇到的各种挫折;让学生接受必要的社会实践锻炼,在实践中去感受挫折、经受考验、锤炼意志、提高能力。

2. 预警心理危机

对可能发生的心理危机进行预报与监管,把心理危机控制、消除于危机发生的早期。预警心理危机,首先要建立科学的、易操作的预警指标,以便及时发现危机的征兆。可根据刺激源、情绪变化、行为表现和生理的反应4项内容,设定简易的和专业的两套预警指标,前者供非专业人员(如普通教师、行政管理人员、后勤服务人员、学生等)参考,后者由专业人员(如心理咨询专职教师、医务人员、社会工作者)掌握。容易引发心理危机的高危时段包括:学习、生活环境变化(如新生入学、改换专业、调换班级与寝室等);重要考试前和成绩公布后;群体或个体性突发事件(或重大变故)发生后;发生严重冲突以后;与学生自身利益密切相关的规定、措施出台(调整)后;毕业前夕、求职期间等。

阅读材料

米缸里的老鼠

一只老鼠不小心掉进了盛满大米的米缸里,都说"老鼠爱大米",这只老鼠望着白花花的大米,高兴不已!想起从前担惊受怕、朝不保夕的日子,它心中忽然涌动着幸福感。望着满满的米缸,它畅想未来:以后再也不用为生计而奔波,可以安享美味佳肴了,真是"赛神仙"的日子!它不由得笑出声来……就这样,老鼠天天过着丰衣足食的生活,无忧无虑,它对自己的生活很满意。日子一天天流过,老鼠的身体也渐渐地肥胖起来,米缸里的米也在渐渐地下移。直到有一天,老鼠厌倦了这种生活,想到外面的世界去看看,但很不幸的是它发现自己离缸沿太远,身体臃肿已经无法跳跃。它开始无助地哭喊起来,它的哭声引来了主人,主人看到这只肥硕的老鼠,轻而易举就把它消灭了。

---

3. 干预心理危机

干预心理危机是指心理危机发生后进行的"情绪急救"。有效的危机干预,既要具备快速的反应机制和干预通道，又要具备有力的管理措施和科学的干预技术。在心理危机干预中，要遵循安全、健康和人道的原则：确保经历危机的人和可能被危及的同学、教师的安全，不抱侥幸心理，不放松警惕；干预方法、途径和措施既要保证安全，也要符合人们的身心卫生要求，利于健康；在干预、处理危机过程中，学校要关心、保护学生的眼前利益和长远利益，充分体现人性化和人道主义原则。

10.3.3 危机干预的实施

危机干预本身属于一种心理卫生的救助措施，主要对陷入心理危机状态者给予适时救援，助其渡过危机，并根据个体情况转向有关机构进行治疗。

1. 寻求滋养型的环境

个体在危机中陷于莫名其妙的恐惧和不知所措的境地，不知道发生了什么事情，也不知道将来会发生什么事情，但可以肯定的是，那些过去有类似经历的人能够从其经验中得到帮助。因此，向有经验的人或心理咨询老师求助，是寻求解决问题的办法之一。

2. 积极调整情绪

危机的出现会使人们极度紧张和沮丧，这些情绪反应不仅是内在的、强烈的不适感，而且是消极的挫折体验，会将使危机进一步恶化。当危机超出个体控制以及个体无力改变时，把握自己的情绪尤为重要。情绪调节法包括抑制、分散等回避痛苦的方法。这些方法能转移人的消极思想和情绪，为个体心理重建赢得时间。当遇到的痛苦得到宣泄的时候，情绪会适度舒缓，因此向朋友倾诉、自我对话、大声独白和心情记录都是调整情绪的方法。

3. 建立良好的人际关系

孤立无援的个体希望能够得到别人的帮助，在危机期间和危机过后，个体都需要与周围的人保持良好的人际关系，不一定是提供强烈的情感支持，可以与其保持日常联系，共同分享经验，共同面对事物。这有助于遭受危机的个体重新适应社会，还可以分散注意力，缓解消极紧张情绪。另外，每个人在与朋友的交往中都带有肯定自我的成分，倾向于选择与能肯定其自我价值的人做朋友。

4. 面对现实，正视危机

在危机的前期，个体习惯采用积极的态度来应对危机，利用一切可以利用的资源来避免危机带来的损害。但到了危机中后期，当个体应对危机的策略失败，个体感到绝望的时候，他们就会消极地逃避现实，采取退缩的策略来应对危机。而面对现实、正视危机，有利于个体激发自身潜在的力量，动员一切资源寻求危机的解决办法。

5. 暂时避免做出重大决定

处于危机中的个体处理问题的能力比平时要低，由于个体受到问题和情感的双重困扰，搜集信息和处理信息的能力受到一定限制。个体在对面临的问题无法进行深入分析、掌握的信息量又少的情况下，很难做出正确的决策。个体虽然很想摆脱危机，努力去寻找一切解决问题的办法，但危机的无法控制往往使得个体无功而返，甚至造成更大的伤害。因此，在危机时期，不做重大决定，有利于个体自我保护，避免再次受到伤害。

阅读材料

心理干预的七步模型

七步模型由艾伯特·罗伯特提出，用于帮助处于急性的心理危机、急性的情境性危机和急性的应激障碍的人群，包括以下七个步骤，如图10-1所示。

（1）彻底的生物心理社会评估和危机评估。设计对于危险性的迅速评估，包括自杀、杀人或暴力的危险性、药物治疗的需要、毒品和酒精滥用等情况的评估。

（2）快速建立友善的治疗关系。向对方表示你的尊敬和接纳是关键。要极力去迎合当事人的话题，并保持中立而不进行评判，尽量确保不要表露个人观点。保持冷静，并使局面处在掌控之中。

（3）识别问题。用开放性问题让当事人用自己的语言解释和描述他（她）遇到的问题，这样便于危机干预工作者了解问题真相。能感受到危机干预工作者的关注与理解，对当事人来讲很重要，而且也有利于友善、信任关系的进一步建立。第二步、第三步采用问题解决中心的疗法，识别当事人的能动性和应对资源，包括对其以往有效应对策略的辨别。

（4）用积极的倾听技巧来处理感情和情绪的问题。利用鼓励性语言，让当事人感到危机干预工作者在仔细聆听，这些口头反馈在电话干预中尤为重要。除此之外，反应、解释、情绪定性等都是可使用的技巧，反应包括重复当事人所说的话、所表达的感情和想法；解释包括用危机干预者本人的语言来重复当事人的话；情绪定性包括归纳出隐含在当事人话语中的情感，如"你听起来非常生气"。

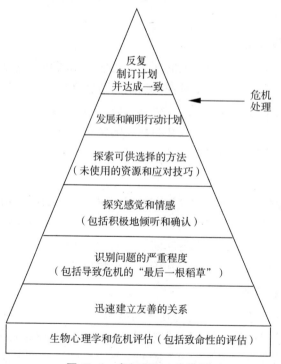

图10-1 危机干预7步模型

（5）通过识别当事人的能动性和以前成功的应对机制，寻求可供选择的方法。危机干预者和当事人的合作能使潜在的应对资源更为丰富，供选择的方法范围更为广阔。因此，危机干预工作者的创造性、灵活性和应变能力是成功干预的关键。

(6) 贯彻行动计划。危机干预工作者应在限制性最小的模式下帮助当事人感到自主性。这一步骤中重要的环节包括识别可供联系的人和转接资源，以及提供应急机制。

(7) 反复制订计划并达成一致。第一次会面后，危机干预的工作者应与当事人达成一致，共同确定能使危机得到解决的计划，可以通过电话和面对面交流来完成。

10.3.4 创伤治疗

精神创伤（或心理创伤）是指那些由于生活中具有严重的伤害事件所引起的心理、情绪甚至生理的非正常状态。这种不正常的状态可能比较轻微，经过一段时间（通常在三个月之内）的自我调整就能痊愈。但是也有一些精神的创伤影响会持续较长的时间，甚至会是终生的。对于较为严重的精神创伤，在心理学和精神科的分类中被称为"创伤后应激障碍"，创伤治疗首先要做的是稳定情绪。

严重的创伤所产生的后果可以让正常人人格解体、失去现实的检验，出现思维的混乱以及严重的躯体反应，因此需要在支持和提供安全环境的前提条件下进行安抚性的治疗。旨在提供安全、信任关系，提供躯体照顾和情感支持的治疗称为"稳定化治疗"。它是在受害者启动恐惧系统时使用的一种疗法，包括躯体接触（拥抱、握手）、提供基本生活所需（开水、毛毯等）、不急于解释而隔绝恐惧的来源（如将受害者带离现场或用隔离布将现场隔离，并告知个体，他们现在所有的情绪反应都是对非常事件的正常反应）。

稳定化的其他重要技巧为想象训练。因为所有创伤者特别是年幼的创伤受害者均有着丰富、可怕、失控的想象。所以，给他们传递稳定的、积极的想象，教其学会正确的想象办法是稳定化的核心。这些技术包括"生命树""安全岛""保险箱""内在帮助者"等。

此外，还可以采用小组治疗方法和药物治疗方法。

案例分析

治疗创伤案例分析

这是一位来自农村的女大学生，其家庭经济很困难。上大学后，从农村来到城市，面对高昂的学费、陌生的同学、繁重的大学学业，她感到应接不暇，此时，她的父亲因车祸而突然离世。从家里回来，她几乎垮掉了，天天以泪洗面，不止一次在同学中提起为什么那么多的事情都降临在她的头上，她觉得没有勇气继续活下去，在这种情况下，同学们建议她进行心理咨询。

分析：

对于该生目前的状况，咨询师首先帮助她检索自己的资源。在家里，她有爱她的母亲与亲密的兄长，哥哥为帮她完成学业不惜牺牲自己读书的机会；在大学里，有关心她的同学和老师，特别是她失去父亲时，同宿舍同学给予她心理与情感上的强有力支持，老师找她谈心，鼓励她从痛苦与阴影之中走出来……咨询师让她懂得她并不是一个人孤独地站立在黑暗中，有很多人关心、支持、理解、爱着她，该生慢慢地认识到自己并不是一个不幸的人，尽管遭受挫折，仍旧有很多人关爱着她。

接着，面对重大丧失，咨询师给她进行专业的哀伤辅导，让她与父亲进行了道别。该生一直认为"父亲是因为供我读书,超负荷的劳动加上疲劳,因此在驾车时发生了车祸……",她一直将父亲的去世认为是自己的过错,这些非理性的想法加上罪恶感一直压迫着她。通过哀伤辅导,该生开始正视父亲的离去,并理清思绪,能够乐观、独立地面对生活。

最后,建立真正意义的适应,在给予适当支持的基础上,让该生能够独立应对生活中的困难和挫折,达到真正的自我成长。

小 结

所谓生命教育,就是引导学生正确认识人的价值、人的生命,理解生命与生活的真正意义。广义的生命教育是一种全面培养的教育,从肯定、珍惜个人自我生命价值,到他人、社会乃至自然、宇宙的价值,并涉及生死尊严、信仰问题的探讨。

大学生生命教育的主要内容包括生存信念教育、生命价值教育和生命发展教育。大学生生命教育的意义是:促进大学生健康成长、帮助大学生正确地面对压力和挫折、帮助大学生正确接纳自我。

心理危机是指由于突然遭受严重的灾难、重大的生活事件或精神压力,使生活状况发生显著的变化,尤其是出现了用现有的生活条件和经验难以克服的困难,致使当事人陷于痛苦和不安的状态,出现绝望、麻木不仁、焦虑以及植物神经症状或行为障碍。

心理危机可分为发展危机、情境危机和存在性危机。

威胁到个人的身体、生命或是精神的完整性,带来超乎寻常痛苦的人生遭遇、引起个人社会地位或者社会关系网络发生急剧的威胁性改变、引起灾难性反应的事件,称之为创伤性事件。

心理创伤也叫精神创伤,是指由外界因素造成的身体或心理的损害。构成创伤的两个条件包括:事件本身的性质和事件对于受害者所具有的意义。

大学生的心理危机是指大学生个体或群体面临大于其承受能力范围的压力时产生的一种心理失衡的状态。

大学生常见危机与创伤主要有:①躯体疾病导致的心理危机;②失恋导致的心理危机;③亲人死亡导致的哀伤反应;④重要考试失败导致的危机。

大学生心理危机主要与其本身的年龄阶段和所处的环境有紧密的关系。研究者认为大学生的心理危机源自个体内部和环境两方面。内部因素主要是自我同一性危机、个性缺陷、生理和心理矛盾、个体应对策略不当;环境因素主要是社会转型造成的迷茫和危机感、学业压力过重、就业形势严峻、经济压力过大。此外,社会支持系统薄弱、人际关系紧张、性心理不成熟和早期家庭教育不良也是大学生心理危机的易感因素。

个人遭遇危机后常见反应有震惊、责难和内疚、焦虑、抑郁、逃避和专注、情绪休克、寻求改变。

危机干预是随时对经历个人危机,处于困境(或遭受挫折)、将要发生危险(如自杀)的人提供帮助和支持,使之恢复心理平衡,达到危机前行为水平的短期治疗过程。

从自我支持技术来看,个体应对危机的方法有寻找滋养型的环境、积极调整情绪、建立良好的人际关系、面对现实正视危机、暂时避免做重大决定。

防范、预警、干预是学校做好大学生心理危机预防与干预的三条基本的途径,其中防范和预警属于预防的两个基本环节。

精神创伤(或心理创伤)是指那些由于生活中具有严重的伤害事件所引起的心理、情绪甚至生理的非正常状态。这种不正常的状态可能比较轻微,经过一段时间(通常在三个月之内)的自我调整就能痊愈。但是也有一些精神的创伤影响会持续较长的时间,甚至是终生的。对于较为严重的精神创伤,在心理学和精神科的分类中被称为"创伤后应激障碍"。

思考与收获

通过本章的学习,我的思考是_____
_____
_____。

我的收获是_____
_____
_____。

心理测试

自测题

1. 你何时感觉最好?(　　)

　A. 早晨　　　　　　　　　　　　B. 下午及傍晚

　C. 夜里

2. 你走路时是(　　)

　A. 大步快走　　　　　　　　　　B. 小步快走

　C. 不快,仰着头面对前方　　　　D. 不快,低着头

　E. 很慢

3. 和人说话时,你(　　)

　A. 手臂交叠站着　　　　　　　　B. 双手紧握

　C. 一只手或两手放在臀部　　　　D. 碰触或推与你说话的人

　E. 玩着你的耳朵、摸着你的下巴或用手整理头发

4. 坐着休息时,你的(　　)

　A. 两膝盖并拢　　　　　　　　　B. 两腿交叉

　C. 两腿伸直　　　　　　　　　　D. 一腿蜷在身下

5. 碰到你感到发笑的事时,你的反应是(　　)

　A. 一个人欣赏地大笑　　　　　　B. 笑着,但不大声

　C. 轻声地咯咯地笑　　　　　　　D. 羞怯地笑

6. 你去一个派对或社交场所时,你(　　)

A. 很大声地入场以引起注意　　B. 安静地入场，找到你认识的人
C. 非常安静地入场，尽量保持不被注意

7. 当你非常专心地工作时，有人打断你，你会（　　）
A. 欢迎他　　B. 感到非常愤怒
C. 在欢迎与愤怒两极之间

8. 下列颜色中，你最喜欢哪一颜色（　　）
A. 橘红色　　B. 黑色
C. 黄色或浅蓝色　　D. 绿色
E. 深蓝或紫色　　F. 白色
G. 棕色或灰色

9. 临入睡前几分钟，你在床上的姿势是（　　）
A. 仰躺，伸直　　B. 俯趴，伸直
C. 侧躺，微蜷　　D. 头睡在一只手臂上
E. 被盖过头

10. 你经常做梦梦到你在（　　）
A. 落下　　B. 大叫或挣扎
C. 找东西或人　　D. 飞翔或漂浮
E. 平常不做梦　　F. 梦都是愉快的

现在将所有分数相加，然后对照分析，看自己属于哪种类型：

分数：

第1题（A）2分（B）4分（C）6分

第2题（A）6分（B）4分（C）7分（D）2（E）1分

第3题（A）4分（B）2分（C）5分（D）7（E）6分

第4题（A）4分（B）6分（C）2分（D）1分

第5题（A）6分（B）4分（C）3分（D）5分

第6题（A）6分（B）4分（C）2分

第7题（A）6分（B）2分（C）4分

第8题（A）6分（B）7分（C）5分（D）4分（E）3分（F）2分（G）1分

第9题（A）7分（B）6分（C）4分（D）2分（E）1分

第10题（A）4分（B）2分（C）3分（D）5分（E）6分（F）1分

参考解析：

1. 低于21分：内心悲观者

人们认为你害羞、神经质、优柔寡断，需要别人照顾、永远要别人为你做决定、不想与任何事或任何人有关。你也是一个杞人忧天的人，一个永远认为存在着问题的人。有些人认为你令人乏味，只有那些深知你的人知道你不是这样的人。

2. 21~30分：缺乏信心的挑剔者

你的朋友认为你勤勉刻苦、很挑剔，是一个谨慎、非常小心的人，一个缓慢、稳定、辛勤的工作者。如果你做任何冲动的事或无准备的事，你会令他们大吃一惊。他们认为你

会从各个角度仔细考察一切后仍然经常决定不做，因为你天生的小心。

3. 31~40分：以牙还牙的自我保护者

别人认为你理智、谨慎、注重实效，是一个伶俐、有天赋、有才干而且谦虚的人。你不会很快、很容易和人成为朋友，但一旦成为朋友就是一个对朋友非常忠诚的人，同时要求朋友对你也有忠诚、有回报。那些真正有机会了解你的人知道，要动摇你对朋友的信任是很难的，一旦这信任被破坏，会使你很难熬。

4. 41~50分：平衡者

别人认为你新鲜、有活力、有魅力、讲究实际，而且永远有趣，经常是群众注意力的焦点。然而你是一个足够平衡的人，不至于因此而昏了头。朋友们也认为你亲切、和蔼、体贴、能谅解人，是一个永远使人高兴并会帮助别人的人。

5. 51~60分：吸引人的冒险家

别人认为你具有令人兴奋、高度活泼、相当冲动的个性，是一个天生的领袖、一个做事果断的人——虽然你的决定不总是对的。你大胆且喜欢冒险，愿意尝试任何事。因为你能带来刺激，朋友们喜欢跟你在一起。

6. 60分以上：傲慢的孤独者

在别人眼中，你自负、以自我为中心，是一个有极端的支配欲、统治欲的人。别人可能钦佩你，希望能多像你一点，但却不会永远相信你，会对与你更深入来往有所犹豫。

心理训练

首先准备一张白纸，抬头写上"×××的五样"。（×××是你自己的名字）

然后在白纸上列出你认为在自己生命中最重要的五样东西：

这五样东西，不限种类，可以是人、动物、事情、物品，也可以是实体、抽象、理想、追求、信仰……

写下来了吗？

再确定一下，是这五样吗？

看着这五样，用心去体会这五个词所蕴含的意思，可以想象一下这五样在自己生活中的体现。

现在，由于客观原因，你必须将其中一样舍弃，你会舍掉哪一个呢？舍掉了吗？

舍弃掉之后，用笔把那个词涂掉，画成墨团直到完全看不见。

舍弃的时候，痛苦吗？艰难吗？是否需要很费力才能决断？

如果够坚强，可以去想象你生命中不再有那样东西。为了其他四样，这种舍弃值得吗？

现在，由于不得已的原因，你必须在剩下的四样里再舍弃一样，会是哪个呢？

舍弃掉之后，用笔把那个词涂掉，画成墨团直到完全看不见。

……同上

现在，由于某种原因，必须在剩下的三样里再舍弃一样，会是哪一个呢？
舍弃掉之后，用笔把那个词涂掉，画成墨团直到完全看不见。
……同上

现在，在一个非常艰难的时刻，在剩下的两样里如果只能拥有一样，你会保留哪一个呢？
这样的决定是否有些困难，甚至有些残忍？
请不要逃开，咬牙坚持做完。可能很难决断，但必须做下去。

现在，你的纸上只有一样东西了，它是什么？它在你平时的生活或工作中是最重要的吗？
现实生活中有时候必须要面临一些决定的时候，你最终选择的是它吗？
剩下的这个，一定是你生命中最重要的东西。
如果你平时没有选它，说明你没有正视你的需求。
把五样东西倒过来，就是你生命中依次最重要的东西。
如果出现冲突时，请记住什么才是你最重要的。
游戏结束了。

参考文献

[1] 马建青. 大学生心理健康教程 [M]. 2版. 杭州：浙江大学出版社，2015.
[2] 李伟兰，张玉亚. 大学生心理与生理健康教育 [M]. 北京：中国政法大学出版社，2016.
[3] 栗庆山，高春梅. 大学生健康教育 [M]. 北京：国防工业出版社，2013.
[4] 韩延明. 大学生心理健康教育 [M]. 上海：华东师范大学出版社，2008.
[5] 陈秋燕. 大学生心理健康教育 [M]. 北京：北京师范大学出版社，2015.
[6] 陈红英. 大学生心理健康教程 [M]. 武汉：武汉大学出版社，2008.
[7] 宁维卫，等. 大学生心理健康与成才 [M]. 北京：高等教育出版社，2012.
[8] 陈建. 大学生心理健康教育 [M]. 北京：北京理工大学出版社，2011.
[9] 徐笑婕. 大学生心理健康教育存在的问题及对策研究 [D]. 吉林农业大学，2017.
[10] 罗顺意，张朝红. 浅谈大学生心理健康教育工作的现状及建议 [J]. 教育教学论坛，2018（24）.